中國學術思想研究輯刊

三十編

林慶彰主編

第11冊

儒道的辯證：以周濂溪〈太極圖〉及《太極圖說》爲中心

宋定莉著

花木蘭文化事業有限公司

國家圖書館出版品預行編目資料

儒道的辯證：以周濂溪〈太極圖〉及《太極圖說》為中心／宋定莉 著 — 初版 — 新北市：花木蘭文化事業有限公司，2019〔民108〕

目 4+174 面；19×26 公分

（中國學術思想研究輯刊 三十編；第 11 冊）

ISBN 978-986-485-866-8（精裝）

1.（宋）周敦頤 2. 太極圖說 3. 儒學 4. 易學

030.8 108011714

ISBN-978-986-485-866-8

中國學術思想研究輯刊

三十編 第十一冊 ISBN：978-986-485-866-8

儒道的辯證：以周濂溪〈太極圖〉及《太極圖說》爲中心

作　　者　宋定莉

主　　編　林慶彰

總 編 輯　杜潔祥

副總編輯　楊嘉樂

編　　輯　許郁翎、王筑、張雅淋　美術編輯　陳逸婷

出　　版　花木蘭文化事業有限公司

發 行 人　高小娟

聯絡地址　235 新北市中和區中安街七二號十三樓

電話：02-2923-1455／傳真：02-2923-1452

網　　址　http://www.huamulan.tw 信箱　hml 810518@gmail.com

印　　刷　普羅文化出版廣告事業

封面設計　劉開工作室

初　　版　2019 年 9 月

全書字數　144738 字

定　　價　三十編 18 冊（精裝）新台幣 39,000 元

儒道的辯證：以周濂溪〈太極圖〉及《太極圖說》為中心

宋定莉 著

作者簡介

宋定莉，1963年生，江西雩都人，東海大學中研所及哲研所博士，現任教於勤益科大及朝陽科大通識教育中心，著有《無爲與自然：老子與海德格美學思想的比較研究》與《巡禮台灣河川》等書。

提　要

易海遼闊，易道參究天人，更爲中國文化的母源。

本論乃從周濂溪思想的源頭《易傳》開始，旁及易經以及朱陸無極太極之爭議、清代漢宋之辯……；研究的主要論域仍在周濂溪原始學術和生命意象，而後才從他的主要作品：太極圖及《太極圖說》還有非常非常少量的《通書》中，去挖掘儒道相關之議題；周濂溪是宋明理學的開創者，而宋代理學更是中國文化復興的一大契機，也是儒學繼先秦之後的第二度高峰，用周濂溪上承易傳的太極圖及圖說來開展並連繫儒道，絕對有其歷史的契機與時代的意義，周濂溪本人更兼具了儒釋道三教的風格，作爲儒道核心人物，就像魏晉的王弼、佛門的契嵩禪師和圭峰宗密一般，有其特殊的因緣，值得探討及深究。

論文的寫作基礎乃根據前人的研究成果，重新再做整理與疏解，也希冀透過此種整理及詮解，還原濂溪原始的學術風貌及生命意象，並對〈太極圖〉之源流，再作一次探討。

儒道對辯、相爭與擷抗是一個龐大的主題，從先秦、兩漢（揚雄）、魏晉（王弼）、隋唐（李翺）、宋元明、清……到現代，都有許多關涉儒道辯證的主題及思想家，但是本人無能做出處理，只能以濂溪一篇很短小有名的著作：《太極圖》及圖說相關的儒道詮釋辯證加以開展，也算是一個迷你型的「儒道詮釋辯證史」吧；系統的紊亂及綱目的混雜，是必須要請有心的專家學者再行釐清、整理，我這裡所處理的工作也就先到此爲止，不足及錯誤矛盾之處，方祈就正於方家並期待更高明的來者。

謝　辭

感謝指導教授劉榮賢老師，在我博五走投無路、投牒無門的時候，義不容辭地扛起指導的責任，收留被林老師一腳給踢出去：「逐出師門」的我，大恩大德無以爲報；老師的學問仰之彌高、鑽之彌堅，我佛慈悲、普渡眾生復又博施濟眾，讓學生在聆音證法之後，猶如當頭棒喝、醍醐灌頂。

感謝業師魏元珪教授，離開哲研所也已十一年了，馬齒徒長而一無建樹，本次口試，又要麻煩九十歲的老師，再三審訂並字斟句酌；老師學貫中西、橫跨文哲、融聖經與易經於一爐，不才如我，何其有幸，能受業於老師門下，在老師的身上，見證了眞實的生命學問與上帝僕人的謙卑仁慈：「一粒麥子不落在地裏死了，仍舊是一粒，若是死了，就結出許多子粒來。」(約一二：24)；打從哲研所碩士班的時代開始，雖生性駑鈍、爲學疏懶，但跟著大師腳印亦步亦趨地走來，終使不諳老莊、難解周易、也不通宋明的我，能得以處理濂溪太極圖中的易傳與道家，上帝的恩典計畫是眞何等的仁慈美妙，今番能再度從老師手中領取這個博士學位，感謝上帝和老師，阿們。

感謝家和老師，我的宋明理學訓練，一路走來都是傳統而道地的牟派，他讓我們這群比較早期的東海人，開了個大眼界、換了個新頭腦，呼吸到清新險峻的牟門之外，更爲遼闊的明風清雨、東西同均，去反思新儒家之後的當代－－去走自己所當行的道路；猶記得當年，投稿各大學報屢被退稿，導致連資格考也沒辦法報考、苦惱不已，而我將此事稟明小蔡之後，曾任總編的他，告知我可試試看鵝湖雜誌，果然那年的冬天終於有刊物接受我的稿件，而來年的春天，我也就順利通過資格考試了。

也感謝易學的專業：林文彬老師：「有朋自中興來，不亦樂乎！」謝謝他給了這篇薄弱的論文，許多中肯的建議和紮實的意見，也讓我的寫作視域突然平地起土堆般拔高起來，到達了易學超邁遼闊的境遇；不過說到易經，眞得是會令我十分之痛苦、慚愧，所以不提也罷；林老師在易學方面的造詣和指點，讓我獲益匪淺，希望在未來的學術道途中，能補強這方面之不足。

感謝我的同學，高師大經學所：青年有爲的陳政揚副教授，當年一起在舊文院上課的往日如在目前、只記得那個很愛笑又是拼命三郎的少年仔他，在黑格爾的教室中不斷的點頭（其實他常通宵熬夜、整晚 K 書）；17 年的歲月彈指即過，學弟儼然已是學霸一方，在高師大經學所作育英才無數、且張載權威爲世所稱羨；溫良恭儉、侍親甚孝，話說不知道哪家小姐有這樣的福氣啊……下面的話，我就不要再多說了。

這一路走來，所要感謝的人實在太多了，中博所的同學們：福智（謝謝他給了我這個論文的大方向）、八年同窗的同學秉勳、用功勤勉的天觀師父、總是循循善誘的陳義雄學長、也謝謝中研所溫柔敦厚的美慧老闆和美麗又英明的瑞玲助教，其實沒有她，是會畢不了業的；還有可愛的苔宏學弟、麗君學妹、大美女的孟如；哲研所的同學們：優秀而用功的永寶學弟、空靈虔敬的詩婷學妹、沉靜而篤實的劉靜學妹、哲研所系學會的姮娥學姊、偉大的勞教處組長偉琦學妹……，更感謝丘靜，長達半年以來的辛勤校對，她在大華國中忙碌授課之餘，還要一校、二校、三校我凌亂潦草的字跡和無法卒讀的手稿，爬梳整理、訂正錯誤、排版以及註明出處，如果沒有中文系教官她的熱心專業的相助，這本論文，是沒有辦法如期完工的。

這麼多年以來，常會有人問起我：「爲何哲研所拿到博士之後，還要來中研所就讀？」、「中研所和哲研所有何不同？」、「妳拿兩個博士，準備要做什麼？」不然就是「妳要不要再來唸一個歷史系，這樣就可以湊足文學院的文憑了。」關於這些問題，我不是沒有想過，但我之所以如此地堅持執著，說來其實很簡單，我認爲我既然已經花了這麼久的時間、也借了十幾萬的就貸，我就應該持續到底，不達目的絕不中止，講得白話文一點，那就是：「這樣才不會虧大啦！」至於你要問我是怎麼計算這種投資報酬率的，那請恕我這個唸文的，眞的是算不出來，我只知道唸應用數學系的我姊和唸電機的我哥，他們在中研院資訊研究所和美國電腦公司上班的薪水，絕對是我的薪水再多加上一個零還要不止；但有時我眞得是很累，尤其是年過五十之後，身體上很多的毛病都出現了，還必須要爲五斗米折腰，不斷地在大學、中學、小學流浪兼課，補救教學之餘還要去搶學弟妹們勞教處打工的「肥缺」（每小時 115 元的工資，這就是他們所謂的「肥缺」），老天爺啊，讓我有時眞覺得——百無一用是書生，這年頭當流浪教師還不如去當我家的妞妞、黑仔、新社、中山、River 或咪咪（她是一隻貓）。

但話又說回來，換一個角度去想，現代的社會風氣和教育界，眞得是和以前很不一樣，作爲一個 LKK 的アバはサンウ（用我那些科技大學學生的語彙），其實我還是可以很自豪地說：「活到老學到老」、「教學相長」，和這些太陽花世代們，才不致於「雞同鴨講」或「張菲打岳飛」。

不過，這幾年讀書教學之餘還是有很多很多的驚喜、愉快，像是和老同學、朋友們在校園中的不期而遇（算來我們研究所畢業至今也已經二十年了），像是每年的同學會，看看蔡仁厚老師、謝仲明老師、陳榮波老師、俞懿嫻老師、林顯庭老師……，還有德材學長、美齡學妹、一中、靜美、文楊……這些老東海們：「又是江南好時節，落花時節又逢君」，頗有種「白頭宮女在，靜坐說玄宗」的感覺。

不知已經寫過多少次了：幾番大肚山風、數度東海去來，歲月倏忽、時光荏苒，雖然年華消逝，但馬齒徒長、智慧增添之餘，很自豪自己還能百尺竿頭、更進一步。黑格爾在 1837 年的《法哲學原理》的序言中，曾有一段話，是所有學哲學和哲研所的同學們都能琅琅上口的一段話，我想，就用它來送給自己以及普天下在往向眞理道途中（不管是迷途、正途或誤入歧途）的老子、小子、女子或人子們吧：

「當哲學把它的灰色描繪成爲金色的時候
此一生活型態就垂垂老矣了
把灰色描繪成爲金色
並不能使生活型態變得年輕
而只能作爲認知之對象
閔納瓦女神的貓頭鷹
於黃昏來襲　方始翱翔。」

宋定莉謹誌於
東海大學中國文學系
中華民國 106 年 6 月

目次

第一章　緒　論

第一節　研究緣起

儒道的辯證

中國的士人，自漢以來，無論是在人生思考還是在爲官處世方面，常處於儒道兩者之間的夾縫，始終徘徊不定；錢穆先生在《中國思想史》一書中嘗言：

先秦以來，思想上是儒道對抗……道家所重在天地自然，而儒家所重爲人生價值，儒道對抗的一切問題，是天地界與人生界的問題。〔註1〕

從《莊子・天下篇》以來：「道術將爲天下裂」，儒道衝突變得十分明顯，例如莊子在〈天運〉中，將孔子之道比喻爲「已陳之芻狗」：

孔子西遊於衛……夫芻狗之未陳也，盛以篋衍，巾以文繡，屍祝齋戒以將之。〔註2〕

〈外物〉篇中，更將儒者比喻爲小偷：「儒以詩禮發塚。大儒臚傳曰：『東

〔註1〕錢穆：《中國思想史》，（臺北：學生書局），民71年，頁171。
另請參劉榮賢：「儒家和道家所以在思維方向上有所不同，可以追溯到其思想結構在本質上的差異性，此一差異性是：儒家思想建立在人生界的情上，而道家思想則建立在自然界的物上。」《莊子外雜篇之研究》第十一章　外雜篇對戰國諸家子學的批判，（台北：聯經出版社），頁287。

〔註2〕黃錦鋐註譯：《新譯莊子讀本》，（臺北：三民書局），民81年9月，頁183。

方作矣，事之何若』」本段十分有趣地將儒者視之為盜墓的小偷，甚至於在偷盜的過程中還有大儒對小儒的訓斥，要他們將屍體口中所含的明珠也一併取出，《莊子》的這些篇章中，將儒者用滑稽詼諧的筆法諷刺得十分露骨，醜化並矮化了儒家；孟子也曾斥責過道家的楊朱：「楊氏為我，是無君也。」〔註3〕，荀子在其《天論》篇中則批評老子：「老子有見於詘，無見於信」〔註4〕、「慎子有見於後，無見於先；老子有見於詘，無見於信；墨子有見於齊，無見於畸；宋子有見於少，無見於多」，並在〈解蔽〉中批評莊子是：「莊子蔽於天而不知人」〔註5〕、「申子蔽於埶而不知知，惠子蔽於辭而不知實，莊子蔽於天而不知人。」

儒道自古以來即有的爭執，究其因，乃儒道兩家在思維方向與架構本質之差異，儒者的胸襟懷抱乃人文化成及禮樂世界，其志趣乃「淑世」及「仁義禮智」，相對來說，道家思想卻是反智，主張「反樸歸真」、「守柔無為」是「遺世」及「無知無欲」的；儒家對文明與仁義禮智抱持正面的積極肯定，老子卻主張「小國寡民」要「絕聖去智」、「絕禮棄義」，儒者為正面積極的正向思考，而道家則為消極退避的逆向思考，儒道二家的差異，在《莊子》外雜篇諸章中，變得十分尖銳而明顯。〔註6〕

從儒道的辯證中，我們可以看見天地自然與人生價值兩種不同的人文傾向，孔子所言之道與道家所言的道有明顯之差異性，孔子所言之道乃由天道以明人事，故而子在川上，喟然嘆曰：「逝者如斯乎，不捨晝夜」；而老子的道乃是「人法地，地法天，天法道，道法自然」這裏的道是無為而無不為的自然之道；儒家荀子在《天論》中所言之天與道家《莊子》在〈大宗師〉中所言之天亦有所不同，荀子在《天論》中所言之天是物理性自然之天，而莊子所言的天或自然乃指的是「自性」、「自由」：

> 知天之所為，知人之所為者，至矣。知天之所為者，天而生也；知人之所為者，以其知之所知，以養其知之所不知……。庸詎知吾所

〔註3〕謝冰瑩等編：《新譯四書讀本》，（臺北：三民書局），民95年1月，頁451。
〔註4〕王忠林譯註：《新譯荀子讀本》，（臺北：三民書局），民80年11月，頁260。
〔註5〕王忠林譯註：《新譯荀子讀本》，（臺北：三民書局），民95年1月，頁314。
〔註6〕請參劉榮賢老師：《莊子外雜篇之研究》：「儒家與道家所以在思維方向上有所不同，可以追溯到其思想結構在本質上的差異性，此一差異是：儒家思想建立在人生界的情上，而道家思想則建立在自然界的物上」（臺北：聯經出版社），頁287。

謂天之非人乎？所謂人之非天乎？〔註7〕

在這樣的時代氛圍中，子學的相互批評變得越來越嚴重，但同時，在這樣二元思考對立的相靡相盪中，思想也在尋找它自己的出路，試以辯證的角度言之，「思想」會從其「在己」(in itself)：而對反或反思其自身，成爲「爲己」(for itself)，最終走至一融合「在己」與「爲己」的自我當中(in and for itself、an und für sich)」；有道，而後才有非儒，有儒，而後才能非道，所以，不一定要非道而後有儒，或是非儒，而後才能有道，從歷史的淵源上溯，很弔詭地，儒道往往可以是兼容平行而不悖的。

易爲中國文化的母源，而易的眞實精神即簡易、變易以及不易，這種精神出現在儒家「天命之謂性，率性之謂道，修道之謂教」(《中庸》)、「天尊地卑，乾坤定矣。卑高以陳，貴賤位矣。動靜有常，剛柔斷矣。方以類聚，物以群分，吉凶生矣」(《易傳》)；同時也在《老子》的「道生一、一生二、二生三、三生萬物」和《莊子》的「知天之所爲，知人之所爲者，至矣」(〈大宗師〉)；作爲儒者所宗的六經：詩、書、禮、樂、易、春秋，在不同的時代均有不同的詮釋解讀方式：「六經皆史」或「經爲永恆」，均囊括了周易這種簡易、變易與不易；相同地，在道家的代表典籍當中，我們更可以看到這種日新又新、簡單而又豐富的生生之德，我們可以說儒道二家所共構的中國文化就是儒道兩家共同的理境：「天人合一、物我同體」，乾健的儒家實踐之德與道家坤順的靜觀之智，達到一個三教合會、儒釋道互補的宋明道學之高峰，用方以智在東西均的話來形容，那就是：「物物而不物於物，莫變易、不易於均矣。兩端中貫，舉一明三：所以爲均者，不落有無之公均也」

儒道的論辯，從最早的《郭店竹簡》到《帛書繫辭》，更大的儒道對辯則出現在魏晉、經過隋唐，儒道對辯內化於儒學內部系統，而有北宋周濂溪的太極圖及《太極圖說》與南宋朱陸的無極與太極之辯，下落至清代的漢宋之辯，這都是從文化史的角度來看的儒道之辯，所以處理的主題也落於《帛書繫辭》和南北宋時期，最後則是落於有清一代這個限斷。

儒道的對辯共構了中國文化的高度與價值，更形成中國文明的精隨：簡易、變易、不易的眞理，當然，或可以問的問題：周濂溪是否能作爲儒道交笱的核心人物？太極圖是否能作爲儒道的聯繫之點？

〔註7〕《新譯莊子讀本》，黃錦鋐譯注，台北：三民書局，民86，頁105。

從文化史的角度切入，宋明理學可稱之爲中國文化之盛壯年代，也是中國第二次的文藝復興運動，宋明理學在文化及精神的樣貌上普遍呈顯出三教合一及儒釋道歸一的局面（如前之所述），這並不是指從儒生或經生等士大夫的階層來做立論（如果先不要談到伊川、朱子……等人闢佛道的主張來說的話），更出現於生命力旺盛的廣大民間系統；宋明階段是一個以廣大庶民社會爲主體的文化型態，宗教方面已呈顯兼容並蓄的狀況：儒佛道下貫爲一、老子釋迦與孔子同尊同龕，宋明上承先秦、魏晉、隋唐，下開清代、民國與現代，是宗教盡萃於斯的大圓融精神，另一方面，則文化燦爛、民生豐饒，具有高度的文化涵容與精神的開放性，因此，這是一個多元開放、兼具傳統與現代性的之大格局時代，可以說是易傳所言的天道的大格局之後的文化大格局。

出現在此種詩書禮樂文化教養中的大格局時代，周濂溪正是儒道合會：陽儒陰道或陰儒陽道的代表型人物，一方面，他有著宋明理學創始者的高度，另一方面，在其生命情境與原始的學術相貌上，呈顯出道家者流、吾與點也的精神境界，他通曉丹道、修習丹經、晚年得子，走的正是「順而生人」的道路；另一方面，其外在事功與生命的理想的行爲實踐方面，他是一個徹頭徹尾的儒家，談的是「先天下之憂而憂，後天下之樂而樂」的「道濟天下之溺」，雖然他的太極圖沒有辦法囊括得了「爲天地立心、爲生民立命、爲往聖繼絕學、爲萬世開太平」宋明儒者的胸襟懷抱，但是周濂溪一生積極努力的行爲實踐屬傳統儒者，這是不容抹煞的；在一個偉大的時間點上，產生出這樣的一種偉大的意識形態，而這樣的意識形態，卻是在儒家和道家爭訟了一千多年之後的大和解與大鎔爐時代，周濂溪的思想在此是十分值得探究的。〔註 8〕

本論文的目的，就是通過歷代以來一系列對《太極圖說》的詮釋解讀，來探討周濂溪《太極圖說》豐富的哲學意涵及其「儒道消長」和「儒道互補」

〔註 8〕周濂溪所寫作的《太極圖》及《太極圖說》是一場儒道有名的論辯，在北宋思想界三教合一的氛圍底下，周濂溪的《太極圖說》及其圖，從其傳世以來，便面臨著一種「似儒似道」、「以儒排道」或是「以道排儒」的矛盾糾葛，這樣的矛盾情結，在周氏思想來源之一的《易傳》當中就已見出端倪，《易傳》到底應歸屬在儒家或道家，直至目前學界仍無定論；另一方面，宋明理學擔負著儒家復興的使命，常會排道拒佛，也由於朱子學在明代中葉成爲科舉考試主流，做爲理學開山祖師周敦頤的代表著作：《太極圖說》，其思想的走向與學問的歸趨，往往成爲學者爭訟的焦點。

的情形，當然，首先會處理《易傳》儒道的歸屬問題，之後，再進一步地處理《太極圖說》的儒道辯證問題，歷代以來均有許多人對周氏〈太極圖〉做出不同的解釋，從北宋的朱震（1072～1138 年）〔註 9〕、度正（1166～1235）〔註 10〕、胡宏〔註 11〕（1105～1161 年）、陸象山〔註 12〕（1139 年～1193 年）、朱子〔註 13〕（1130 年～1200 年），一直到元代劉因（1249 年～1293 年）〔註 14〕

〔註 9〕經學深醇的朱震曾言濂溪師承與陳摶有關：「《漢上易集傳》宋朱震撰，震字子發，荊門縣人。政和中登進士第，南渡後，趙鼎薦爲祠部員外郎，官翰林學士，事蹟具宋史本傳，是書題曰漢上，蓋因所居以爲名，前有震進書表，稱起政和丙申，終紹興甲寅，凡十八年而成，其說以象數爲宗，推本源流，包括異同，以救莊老虛無之失，陳善捫蝨新話，然頗舛謬，馮椅厚齋易學，述主伯玉之言，以譏其卦變互體伏卦反卦之失，然朱子曰王弼破互體，朱子發用互體，互體自左化己言，亦有道理，只是今推不合處多，魏了翁曰：漢上易太極，卻不可廢；胡一桂亦曰：變互伏反納甲之屬，皆不可廢；皆不可廢，豈可盡以爲失而詆之，觀其取象，亦甚有好處，但文辭繁雜，使讀者茫然，看來只是不善作文爾，是得失互陳，先儒已有公論。」

請參《四庫全書總目提要《漢上易傳》》中研院漢籍資料庫史／目錄／四庫全書總目提要／經部／卷二，經部二／易類二／漢上易集傳十一卷卦圖三卷叢說一卷／段 87【漢上易集傳十一卷卦圖三卷叢說一卷】

〔註 10〕度正，字周卿，合州巴川縣樂活鎮（今重慶市銅梁縣少雲鎮龍歸村）人。少從朱熹學，淳熙元年進士，官至禮部侍郎。

〔註 11〕胡宏（1105～1161 年），宋朝儒者，福建崇安（今福建省武夷山市）人，南宋理學名家，家住衡山之下，人稱「五峰先生」。從小就跟隨父親胡安國學習程氏理學，思想受孟子、周敦頤、張載、程顥、程頤、謝良佐等人的影響。二十歲入太學，師從楊時，與樊光遠、張九成等理學家有密切往來。胡宏的學生有張栻、韓璜、吳翌、彪居正、孫蒙正、趙孟、趙棠等人，以張栻最爲出名。胡宏與父親胡安國共同建立「湖湘學派」，哲學思想受二程的影響，他說「性也者，天地之所以立也」，「非性無物，非氣無形，性、氣之本也」，「大哉性乎，萬理具焉，天地由此而立矣」。胡宏與秦檜是世交，但他隱居衡山，有愛國情操，不與投降派往來。著作有《知言》、《五峰集》、《皇王大紀》。牟宗三逕將胡五峰與劉宗周定性爲宋明理學的「第三系」（五峰蕺山系），並且認爲是北宋周敦頤、張載、程顥三家的嫡傳。

〔註 12〕陸九淵（1139 年～1193 年），字子靜，撫州金溪（今江西省金谿縣）人。南宋哲學家，陸王心學的代表人物。因講學象山書院（位於江西省貴溪縣），世稱「象山先生」。

〔註 13〕朱熹（1130 年～1200 年），南宋江南東路徽州婺源人（今江西婺源），生於福建路尤溪縣。字元晦，一字仲晦，齋號晦庵、考亭，晚稱晦翁，又稱紫陽先生，又稱朱文公。南宋理學家，程朱理學集大成者，尊稱朱子。

〔註 14〕劉因（1249 年～1293 年），字夢吉，號靜修、樵庵，又號雷溪眞隱。保定容城（今屬河北）人，元代詩人。

與吳澄（1249年～1333年）〔註15〕、王申子〔註16〕與陳應潤〔註17〕，明代張宇初（1359年～1410年）〔註18〕、陽明（1472年10月31日～1529年1月9日）〔註19〕與王畿（1498年～1583年）〔註20〕，而至清代的黃宗炎（1616年～1686年）〔註21〕的《圖學辨惑》、毛奇齡（1623年～1716年）〔註22〕的《太極圖說遺議》和朱彝尊（1629年～1709年）〔註23〕《太極圖授受考》，這樣的詮釋歷程，深刻的影響南宋的朱陸分歧和清初的漢學，這二部份會於本論文第六、七章分作處理。所以研究的重點，也將置於先秦《易傳》中儒道的歸屬，和南宋及清初這兩個斷代，歷代以來，研究周濂溪和《太極圖說》的著作及作者可說是汗牛充棟，而我們的研究乃放置先秦時代的《易傳》與南宋的象山、朱子以及清代的黃宗炎、毛奇齡、胡渭這幾位學者身上，另外，也希望藉著這樣儒道對辯之詮釋歷程，來開啓它與當代解釋學的對話契機。

關於〈太極圖〉的考辨，主張〈太極圖〉爲周濂溪自創的圖：潘興嗣、

〔註15〕吳澄（1249年～1333年），字幼清，號草廬，撫州崇仁（江西崇仁）人。宋元之際學者、理學家。

〔註16〕王申子，是生活于宋末至元朝中後期的一位《易》學家，生當亂世的他一生隱居，默默無聞。然而對於《周易》的研究，王申子指出了易圖的特點，雖然圖本朱熹易圖所衍出，但圖說卻與朱子多有不同，特別是對周敦頤《太極圖說》的疏解，實較朱子更接近於周敦頤的本義。

〔註17〕陳應潤，天臺人，元代延佑年間起爲郡曹掾，至正年間調桐江賓幕。始末未詳。主要《易》學著作爲《周易爻變義蘊》。

〔註18〕張宇初，字子璿，號耆山。江西貴溪人。明代正一派道士。

〔註19〕王守仁（1472年10月31日～1529年1月9日），字伯安，別號陽明。浙江紹興府餘姚縣（今屬寧波餘姚）人，因曾築室於會稽山陽明洞，自號陽明子，學者稱之爲陽明先生，亦稱王陽明。

〔註20〕王畿（1498～1583），中國明代思想家。字汝中，號龍溪，學者稱龍溪先生。浙江山陰（今紹興）人。師事王守仁。爲王門七派中「浙中派」創始人，著有《龍溪全集》二十卷。

〔註21〕黃宗炎（1616～1686），明末清初浙江餘姚人，字晦木，一字立溪，學者稱鷓鴣先生。黃尊素次子，黃宗羲弟。與兄黃宗羲、弟黃宗會號稱「浙東三黃」。

〔註22〕毛奇齡（1623～1716）字大可，又字於一，號西河，又號河右、初晴、晚晴。浙江蕭山人。學者稱西河先生，清初經學家、文學家，與弟毛萬齡並稱爲「江東二毛」。蕭山城廂鎮（今屬浙江）人。以郡望西河，。明末諸生，清初參與抗清軍事，順治二年（西元1646），兵敗後亡命天涯。康熙時薦舉博學鴻詞科，授檢討，充明史館纂修官。尋假歸不復出。治經史及音韻學，著述極富。所著《西河文集》分經集、史集、文集、雜著，共四百餘卷。

〔註23〕朱彝尊（1629～1709），清代詞人、學者、藏書家。字錫鬯，號竹垞，晚號小長蘆釣魚師，又號金風亭長。浙江秀水（今浙江嘉興市）人。

度正、現代學者李申（《話說太極圖》）及郭彧……他們認爲，不是濂溪沿襲了道教修煉圖而作〈太極圖〉，而是道教將周敦頤的〈太極圖〉改成了各式各樣的修煉圖〔註 24〕，另一方面，民國以來的學者如呂思勉、陳鍾凡、馮友蘭、侯外廬、束景南等，均本於清初毛奇齡、黃宗炎等人，認爲周氏〈太極圖〉淵源於道家修煉圖〔註 25〕。到底〈太極圖〉是本於道教？還是濂溪自創？

〔註 24〕周子的友人潘興嗣寫作《濂溪先生墓誌銘》中有寫道：「周敦頤尤善談名理，深于易學，作《太極圖易說》、《易通》數十篇，詩十卷，今藏於家。」度正寫作《周敦頤年譜》，他肯定〈太極圖〉〈太極圖說〉均爲周氏的自作：「先生稟生知之異質，加以汲汲於學，故一時老師宿儒專門名家，一藝一能有過人、有聞於世者，無不訪問，然其所至，皆天造自得，所謂不由師傳，默契道體者，是爲得之……今觀〈太極圖說〉精妙微密，與《易大傳》相類，蓋非爲此圖者，不能爲此說，非爲此說者，不能爲此圖，義理混然，出於一人之手，絕非前人創圖，後人得而爲之說。」李申在其所著《周易圖說解》、《話說太極圖》中，以《上方大洞眞元妙經品》不避唐太宗之名諱，以及陳摶並沒有在華山石壁上刻過〈無極圖〉的證據來證明《上方大洞眞元妙經品》也不出於唐代，其中的圖式：太極先天圖肯定是出於周敦頤〈太極圖〉之後，李申反過來認爲：「在對道教文獻的考察中，我們完全沒有發現周敦頤將無極圖改爲太極圖的痕跡，卻發現不少將周敦頤的太極圖改爲道家修煉圖的證據，不是周敦頤沿襲了道家的修煉圖而作太極圖，而是道家將周敦頤的太極圖改成了各式各樣的修練圖」李申著：《易圖考》，（北京：北京大學出版社），2001年（民國 90 年）2 月，頁 11。

〔註 25〕北宋的朱震，即已認爲太極圖就是道家的煉丹之圖：「陳摶以先天圖傳種放，放傳穆修，穆修傳李之才，之才傳邵雍，放以《河圖》《洛書》傳李溉，溉傳許堅，許堅傳范諤昌，諤昌傳劉牧，穆修以太極圖傳周敦頤，頤傳程顥、程頤」朱彝尊：《太極圖授受考》曝書亭集，卷 58，（台灣商務印書館），頁 925，周敦頤的太極圖很類似於道教的〈太極先天之圖〉，而〈太極先天之圖〉是〈上方大洞眞元妙經圖〉的圖式之一，周敦頤可能是從某處得到這張圖之後，再據以寫作註說文字的〈太極圖說〉。

朱震以下，包括胡宏、陸九淵、清代毛奇齡、黃宗炎、朱彝尊，和民國的學者馮友蘭都認爲〈太極圖〉是來源於道教的煉丹圖；毛奇齡認爲陳摶取了《上方大洞眞元妙經品》的圖，改爲太極圖，傳給周濂溪；黃宗炎認爲太極圖是河上公煉丹之術，考河上公本圖名無極圖，魏伯陽得之以著參同契，陳摶傳爲無極圖，再傳至北宋的周敦頤；朱彝尊在《太極圖授受考》中說：「自漢以來，諸儒言易，莫有及太極圖者，惟道家者流，有《上方大洞眞元妙經》著太極三五之說，唐開元中明皇爲制序；而東蜀魏琪注《玉清無極洞仙經》衍有無極太極諸圖。」清朱彝尊《太極圖授受考》《曝書亭集》卷 58，台灣商務印書館頁 925；北京大學束景南教授則認爲：〈太極圖〉借用了道教的〈太極先天之圖〉，周氏的〈太極圖〉採用了道圖順而生人，既描述宇宙生生不已的變化歷程，又通過主靜之說與天地合德，將道教內丹修煉轉而爲仁義之理。煩參束景南：〈周敦頤太極圖說新考〉，《中國哲學史研究》1986 年（民國 75 年）第 2 期，頁 87。

這也是本文另一個研究的主題。而《太極圖說》是否可稱爲純儒之作？作爲北宋理學開山祖師的周濂溪，是如朱子所言的一位「風月無邊，庭草交翠」的儒生呢？還是如同蒲宗孟在〈周敦頤墓碣銘〉中所記載的：「生平襟懷飄灑，常以仙翁隱者自許……」道家式神仙一流的人物呢？周濂溪原始的學術風貌，經過理學的集其大成者朱子有意識地詮釋之後，業已變得十分之模糊，也因此，《太極圖說》的思想是否受到道教和佛家的影響？對這樣的議題，我們也會重新再做一次檢省。（關於這部份，請參本論周濂溪《太極圖說》之章）

當然，本文乃是根據前人的研究成果之上，重新再做整理與疏解，也希冀透過此種整理及詮解，還原濂溪原始的學術風貌及生命意象，並對〈太極圖〉之源流，再作一次審視。最後，本文將以西方解釋學的角度，重新再回過頭來評比和思考，期能在諸多語言及思考的型態、眾多傳統與現代的背謬中，爲古老的易學，尤其是像〈太極圖〉這樣有名的作品，在一個思考多元、日新月異的現代世界中，找到一條通往簡易、變易、不易的易學眞精神：一條屬於眞理與方法的康莊大道。

第二節　問題意識與研究目標

宋代理學的鼻祖周濂溪，在其生前是一個品行高潔、沒沒無聞的人〔註26〕，但他的主要著作《太極圖說》，自朱子以降，便成爲儒道辯論和宇宙生成理論一個長久的論域，一方面是因爲〈太極圖〉（易圖）的複雜性格，另一方面則緣於宋明理學對佛道的矛盾情結，而更由於〈太極圖〉也像許多宗教圖式及象徵一般，歷來被許多教徒神秘化和複雜化了，使得《太極圖說》穿越宋元明清數代，匯爲一片思想豐饒、典籍波瀾的汪洋大海；辯論的議題通常不外乎是：〈太極圖〉是否周濂溪的自作？是否爲其獨創？〈太極圖〉與三大

〔註26〕「先生博學力行，聞道甚早，遇事剛果，有古人風，爲政精密嚴恕，務盡道理，嘗作《太極圖易說》、《易通》數十篇。」關於本段之斷句問題，煩參周敦頤：《周敦頤集》（北京：中華書局，陳克明點校，1986年，民國75年12月）頁80；「因未聞濂溪曾作《易說》，此應爲太極圖及《太極圖易說》」另請參劉榮賢老師：〈周濂溪學術與生命意象之原型〉2014年靜宜大學中文系第一屆漢文化學術研討會，頁254其中老師對濂溪學術生命意象之原型的說法，是受到毛文芳專論：〈朱子周敦頤事狀一文解析：兼論朱子儒學詮釋典範的建立〉《孔孟學報》70期，1995年9月，頁231～258的啓發而寫作。

易圖版本的異同以及〈太極圖〉與《太極圖說》的關聯性？漢學與宋學的消長、無極與太極的論爭等等，我們可以從諸多的學者的討論中，看到時代的變遷與社會的變革下，歷代的學者們，或者尊儒或者重經、或者崇朱或者揚陸、或是漢學或是宋學，而這一幅〈太極圖〉下滄溱而又豐富的觀念與思想之對話，就構成中國哲學史上最有名也最無解的儒道對辯。

由於周濂溪本人身處的北宋是一個儒釋道三教合流的時代〔註 27〕，雖然周濂溪自始自終都沒有放棄他作爲儒者的基本職志與人生方向，但由於他長期浸淫並交往許多佛道人士，也不知不覺中也受到佛道的感染，所以時有亦佛亦儒亦道的學問性格及思想傾向。〔註 28〕

本論文的目的，即是透過歷代以來之論述，來還原周子學問與思想的原貌，然而，由於本論文所處理的主題爲儒道的辯證，而《通書》較無此方面的問題，故本論仍以太極圖及圖說的分析爲主，並借著相關於〈太極圖〉及圖說之文獻與典籍之整理，來看儒道思想在各個時代中的變遷與消長，在這麼漫長的時光中，宋學和理學從南宋經朱陸的發揚、明代的興盛，而終於清代的衰褪與沒落。最後，我們將與西方解釋學再做對比，從儒道對辯之視野中，開放至西方解釋學經典解讀之場域中，從中西比較的觀點，來看中國文化史上最有趣也最豐富的儒道辯證，所能開啓的時代與現代的意義。

第三節　前人研究之成果

關於周濂溪的〈太極圖〉及《太極圖說》的研究成果，歷年來典籍浩繁，十分豐碩，以現代而言，在宋明理學史上專書方面，有呂思勉的《理學綱要》、方東美《新儒家哲學十八講》、馮友蘭的《中國哲學史》、勞思光的《中國哲學史》、牟宗三《心體與性體》第一冊、蔡仁厚《宋明理學・北宋篇》、劉述

〔註 27〕關於北宋時期，三教融合、三教同源一致的說法，煩參任繼愈：《中國道教史》〈第三編，宋元道教〉，（上海：上海人民出版社，1990 年，民國 79 年），頁 462。

〔註 28〕「世傳周子從學潤州鶴林寺之壽涯，參禪於黃龍山之慧南，問道於黃龍山之晦堂祖心，謁廬山歸宗寺之佛印了元，師廬山東林寺之常聰云云。其中雖有可不研案者，然其爲佛印常聰之關係，則確有可信之理。南宋高宗實感山所著雲臥記談中云：周子居廬山時，追慕往古白蓮社故事，結清松社，以佛印爲主。又長聰門人弘益所作紀聞中云：周子與張子得常聰理論及太極無極之傳於東林寺云。此蓋佛者之傳，故事佛教之影響未免過大。」林科棠：《宋儒與佛教》，台灣商務印書館，民 55 年 1 月，頁 80。

先的《朱子哲學思想的發展與完成》、唐君毅的《中國哲學原論・導論篇》、錢穆的《朱子新學案》、朱伯崑的《易學哲學史》、姜廣輝的《理學與中國文化》、陳來的《宋明理學》，均有專章專節來討論周濂溪。

中國大陸方面，近年來也有周濂溪的專書出版，像是梁紹輝的《太極圖說通書義解》、《周敦頤評傳》（1991 年），周忠生的《道家宗師周敦頤》（1994 年），楊杜才的《道學宗主——周敦頤的思想研究》（北京：人民出版社，2004 年），湖湘文庫出版、周建剛著的《周敦頤研究著作述要》（湖南大學出版社，2009 年 8 月）是一本集合周濂溪生平、著作及歷代（宋元明清）和近代人對周濂溪研究述要的書，有關濂溪相關文獻的介紹堪稱完備。

從華藝期刊聯合目錄來作搜索，所能找到相關於周濂溪的期刊論文共 92 篇，而研究周濂溪的碩博士論文亦十分多，有王祥齡：《周濂溪哲學思想之剖析》（文化哲研所碩論，民國 74 年）、王玲俐：《周濂溪通書誠之思想研究》（輔大哲研碩士論文，民國 74 年）、許維萍《歷代論辯〈太極圖〉之研究》（東吳大學中研所，民 84 年）、潘南霏的《周濂溪之天人關係研究》（淡江中研所，民國 88 年）、楊雅妃《周濂溪〈太極圖〉說》研究》（高雄師大中研所，民國 89 年）、蔡穎亞的《周敦頤的道德形上學》（輔大哲學研究所，民國 95 年）、陳哲儒的《周濂溪思想的詮釋與重建》（華梵大學中研所，民 98 年）、林永悅的《周敦頤倫理思想研究》（南華大學哲研所，民國 99 年）、陳家鈴的《北宋時期儒者對釋道思想之融合——以周濂溪爲考察》（元智大學中研所，民國 103 年），在現今各大學青年學子的研究中，亦爲十分搶手熱門。

從這麼龐大的典籍書來看，其書寫的範疇，大致可區分爲幾個研究面向：

一、從太極圖來還原濂溪思想之原貌

研究周濂溪本人的思想、交友與一生行誼，從濂溪本人的生命方向作爲相應於〈太極圖〉與《太極圖說》之文獻原意。束景南在《太易圖與〈太極圖〉——周敦頤〈太極圖〉淵源論》（《東南文化》，1994 年第一期），所做的工作便是如此，從濂溪的交遊以及行爲方面來看，他是通曉丹道的，因而在道教的影響下繪製〈太極圖〉，師承的授受，周子的〈太極圖〉可能來自張伯端，而張伯端與宋初的陳摶有師生關係。

劉榮賢老師在〈周濂溪學術與生命意象之原型〉中，對毛文芳教授的看法有進一步的探討。從朱子對周濂溪思想的改造談起，上溯至其姻親蒲宗孟及黃庭堅，去發掘周濂溪有近於道家的儒學宗師之原始樣貌。〔註29〕

熊琬在《宋代理學與佛學的探討》〔註30〕，更直陳周濂溪與道家之關係：「本文以周子〈太極圖〉近祖陳摶，遠祖河上公，而親授自穆修與僧壽涯。大抵，其圖傳自道家，當無疑議」〔註31〕，葉國良在〈周濂溪愛的是什麼蓮？〉〔註32〕，從周濂溪膾炙人口的作品〈愛蓮說〉去考證出其所受的蓮應是睡蓮，又從蓮花在佛教中的象徵（《華嚴經探玄記》）來談周濂溪所受到的佛教影響，亦十分之清新可喜；這方面相關的作品還有陳德和：〈周敦頤思想的詮釋評議及其省察〉〔註33〕、黃崇修：〈周敦頤《太極圖說》定靜工夫新詮釋〉〔註34〕，而王開府在〈〈太極圖〉與《太極圖說》的考辨〉中，亦從周濂溪的詩文像〈題酆州仙都觀〉〔註35〕來考據他與道教的關係〔註36〕；錢穆先生在《朱子新學案》一書中，從儒道會通的角度來審視〈太極圖〉，他認爲〈太極圖〉自陳摶傳授，但淵源於易繫辭：

> 濂溪只講太極與陰陽，乃上承易經繫辭，朱子換了兩個新名辭，說理與氣，說得更明白……濂溪〈太極圖〉，遠則淵源於易繫辭，近則傳授自陳摶，易經與道家，本屬相通。〔註37〕

從《易傳》角度來看，儒道本屬同源，而太極圖更是一部儒道對辯的經解史。

〔註29〕蒲宗孟在〈周敦頤墓碣銘〉中記載的周子：「生平襟懷飄灑，有高趣，常以仙翁隱者自許……乘興結客，與高僧道人，跨松蘿，躡雲嶺，放肆於山巔水涯，彈琴吟詩，經月不返。及其以病還家，猶籃輿而往，發覽忘倦」周敦頤：《周敦頤集》梁紹輝點校，湖湘文庫出版社，2007年，頁169。

〔註30〕熊琬：《宋代理學與佛學之探討》，（臺北：文津出版社），民74年。

〔註31〕同引上書，P54。

〔註32〕葉國良：〈周濂溪愛的是什麼蓮？〉成大中文學報第二十七期2009年12月頁37～56。

〔註33〕陳德和：〈周敦頤思想的詮釋評議及其省察〉，靜宜中文學報，2012年12月。

〔註34〕黃崇修：〈周敦頤《太極圖說》定靜工夫新詮釋〉，揭諦2014年7月，頁85～132。

〔註35〕原詩：「始觀丹訣信希夷，蓋得陰陽造化機，子自母生能致主，精神合後更知微。」勞思光：《中國哲學史》三上，（台北：三民書局），民國101年，P138頁。

〔註36〕王開府：〈太極圖與圖說考辨〉教學與研究月刊社，民68年2月頁49～74。

〔註37〕錢穆著：《朱子新學案》，（臺北：學生書局印行），頁43。

二、〈太極圖〉的源流

〈太極圖〉的源流向來是宋明理學中的一大課題，自清代的黃宗炎（《圖學辨惑》）、毛奇齡（《太極圖說遺議》）、朱彝尊（《太極圖授受考》）、胡渭（《易圖明辨》），〈太極圖〉來源於道圖之說甚囂塵上；黃宗炎在《圖學辨惑》中認爲，周濂溪〈太極圖〉淵源於陳摶〈無極圖〉；毛奇齡在《太極圖說遺議中》說，〈太極圖〉乃陳摶轉竊〈太極先天之圖〉，而爲先天、太極兩圖當中的一部份，他也認爲《周易參同契》中的〈水火匡廓圖〉與〈三五至精圖〉融合爲〈太極圖〉圖式結構中的一部份，他在〈從馮山公論太極圖說〉一文，並認爲〈太極圖〉另一所本乃爲禪宗的圭峯「十重圖」。〔註 38〕

據毛奇齡考據，唐代就有了類似周敦頤的〈太極圖〉，黃宗炎則考證陳摶在華山將無極圖刊諸石壁。周敦頤則將陳摶的《無極圖》顛倒次序而改造爲〈太極圖〉，清代的胡渭在《圖學辨惑》中也同樣地認爲〈太極圖〉爲道家的作品，民國初年的學者，呂思勉、陳鍾凡、馮友蘭、侯外盧，均本於清初學者，盛言周氏〈太極圖〉淵源於道家的修煉圖。當代易學大師朱伯崑先生認爲〈太極圖〉來源於道教的先天圖和陳摶無極圖，束景南寫作周敦頤的〈《太極圖說》新考〉及〈太易圖與〈太極圖〉〉均本於清代學者之意見：〈太極圖〉來源於道圖，並以順行造化和逆施成丹來解釋〈太極圖〉和無極圖：

> 道教的無極圖和〈太極圖〉是一圖二用，用以描述萬物化生過程的稱〈太極圖〉，用以描述逆施成丹的稱無極圖……，最上一圖從順行造化的過程看是太極，從逆施成丹的過程看是無極，因此它既是太極又是無極。〔註 39〕

近年來，中國大陸的當代學者像李申、郭彧……等人，在圖學和圖式結構方面著力甚深，他們大多大據象數易學的立場來把握濂溪的〈太極圖〉，其著作亦十分可觀。李申在其〈太極圖易說〉一文中，認爲在道教文獻的考察中，完全沒有發現周濂溪改造道圖（指無極圖）的痕跡，反而在後代的道藏作品中，發現了不少將周敦頤〈太極圖〉改造爲道教修煉圖的證據，他認

〔註 38〕「清初毛奇齡極力欲證明〈太極圖〉及圖說皆出於佛道之傳，故在〈答馮山公書〉中說：舊說〈太極圖〉，但據一時所見，……明知是圖本於二氏，然僅僅以希夷壽涯當之。昨見黃山中洲和尚有太極本于禪宗說。其所爲〈太極圖〉，即唐僧圭峰之十重圖也。」勞思光：《中國哲學史》第三冊，（台北：三民書局），民國 101 年，頁 126。

〔註 39〕束景南：〈周敦頤的太極圖說新考〉《中國哲學史研究》，1986 年第二期，頁 87。

爲不是周濂溪沿襲了道家的修煉圖，而是道家將周敦頤的〈太極圖〉改爲各式各樣的修煉圖。

北宋初期儒、釋、道三家雜揉，所以〈太極圖〉正好具備這種思想的傾向，自朱子的推尊將周濂溪視爲理學之開創者後，更加廣泛地引起了後代學者的重視，陳家鈴曰：

> 作爲理學開山之祖的周濂溪，之所以在思想史上具有如此之爭議性，很重要的一個原因在於：理學原以回歸先秦儒學精神爲目標，而今卻與道教理論相關，對於大多數儒者，顯然不太能夠接受這樣的說法。力辨儒道之分甚至與佛教思想劃清界線，成爲極重要的工作。
>
> 濂溪《太極圖說》宇宙論抑或確立人極道德修養理論，提供一定的啓示意義。〔註40〕

另外，張南軒韶州祠堂記曰：

> 先生之學淵源精華實自得於心，而其妙乃在太極一圖，窮二氣之所根，極萬物之所行，而明主靜之爲本，已見聖人之所以立人極，而君子之所當所脩爲者，由秦漢以來，蓋未有臻於斯也。〔註41〕

由於近年來許多地下文獻如帛書繫辭與古代《齊論》（2016年）的發掘出土，使得儒道會通及儒道同源的說法，成爲思想史之主流議題，再以此種會通的觀點來看待太極圖說中的儒道辯證，將會更具一種時代的意涵。

《宋元學案．漢上易傳》朱震曾言濂溪師承與陳搏有關，朱震指出：「穆修以〈太極圖〉傳周敦頤」，但宋代度正與濂溪好友潘興嗣卻認爲是「濂溪『自』作〈太極圖〉而非是穆修以〈太極圖〉傳周濂溪。」（《宋元學案》卷37），朱子作《周濂溪事狀》：「先生博學力行，著〈太極圖〉，明天理之根源，究萬物之終……」、「先生博學力行，聞道甚早，遇事剛果，有古人風，爲政精密嚴恕，務盡道理，嘗作《太極圖易說》、《易通》數十篇。」因此以濂溪之名，太極圖應歸屬儒門，並爲濂溪之創作，也爲多位學者的主張。

相關於此種〈太極圖〉源流的議題，也有許多無極和太極之辨與朱陸異

〔註40〕陳家鈴：《北宋時期儒者對釋道思想的融合——以周濂溪爲考察》元智大學中國語文學系民國102碩士論文。

〔註41〕《宋元學案補遺》清王梓材、馮雲濠輯《四明叢書第五集》卷11〈朱子太極圖解〉。

同之考察，像林月惠的〈由太極圖說探討周濂溪與朱子思想之差異〉〔註42〕，姜龍翔〈〈太極圖〉淵源再議〉〔註43〕、蔡家和的〈朱子與象山關於《太極圖說》的論辨〉、王見楠〈朱陸之爭中的儒佛之辨〉、孔令宏的〈朱熹與陸九淵無極太極之辨與道家、道教的關係〉、解光宇的〈鵝湖之會與朱陸分歧〉等……。無論從經學、宋學，乃至圖學和儒釋之三教而言，濂溪及其《太極圖說》均是一個匯萃之地，盡得中國文化中的宇宙論及人生和價值論的極高境界，之後會有專章再行探討，在此先行從略。

三、針對《太極圖說》的理論內容作義理的疏解及引伸發揮

牟宗三先生宋明理學的巨著《心體與性體》從義理切入來證立太極即誠體或乾元、太極的生化過程是「無極－太極－陰陽－五行」，這構成了周敦頤宇宙萬物的生成理論，儒家的道德哲學必涵有一道德之形上學，宋明儒將論語孟子中庸易傳通而爲一，這種天道性命相貫通的宇宙論模式，即是牟先生所說的「即存有即活動」的「綜貫」模式（伊朱爲「只存有而不活動」的橫攝模式），從濂溪、橫渠而至明道，即是由天道回歸本性的圓教模型，他將濂溪列爲五峰蕺山一系——以中庸易傳爲主，暢言逆覺之體證：「對於天道誠體之神、寂感眞幾有極深之體悟」〔註44〕

唐君毅先生在《中國哲學原論．原教篇》中，便如此的認爲：

> 故濂溪之立人及以合太極，希賢希聖以希天……勉力以自拔，以立己、立人而見一道德強度〔註45〕

勞思光亦在其大作《中國哲學史》第三冊，對濂溪的〈太極圖〉及《太極圖說》有如下說明：

> 周氏之圖，應出自道教丹訣，且極有可能出自希夷；但周氏立說，則是據《易傳》觀念而提出一半形上學一半宇宙論之系統，通過圖說方式表示之，而周氏所用之圖，係屬內丹之丹訣，又與《參同契》原書無關……周氏《圖說》中的思想，雖不能視爲受道教影響，然

〔註42〕林月惠：〈由太極圖說探討周濂溪與朱子思想之差異〉，《嘉義師院學報》，民78年11月，頁177～204。

〔註43〕姜龍翔：〈太極圖淵源再議〉，《高師大國文學報15期》，2012年1月，頁141～169。

〔註44〕牟宗三：《心體與性體（一）》，（台北：正中書局，1968年），頁356。

〔註45〕唐君毅：《中國哲學原論原教篇》，（台灣：學生書局，1990），頁47～48。

實受道家影響。〔註46〕

勞思光認爲，《圖說》的重要性超過圖，但歷年來的研究重點均置於圖方面，反而掩蓋了《圖說》才能視爲周濂溪原初思想的事實，他也認爲圖說與圖有著若干的差距，而圖應受道家丹訣（尤其是內丹派影響），而且周濂溪本人做爲理學的開山始祖，其思想亦受道家的影響。〔註47〕

因爲周濂溪本人不甚明確的學術方向，和〈太極圖〉相關於宇宙生化、道論和易傳的思想歸屬，經過歷代思想家們不斷地詮譯和增益，蔚爲一門龐大的宋明理學課題，這其中也包含了朱陸異同、儒道（佛）之辨、無極與太極之爭……等等。

本論文的論述方式，乃從周濂溪的思想與時代和其著作開始，從濂溪思想的源頭：《易傳》，溯源至先秦，探討中國哲學史上第一場儒道之對辯：《易傳》之歸屬，再從〈太極圖〉及其圖說作爲開展，討論〈太極圖〉中的儒道之爭，之後環繞著濂溪作爲理學做爲開山祖師，其思想之歸屬儒道分界所產生出的儒學內部思想之爭：理學與心學之辯與無極與太極之爭，進入本論第三場次的論辯，即朱陸無極與太極之辯；然後再關涉於儒家學術之分判而有的漢宋之辯，即清初漢學對宋學反省下對朱子學所作的批判及對朱子太極圖的主張所作之修正，這裡主要是處理清初的三位易學家：毛奇齡、胡渭與黃宗炎，至清代的漢學與宋學之辯中，完成儒道的的四場的論辯。

當然，本人的論述乃立足於以上諸先進之文獻典籍之中，並沒有太多的創新發現，由於時間的迫切與學力之未逮，不足及錯誤之處上，尚祈見諒。

〔註46〕勞思光：《中國哲學史（三）》上冊，（台北：三民書局，2012年），頁139。

〔註47〕當代學者如牟先生、唐先生、勞先生乃至馮友蘭及方東美先生對於太極圖與《太極圖說》的看法，將會搜集匯整在本論文第四章中再行處理，在此先行從略。

第二章　周濂溪的思想生命

第一節　周濂溪的生平及著作

一、濂溪的生平

周濂溪字茂叔，原名敦實（亦作惇實），因避宋英宗舊諱，改名敦頤，道州營道（今湖南道縣人）。生於北宋眞宗天禧元年（西元 1017 年），卒於北宋神宗熙寧六年（西元 1073 年），年 57〔註 1〕。朱子對周子推崇倍至，《宋史道學傳》有載其對周子之評價如下：

> 周敦頤出於舂陵，乃得聖賢不傳之學。作《太極圖說》、《通書》，推明陰陽五行之理，命於天而性於人者，瞭若指掌。〔註 2〕

周濂溪世家營道縣，其先祖原居汝南（今河南省汝南縣）（其遠祖周崇昌在唐代宗永泰年間曾任廉、白二州太守），遷到寧遠縣大陽村，裔孫從遠始遷至營道縣，周從遠之子爲周智強，是爲濂溪的祖父，他終身都沒有做官，周智強有五子，長子周識、四子周輔成和少子周輅皆進士及第，其中周輔成就是周敦頤的父親，他曾做到廣西桂嶺縣的縣令，宋眞宗大中祥符八年（西元 1015 年）進士，周輔成先是娶唐氏爲妻，唐氏過世之後，復娶左侍禁成

〔註 1〕「宋眞宗天禧元年丁巳五月五日，先生生於道州營道縣之營樂裡樓田保。初名惇實，字茂叔，避英宗藩邸舊諱，改名惇頤。」周文英：《周敦頤全書》，（江西教育出版社），1993 年，頁 9。

〔註 2〕元・脫脫等撰，《宋史道學傳》列傳第 168 道學 1（上海：上海古籍出版社），頁 1440。

都鄭燦之女爲繼室，鄭氏亦爲龍圖閣學士鄭向之妹，生周敦頤〔註 3〕。

濂溪「少時穎悟，志趣高遠，信古好義，以名節自砥礪」，十五歲時，（仁宗天聖九年西元 1031 年）父親去逝，偕母自營道入京師，投靠舅舅鄭向，鄭向可說是改變他命運的第一人，鄭向知其遠器，愛之如子〔註 4〕，景祐三年（西元 1036）即周濂溪 21 歲時，鄭向獲得朝廷敘例封蔭子侄的機會，濂溪因而獲得作監主簿一職〔註 5〕，二十四歲，母喪服除，才由吏部調任洪州分寧縣（今江西南昌）主簿，其後歷任南安軍（今江西省）司理參軍（二十八歲），郴州郴縣（今湖南郴州）令（三十歲）、郴州桂陽令（三十四歲）、大理寺丞知洪州南昌縣（今江西南昌）（三十八歲）、太子中舍僉書署合州（今四川重慶）判官事（四十歲）、赤水縣主簿（四十四歲）、國子博士通判虔州（四十五歲）、虞部員外郎（四十七歲）、通判永州（湖南永州）（四十八歲）、朝奉郎尙書駕部員外郎（五十一歲）、廣南（今雲南省）東路轉運判官（五十二歲）、虞部郎中提點廣南東路刑獄（五十四歲）、知南康軍（今江西省）（五十五歲）等。〔註 6〕

二十一歲時，母親去逝，葬於舅父墓側，濂溪住在附近的鶴林寺，與僧人壽涯、道士李溉等常相往來，並求教於范仲淹、胡宿等人，濂溪的詩作〈遊赤水縣龍多山書仙臺觀壁〉：「到官處處須尋勝，惟此合陽無勝尋，赤山有山仙甚古，攀躋聊是到宮心」，寫下了他遊覽佛寺古剎，仙山道觀的感想，他的其他詩作也呈現出了他對神仙、佛道之嚮往，像〈經古寺〉、〈遊大林寺〉、〈題寇順之道院壁等〉，他曾對道家典籍《英眞君長生金丹訣》十分欣賞，讀過後寫有《讀英君眞丹訣》贊揚說：「始覩丹訣信希夷，盡得陰陽造化機。子自母生能致主，精神合後更知微」〔註 7〕，他在此詩中肯定陳摶「得陰陽

〔註 3〕周建剛：《周敦頤研究著作述要》，（湖南大學出版社），頁 1。

〔註 4〕潘興嗣《墓誌銘》云：「以君有遠器，愛之如子，龍圖公名，皆用惇字，因以惇名君」。煩參周敦頤：《周敦頤集》梁紹輝點校，（湖湘文庫出版社），頁 166。

〔註 5〕《宋史・道學傳》卷 427，列傳第 168，頁 12710～12711。

〔註 6〕宋・度正〈周敦頤年譜〉周文英：《周敦頤全書》，（江西教育出版社），1993 年，頁 9。

〔註 7〕本詩出現於〈題酆都觀三首刻石觀中〉第二首　請參梁紹輝編《周濂溪全集》，132 頁。

「陰長生，漢朝新野人，道教仙人，據說是漢朝孝和陰皇后的先人，雖生於門閥，但是長生喜愛道教的法術，不貪慕榮華富貴，並向著名方士馬鳴生學道……陰長生煉丹有成，長生不老，並以點土成金之術周濟天下貧苦。後陰長生帶著妻子與妻子家眷在酆都平都山羽化登天而去。其所煉丹稱『太清神

造化機」，而且《周易參同契》作爲一部道教煉丹著作，其「坎離匡廓，運轂正軸」的描繪，均與〈太極圖〉有著異曲同工之妙。

在濂溪長達三十年的仕宦生涯中，輾轉於江西、湖南、四川、廣東一帶，官職最高爲縣令，任期最多只不過四年，可說是官卑職小，然「素位而行」，果斷明快，如二十五歲時，初任洪州分寧主簿，「時有獄久不決，先生一詞立辨。邑人驚詫曰：老吏不如也。由是士大夫交口稱之。」〔註 8〕

蒲宗孟《周敦頤墓碣銘》也提過周濂溪的斷案風格「如快刀健斧，落手無留」，任南安軍司理參軍時，南安獄有囚，依法罪不當死，轉運使王逵欲深治之，眾莫敢抗，先生獨力爭、不聽，乃置手版，取告身委之而去，曰：「如此尚可仕乎？殺人以媚人，吾不爲也。」逵感悟，貸囚死而賢先生，且薦於朝〔註 9〕；三十八歲調任洪州南昌縣時，南昌人見濂溪，皆喜曰：「是初仕分寧，始至能辨其疑獄者，吾屬得所訴矣，於是更相告戒：勿違教命。不惟以得罪爲憂，又以汙善政爲恥。」〔註 10〕；三十八歲時，也就是任南昌知縣的第一年（宋仁宗至和六年，西元 1054 年），曾經生了一場大病，幾乎死去，友人潘興嗣視其家，服御之物，止一敝篋，錢不滿百。〔註 11〕

雖然官卑俸微，濂溪奉己甚簡，爲郴縣令時，郴州事職方員外郎李初平卒，子幼，濂溪爲護其喪，歸葬之。五十六歲，辭官而歸，妻子饘粥或不給，曠然不以爲意。黃庭堅（西元 1045～1105）在《濂溪詞並序》中稱美周敦頤，說他是

> 茂叔短於取名，而銳於求志；薄於徼福而厚於得，菲於奉身而燕及

丹』，著有《丹經》，人稱平都神丹眞君。」請參維基百科 https://zh.wikipedia.org/zh-tw/%E9%99%B0%E9%95%B7%E7%94%9F。

另外關於〈陰長生眞丹詩〉：「詩中有訣細參悟，金丹無形靜裡求；金谷果種長生樹，蘭歷花開不若枝。」這首詩出現於《輝碧堂叢書》：後漢先人陰長生黃綢書《丹經》，載有陰長生此詩，另外，也有關於此丹法修煉的說明：「修煉之道，須具決心，信解修證，切忌半途而廢，日子有功，水到渠成，丙申年甲午月丙戌日葵己時，時空閃爍，夏至下元，陰遁六局，九八七六五四……，逆飛，九轉成丹，金丹奧秘：『掌裏九宮格，瞭如飛指中，逆行坎水流，離宮眞火周』，周天火侯，三昧眞火，君火、民火、臣火，君臣慶會，事事亨通……」從此可見道教煉丹之法。

〔註 8〕宋・度正：〈周敦頤年譜〉，周文英主編：《周敦頤全書》，（江西教育出版社），1993 年，頁 9。

〔註 9〕周建剛：《周敦頤研究著作述要》，（湖南湖南大學出版社），頁 13。

〔註 10〕周建剛：《周敦頤著作研究述要》，（湖南湖南大學出版社），頁 22。

〔註 11〕周建剛：《周敦頤著作研究述要》，（湖南湖南大學出版社），頁 23。

> 煢嫠；陋於希世而尚友千古。聞茂叔之餘風，猶是以律貪。
>
> 雖仕宦三十年，而平生之志，終在丘壑，故餘詩詞不及世故，猶彷彿其音塵。
>
> 蘇軾（1036～1101）也有詩讚他：「世俗眩名實，至人疑有無，怒移山中蟹，愛及屋上烏。坐令此溪水，名與先生俱，先生本全德，廉退乃一隅。因抛彭澤米，偶似西山夫。遂即世所知，以爲溪之呼。先生豈我輩，造化乃甚後。應同柳州柳，聊使愚溪愚」（〈茂叔先生濂溪詩呈次元仁弟〉）〔註12〕

先生「宅邊有溪行如青羅帶，曰濂溪，先生濯纓而樂之。晚遇廬阜（廬山，位於今日江西九江），構書堂，前臨溪水，亦名以濂溪，學者宗之，故稱爲濂溪先生。」〔註13〕蘇軾和黃庭堅這兩位北宋有名的大詩人，對周敦頤的人品和形象均十分推崇，但對他最有名的兩篇的學術論著《太極圖說》和《通書》卻不置一詞，這表示這兩本理學開山之作並未引起廣泛的注意，使得蘇軾和黃庭堅在紀念濂溪時，均未提起他的這兩本著作。

二、濂溪的著作

濂溪的著作《四庫全書總目提要》載周元公集九卷：

> 周子之學，以主靜爲宗，平生精萃盡於《太極圖說》、《通書》之中，詞章非所留意，故當時未有文集，陳振孫《直齋書錄解題》載有文集七卷者，後人之所編輯，非其舊也，故振孫稱是集遺文數篇爲一卷，餘皆附錄，則在宋代已勉強綴合，爲數無多矣。〔註14〕

潘興嗣在〈周敦頤墓誌銘〉中，提到周敦頤的著作時，曾說：「作《太極圖易說》、《易通》數十篇，詩十卷，今藏於家」〔註15〕，從潘氏的述中，可知周敦頤的詩文及著作，應該是沒有對外發行過，尤袤（西元 1124～1193）的〈遂初堂書目〉於〈儒家類〉錄有《周子通書》及《周子〈太極圖〉》，〈別

〔註12〕周敦頤：《周敦頤集》梁紹輝點校，（湖湘文庫出版社），頁151。

〔註13〕周敦頤：《周敦頤集》梁紹輝點校，（湖湘文庫出版社），頁286。

〔註14〕清紀昀：《四庫全書總目提要》，（台北商務印書館），1983年10月，頁4。

〔註15〕周建剛：《周敦頤研究著作述要》，（湖南大學出版社），頁48。本句有些分段作「《太極圖》、《易說》、《易通》數十篇」，但從未聞濂溪有《易說》的著作煩參劉榮賢老師：〈周濂溪學術與生命意象之原型〉，2014年靜宜大學中文系第一屆漢文化學術研討會，頁254。

集類〉則錄有《周濂溪集》，稍晚於尤袤的陳振孫（約西元 1183～1261），其《直齋書錄解題》除了記載：「周子《通書》一卷，《太極圖說》一卷」〔註16〕早期周子的著作中，通書的重要性是大過太極圖說的。

通行本《濂溪集》「附錄」中所收《通書》序跋，最早有胡宏（西元 1106～1162）的《通書序略》及祁寬的《通書後跋》，因其文末有「紹興甲子春正月武當祁寬謹題」等字，紹興甲子年爲紹興十四年（西元 1144），其中有「逮卜居九江，得舊本於其家，比前所見〔註17〕無〈太極圖〉」，顯示祁寬所跋的《通書》是沒有收錄〈太極圖〉的〔註18〕，至於將〈太極圖〉拿來放置在《通書》之前的，應該是朱子〔註19〕，朱子認爲潘興嗣所寫的濂溪墓誌銘

〔註16〕許維萍：《歷代論辨太極圖之研究》東吳大學中研所碩士論文，民 84，頁 32。

〔註17〕目前所知道的九江舊本除祁寬的《通書後跋》所見的版本外，仍有林栗所刊刻的「九江本」及楊方所得「九江故家舊本」等三個版本，其中頗爲值得注意的是：楊方所得本中，與今《太極圖說》相同的文字，名爲《太極說》，而非《太極圖說》：『我們目前所能見到的《通書》的最早版本（也是惟一的宋刻版本），是由朱子所編訂的「南康本」。我們對《通書》在此之前的流傳情況所知甚少。大家對《通書》的討論，都以「九江本」爲開端，所使用的材料即祁寬的《通書後跋》一文：關於與九江有關的《通書》版本，我們還發現有以下兩部分：其一，是林栗所刊刻的「九江本」……楊方所得本中，與今《太極圖說》相同的文字，名爲《太極說》，而非《太極圖說》。這似乎表明，周敦頤是在爲「太極」而非「太極圖」作《說》。……學界所討論的《通書》的「故家舊本」，就是這三個與九江有關的版本。據現有資料來看，朱子並沒有把上述三個版本視爲同一個版本。他或許見到過祁寬所編訂的《通書》（曾經明確引用過祁寬的《通書後跋》），但是不一定見到過祁寬所見到過的九江故家本《通書》。朱子對於林栗所刊刻的《通書》，則頗有微詞。他在給汪應辰的書信中就提到：「大抵近世諸公知濂溪甚淺……近林黃中（栗）自九江寄其所撰《祠堂記》文，極論「濂」字偏旁，以爲害道，尤可駭嘆；而《通書》之後次序不倫，載蒲宗孟《碣銘》全文，爲害尤甚。以書曉之，度未易入。見謀於此別爲敘次而刊之，恐卻不難辨也」。顯然，朱子隨後編訂的「長沙本」《通書》，頗有針對林栗刻本的因素在內。同時，林栗所刻的《通書》不同於楊方所得版本的《通書》，我們能從朱子對它們的不同態度上看出端倪。這也意味著「故家舊本」在流傳中並不止有一個版本。」田智忠：〈從「舂陵本」《通書》論《通書》的早期流傳〉《周易研究》，2013 年第 01 期，頁 49。

〔註18〕許維萍：《歷代論辨太極圖之研究》，東吳大學中研所碩士論文，民 84，頁 33。

〔註19〕「蓋先生之學之奧，其可以象告者，莫備於〈太極〉之一圖。若《通書》之言，蓋皆所以發明其蘊，而〈誠〉、〈動靜〉、〈理性命〉等章爲尤著。程氏之書，亦皆祖述其意，而〈李仲通銘〉、〈程邵公志〉、〈顏子好學論〉等篇，乃或並其語而道之。故清逸潘公志先生之墓，而敘其所著之書，特以〈太極圖〉爲首稱，而後乃以《易說》、《易通》系之，其知此矣。然諸本皆附於《通書》之後，而讀者遂設以爲書之卒章。使先生立象之微旨，暗而不明，驟而語夫

是將〈太極圖〉列爲第一的，濂溪學術的堂奧，應備於〈太極〉之一圖，所以他將〈太極圖〉及圖說調到〈通書〉之前，但當時的流行版本，都是把〈太極圖說〉放在全書最後，讓讀者以爲〈太極圖〉及圖說乃最後之一章，故《宋史藝文志》著錄周敦頤的《太極圖說》以「《太極通書》一卷」〈子部儒家類〉名之。

《通書》最早的編刻地點當爲周敦頤的老家春陵營道，在朱子所見到的宋刻本，春陵、零陵、和長沙本（乾道二年 1166 年）中，春陵是最早的版本〔註 20〕：

> 此本後來隨著周的後人流傳到了零陵和九江。同時，二程弟子也在從周敦頤那裡獲得的相關《太極圖》信息的基礎上，編刻了附帶有《太極圖》的《通書》。這兩個系列的《通書》直到在祁寬那裡才首度會和……〔註 21〕

朱子獨具慧眼：「先生之學，妙具於太極一圖」而《通書》之指，是發〈太極圖〉之義蘊，另外，朱子也發現「潘公所謂《易通》，疑即《通書》，而《易說》獨不可見，蓋《易說》既依經以解義，此則通論其大旨，而不繫於經者，特不知其去易而爲今名。」〔註 22〕，《易通》即是通書，而《易說》則爲《太極圖易說》之簡稱〔註 23〕。

《通書》四十章，全文約二千七百餘字，爲宋明理學開宗的重要著作。《通書》中，黃百家有如此之按語：「《通書》，周子傳道之書」〔註 24〕，《通書》有朱子的釋，也有曹端的述解，因爲《通書》作爲儒門經典較《太極圖說》來得純粹無疵，所以黃宗羲在《宋元學案．濂溪學案》中將它列在《太

《通書》者，亦不知其綱領之在是也。」周敦頤：《周敦頤集》梁紹輝點校，（湖湘文庫出版社），頁 88。

〔註 20〕「右周子文書一編，今春陵、零陵、九江皆有本，而互有異同，長沙本最後出，乃熹所編定，視他本最詳密矣，然猶有所未盡也。」蓋朱子所做的編目是按照時間所做的編目，煩參田智忠：〈從「春陵本」《通書》論《通書》的早期流傳〉《周易研究》，2013 年第 01 期。

〔註 21〕煩參田智忠：〈從「春陵本」《通書》論《通書》的早期流傳〉《周易研究》，2013 年第 01 期。

〔註 22〕周敦頤：《周敦頤集》梁紹輝點校，（湖湘文庫出版社），頁 88。

〔註 23〕劉榮賢老師：〈周濂溪學術與生命意象之原型〉，靜宜中文第一屆中國文化研討會，頁 6。

〔註 24〕「百家謹案：「《通書》，周子傳道之書，朱子釋之詳矣，月川曹端氏，繼之爲述解」黃宗羲著、全謝山輯《宋元學案補遺》王梓材、馮雲龍校注，台灣商務印書館，頁 96。

極圖說》之前，朱子說通書本名《易通》與《太極圖說》並出，程氏以傳於世〔註 25〕，而其爲說實相表裡，朱子指點出了通書與《太極圖說》中的義理是相通的，均爲孔孟天道性命之學（請參《通書》）言誠爲聖人之本，正如圖說之人性本於太極，爲人極之所以立，而圖說所言之無思無爲、寂然不動，以誠來規定太極，太極就是至誠無息，而誠達至極限，無思無爲，即爲無極也。

朱子所作的《通書》後序中有言：「獨此一篇，本號《易通》與《太極圖說》並出程氏，以傳於世，而爲其說，時相表裏。」，是朱子，將太極圖說置於《通書》之前，此後《通書》與《太極圖說》是一起流傳的。

三、《通書》的義理

《通書》體小思深，言簡義豐，胡宏在通書序略中說：「人有眞能立伊尹之志，修顏子之學者，然後知《通書》之言，包括至大，而聖門之事業無窮矣。」〔註 26〕

《通書》是明天理之根源，究萬物之終始，論萬物之陰陽變化，論聖是誠而已矣，中庸所謂天下至誠，指人之實有此理〔註 27〕。濂溪的《通書》以誠爲本，並以誠爲乾元之實德，我們可以拿《通書》與《圖說》做比較，《通書》所說的誠即《圖說》所言的太極，而此一誠即通往儒家性命之學，實天道性命相貫通，所以〈誠上第一〉有云：「誠者，聖人之本，大哉乾元，萬物資始，誠之源也」

〈中庸〉又云：

> 唯天下至誠爲能盡其性；能盡其性，則能盡人之性；能盡人之性，則能盡物之性；能盡物之性，則可以贊天地之化育；可以贊天地之化育，則可以與天地參矣。〔註 28〕

「至誠」表達了聖人乃是體認並上達於「天道」之「盡性」，並指出其實

〔註 25〕「舂陵本《通書》中也沒有收錄《太極圖》，這就更能驗證上述學者們的推測：《通書》中本無《太極圖》，是『程門傳本』將它附於《通書》之後的。」煩參田智忠：〈從舂陵本《通書》論《通書》的早期流傳〉《周易研究》，2013 年第 01 期。

〔註 26〕周敦頤：《周敦頤集》梁紹輝點校，（湖湘文庫出版社），頁 86。

〔註 27〕周敦頤：《周敦頤集》梁紹輝點校，（湖湘文庫出版社），頁 94。

〔註 28〕中庸第二十三章　請參中國哲學書電子化計劃　http://ctext.org/liji/zhong-yong/zh？earchu=%E4%B8%AD%E5%BA%B8&searchmode=showall#result

踐「天性」進而與天道合一的生命境界之開展，在此，亦凸顯了人之與天、地並列的價值，且指出人之所以尊貴的原因：在於體認天道而能成己成物，所謂「誠者，成己而已也，所以成物也。」(〈中庸〉) 蓋「誠者，物之終始，不誠無物。」天道既以萬物之流行發育爲功，則承自天道而來之人道亦應以「成己」、「成物」爲應成就之德性。

〈誠上〉至善指的純善，即純粹至善，一陰陽之謂道，繼之者善，成之者性，一陰一陽，乃天地之理，如大哉乾元，萬物資始，乃繼之者善也，乾道變化、各正性命，此成之者悅；〈誠上〉篇是爲瞭解釋天地萬物之生成變化，一陰一陽之謂道，這個道即是太極也，《通書》中沒有無極的概念，關於無極與太極、動靜有無的關係，在太極圖說中眾說紛紜（太極是理？是氣？），此處可看明代大儒劉蕺山對太極動靜之解釋：

> 周子既以太極之動靜生陰陽，而至聖人立極處，偏著一靜字也，曰：陰靜陽動，無處無之。如理氣分看，則理屬靜，氣屬動，小待言矣。故曰循理爲靜，非動靜對待之靜。」（黃宗羲按語：朱子以爲陽之動，爲用之所以行也，陰之靜，爲體之所以立也，夫太極既爲之體，則陰陽皆是其用）〔註29〕

劉蕺山主的是氣論，但也承認濂溪的修養功夫是主靜的，即「主靜以立人極」。

《易傳》:「生生之謂易」,《繫辭上傳》:「天地之大德曰生」,《彖傳》亦曰：

> 大哉乾元，萬物資始，乃統天。雲行雨施，品物流形。大明始終，六位時成，時乘六龍以御天。乾道變化，各正性命，保合大和，乃利貞。首出庶物，萬國咸寧。

貞定萬事萬物的性命，各自成物，天道是宇宙之本體及萬事萬物根本，《坤・彖傳》:「至哉坤元，萬物資生，乃順承天。」乾坤載物成德，生長化育，故曰：「乾知大始，坤作成物；乾以易知，坤以簡能。」

元亨是誠之通，利貞則是誠之復，誠之道是造化流行，誠之復乃言萬物之歸藏，元亨利貞是道理的綱目。誠無爲而無善惡，幾是動之微，欲動未動之間，便有善惡，所以聖賢說戒愼其所不睹，恐懼其所不聞。《中庸》論「誠」、《易傳》論「善」，都是周濂溪本體論功夫，濂溪善紹《中庸》和《易傳》的

〔註29〕黃宗羲：《宋元學案濂溪學案》，(台北河洛出版社)，民64年，頁110。

聖人修養境界之功夫，表現在《通書》諸多條目中。

蓋元、亨、利、貞乃〈乾〉卦四德，《乾・文言傳》曰：「元者，善之長也；亨者，嘉之會也；利者，義之和也；貞者，事之幹也。」濂溪以元、亨爲誠之通，蓋言「誠道」化育萬物，強調其蓬勃亨通；而以利、貞爲誠之復，乃以「誠道」貫通於物之終始，言其往復不已；合而言之，即天道流行不已，萬物生生不息之義也，而濂溪此言，意在教人體察在天道流行大化中，吾人當體會天道元、亨、利、貞之蘊義，以確立自我性命之「誠」。

蓋濂溪對於人性價值有積極肯定之態度，如其所云：「惟人也，得其秀而最靈。」（〈太極圖說〉）認爲萬物皆由陰陽五行之氣凝合而生，惟人所得之氣最爲靈秀，故體察性命所受之天道，則知天道實內在於人性之中，「人道」即爲「天道」所體現於人者，故〈太極圖說〉屢言「與天地合其德」（語出《乾・文言傳》）及「立天之道曰陰與陽；立地之道曰柔與剛；立人之道曰仁與義」（語出《說卦傳》）以強調修「人道」以達「天道」——即「脩道之謂教」所欲達致之天道性命相貫通的境界，並建立了「誠者，天之道；誠之者，人之道。」之形上根據，故曰「誠者，聖人之本」也。

濂溪對於體、用關係之掌握，有「誠無爲，幾善惡」之體認，並發而論之於修養，其言曰：

> 誠無爲，幾善惡，德、愛曰仁，宜曰義，理曰禮，通曰智，守曰信焉，性焉安焉之謂聖，復焉執焉之謂賢，發微不可見，充周不可窮之謂神。」（《通書・誠幾德第三》）
>
> 寂然不動者，誠也；感而遂通者，神也；動而未形，有無之間者，幾也。（《通書》）
>
> 誠精故明，神應故妙，幾微故幽。誠神幾曰聖人。」（《通書・聖地四》）

動即「誠無爲」之本體，其神妙之感通即是發用，發用之萌動爲「幾」，吾人天命之性則能於發用中合於「誠道」之「至正」，然而，由於「形既生矣，神，五性感動而善惡分，萬事出矣。」（〈太極圖說〉）吾人尚受形體、理性及五性之個別性的影響，故於所發用發動處，便有「中節」與否之問題，是亦有「善」、「惡」之道德價值的差別，濂溪認爲善惡之別，自「動而未形，有無之間」當即判別，即「幾善惡」之謂也，故教人「知幾」也，而「知幾」則以「思」爲工夫。

濂溪則以「復」，爲「誠之」之工夫，其意在「復」其本體之「誠」也，《通書·家人睽復无妄第三十二》言：

> 身端，心誠之謂也；誠心，復其不善之動而已矣。不善之動，妄也；妄復，則無妄矣；無妄，則誠矣。故無妄次復，而曰：「先王以茂對時育萬物」。深哉！

「誠」字皆有「內在眞實」之意，而以「存誠」、「立誠」爲工夫。濂溪則於《通書·乾損益動第三十一》言：

> 君子乾乾不息於誠，然必懲忿窒欲，遷善改過而後至。乾之用，其善是，損益之大莫是過，聖人之旨深哉。吉凶悔吝生乎動。噫，吉一而已，動可不愼乎？

實則其學說中，以「主靜無欲」爲工夫論之重要主張，〈太極圖說〉有「定之以中正仁義而主靜（無欲故靜），立人極焉。」之言，《通書·聖學第二十》則曰：

> 聖可學乎？曰：可。曰：有要乎？曰：有。請問焉。曰：一爲要，一者，無欲也。無欲，則靜虛、動直。靜虛則明，明則通。動直則公，公則溥。明通公溥，庶矣乎。

《繫辭上傳》「易，无思也，无爲也，寂然不動，感而遂通天下之故，非天下之至神，其孰能與於此。」與《中庸》：「誠者，天之道；誠之者，人之道。」之說，以「誠」爲本體，爲境界，論「誠之」之工夫。故《宋元學案》曰：

> 周子之學，以誠爲本。從寂然不動處握誠之本，故曰主靜立極。本立而道生，千變萬化，皆從此出。化吉凶悔吝之途，而反覆其不善之動，是主靜眞得力處。靜妙于動，動即是靜。無動無靜，神也，一之至也，天之道也。千載不傳之秘，固在是矣。（《宋元學案·濂溪學案下》）

「主靜」這一功夫修養論所指向的顯然是道家的思想，老子說：「不欲以靜，天下將自定。」（《老子》第 37 章），莊子說：「夫虛靜恬淡，寂寞無爲者，萬物之本也。」（《莊子》天道篇）周子吸收了以無爲本的「無極」觀念（天道方面），復又汲取了道家關於「主靜」的功夫論原則和方法（人道方面），人道中「主靜」和宇宙論中「無極」其狀態是一致的，如同道家之觀解的智慧一般。「太極」含有動有靜而有陰陽之氣的動靜，而太極之先的

「無極」則是一種無規定（虛）、無運動、形上（靜止）的本然狀態。聖人「主靜」，正是希望「原始反終」，聖人的精神境界反映出宇宙的虛靜。周敦頤吸收了道家「主靜」、「無」的概念，但並不意味著他對儒家的放棄，「無極」的提出，是爲儒家倫理尋源探本的需要；但「主靜」代表他對於中和、中庸的追求，也是一種對中正仁義的追求。

但濂溪本體功夫的路數偏於「靜」和「無欲」，所以使得當代大儒方東美先生認爲「通過無欲主靜的理論，周敦頤將整個宋代理學領上了『禪靜消極的孤徑』」〔註 30〕無欲主靜的功夫路數，是儒家與佛家的共同點，亦可通往禪學：「（濂溪）有以爲由無欲愼動，復不善之動歸於無妄靜虛之本，即有明道之用，是又用易繫辭寂然不動，感而遂通語……此在禪宗言之，則云定慧，在天台宗言之，則云止觀，實則內容即禪。」〔註 31〕

由於《通書》包羅萬千且義理甚豐，吾人對它的介紹先到此爲此，如〈太極圖說〉有其義理之相貫通之處時會再行參看、比較，以便能掌握濂溪思想的大要。

第二節　濂溪的生命意象

濂溪是一個視覺型態的哲學家，也是一個內丹的眞實體驗者，更是一名匡世濟民的儒者，他的生命學術貫串了儒釋道三家，而他的生命意象出現在他廣爲人知的兩部作品：〈愛蓮說〉及〈太極圖〉中；先以〈愛蓮說〉爲例，〈愛蓮說〉是他傳世久遠、也是做廣爲人知的作品，異常清新可喜，此文作於濂溪 47 歲時：

> 水陸草木之花，可愛者甚蕃。晉陶淵明獨愛菊；自李唐以來，世人盛愛牡丹。予獨愛蓮之出淤泥而不染，濯清漣而不妖。中通外直，不蔓不枝，香遠益清、亭亭靜植，可遠觀而不可褻玩焉。予謂：菊，花之隱逸者也；牡丹，花之富貴者也；蓮，花之君子者也。噫！菊之愛，陶後鮮有聞；蓮之愛，同予者何人？牡丹之愛，宜乎眾矣。

蓮，是佛法的意象，在此，周濂溪是以蓮作爲自喻（比喻君子），從愛蓮說及其眾多詩作之中，視覺化的形「象」在周濂溪的思考型態中，佔據著重

〔註 30〕方東美：《新儒家哲學十八講》，（台北黎明文化出版有限公司），1985 年，頁 193。
〔註 31〕林科棠：《宋儒與佛教》，台灣商務印書館，民 55 年 1 月，頁 81。

要的地位，貫穿他學術思想的就是以圖象爲中心的〈太極圖〉與《太極圖說》〔註 32〕，而濂溪對其生命意象的自況，也以「睡蓮」做爲代表〔註 33〕，從濂溪對其生命自況的描寫，我們的確可以瞭解到他的思想和學問，的確是三教合一的〔註 34〕：

> 周敦頤繼承了隋唐五代以來儒釋道三教融合的開闊學風，從他的人生歷程來看，他既有儒家入世傳統的一面，也有由莊子所開啓的文人傳統的一面。做爲一位由士入仕的儒者，周敦頤支持范仲淹的慶曆新政和王安石的熙寧變法，而這些事蹟都被朱熹及宋明以後的儒者刻意掩蓋。周敦頤在個人生活情趣和精神意境上，則近於莊周風格，其文人生活更像魏晉士人，雅好山水、吟詩論道。周敦頤結交三教友人，初則和佛教人士組織青松社，晚則與道人擬組逍遙社，這些事蹟更爲朱熹及歷代懷有道統意識的儒者所諱言。〔註 35〕

二程的父親程珦，就眞正能欣賞濂溪的爲學和品格，伊川作《明道先生行狀》曰：「先生自十五六時，聞汝南周茂叔論道，遂厭科舉之業，慨然有求道之志」，明道亦自云：「者受學於周茂叔，令尋顏子仲尼樂處，所樂何事。」但二程的問學可能僅只是一般地問學，而非就是濂溪的傳人。〔註 36〕

〔註 32〕「從漢到宋，易學分爲兩大派，一是象數學派……一是義理學派……，象數學派的倡導者，始於北宋初的華山道士陳摶……以後周敦頤著重講象，提出太極圖說……」煩參朱伯崑：《易學哲學史》（北京：北京大學出版社），1988 年 1 月，頁 5。

〔註 33〕煩參葉國良：〈周敦頤愛的是什麼蓮？〉，成大中文學報第二十七期，2009 年 12 月頁 37～56。

〔註 34〕「濂溪以蓮爲自己人格（君子的人格）的象徵，而且其靈感的來源與佛道二教有關……」葉國良：〈周敦頤愛的是什麼蓮〉，同註 51，頁 47。

〔註 35〕陳鼓應：〈論周敦頤《太極圖說》的道家學脈關係——兼論濂溪的道家生活情趣〉《哲學研究》，頁 28。

〔註 36〕「宋儒饒魯也曾指出：『程子之書，其發天地之秘、盡事物之情，亦已至矣，獨未嘗一言及於《圖說》與《通書》者，固有深意也。事有發於毫釐之間，而其末流之差不倦尋丈之遠者，窮理之君子所當辯也。案：明道《行狀》稱十五六時聞汝南周茂叔論道，蓋太中公攝倅南安而先生爲獄掾，故明道兄弟因受學焉。當是時，先生年才甚少，《圖》與《書》蓋未作也。所謂論道者，不過以其意口授之耳。自是而後，明道兄弟還於北而先生專仕於南，聲跡寖相遠矣。唯明道嘗云再見先生，雖不知的在何年，然以「詩可以興」及「吾與點也」之語推之，計亦早年耳。竊意《太極圖》、《通書》皆先生中年以後之所著，而程子亦未之見也。是以明道識端愨之壙、銘李仲通墓，與伊川之論顏子好學，其言天地賦予人物稟受之原，雖皆不出乎《圖》、《書》之意，

慶曆六年（西元 1046 年），明道和伊川的父親程珦代理南安州副職，由於欣賞濂溪的爲人及治學，令兒子明道（十五歲）、伊川（十四歲），二子師事之……故《明道傳》云：「自十五六時，與弟頤聞周敦頤論學，遂厭科舉之業，慨然有求道之志……」，根據周建剛所著的《周敦頤研究著作述要》：「二程問學於周敦頤，絕非僅慶曆六年一年的時間，而是從慶曆六年到慶曆八年，持續了至少三年的時間。」〔註 37〕，所以後來朱子也從明道伊川的師承上溯濂溪，而判濂溪爲北宋理學之祖。

周濂溪的家鄉營道里附近（今道縣清塘鎮樓田村），相距 7 公里的都龐嶺下有一處石灰岩溶洞，主洞長 180 米，寬 160 米，人稱道州月岩，相傳少年時代的周敦頤喜歡在此讀書，由於石灰岩溶洞會映現出「上弦」、「下弦」、「望月」不同的月相，因此觸動了少年的周濂溪，感受到「靜中有動，動中有靜」的《易傳》思想及宇宙生成理論，導致他日後成長，寫作根據了《太極圖說》。〔註 38〕

月岩的岩頂是一個大洞，它的象徵即是「無極而太極」，是宇宙的本源、猶如一望無垠的太空，內部有山，形成暗黑的山景與月映的光明，〈太極圖〉的第二圈，說明陽中有陰、動中有靜，《太極圖說》解爲：「太極動而生陽，動極而靜，靜而生陰，一動一靜，互爲其根」，如果動是黑暗的話，則靜是光明，如果陽是天空的話，則陰是山岩，在一動一靜之間，恰似月映山岩之幽

而於《圖》、《書》之文字語言，則未嘗及焉。至於門人問辨之際，亦未聞有援此以質疑者，亦可見矣。若曰程子以《圖說》、《通書》爲害道而不語，則無極靜虛之外，如志學章、乾損益動章之類，至平至實，莫非切於學者之入德，而亦不爲之拈出以示人，何耶？且無極之云，雖出於老子，而太極之云則出於孔子，而程子俱未嘗一言及之，豈程子亦以孔子之言爲害道而並黜之哉？是其深意，或者他有所在，而非此之謂乎！』饒魯的論辯非常有力，尤其是二程從未明確提及《通書》這一事實，的確很能說明問題，也讓那些辯解說二程不願意公開周敦頤的所謂秘傳《太極圖》者，無話可說。我們只能說，二程與周可能只是一般的問學關係，並非如朱子等人所渲染的那樣，是周的傳人。」煩參田智忠：〈從「春陵本」《通書》論《通書》的早期流傳〉《周易研究》，2013 年第 01 期。

〔註 37〕周建剛：《周敦頤著作研究述要》，（湖南：湖南大學出版社），頁 19。

〔註 38〕度正寫《周敦頤年譜》亦有記載：「先生既愛廬山之勝，遂卜居山下……學者宗之，號濂溪先生。」另見胡正耀：〈道縣月岩與周敦頤的太極圖說〉「宋眞宗天禧八年（1030 年），先生年十四，濂溪之西有岩，東西兩門，中虛，圓如月，出入仰視，若上、下弦，名月岩，先生築室讀其間，相傳睹此而悟太極。」中國永州新聞網 http://www.yongzhou.gov.cn/2013/0530/187640.html。

微，風吹曠野，達至宇宙人生之究極。這幅月岩的印象，始終存留在周濂溪一生的思想當中，成爲他不竭的創作與生命泉源。

〈太極圖〉第三圈是五個小圓圈，代表的是金、木、水、火、土等五行〔註 39〕，五行的物質世界（五行分別是：一曰水，二曰火，三曰木，四曰金，五曰土，水曰潤下，火曰炎上，木曰曲直，金曰從革，土爰稼穡，潤下作鹹，炎上作苦，曲直作酸，稼穡作甘）〔註 40〕，在這個自然環境的物質世界中，充滿了生命力與靈動，世界是一個力動的劇場，月岩的世界也展現了此一宇宙劇場的力與光。

第四圈代表的是生生不息的「男」（雄）與「女」（雌），也是周氏所說的：「乾道生男（雄），坤道生女（雌），二氣交感，化生萬物」；第五圈代表萬事萬物，即是一個複雜紛繪的現象大千世界。

〈太極圖〉靈動之象，就是少年時代周濂溪築室於月岩讀書，所領略到的大自然宇宙的生成圖景，在這種原創的圖象與思考中，使得周濂溪能直探「仰則觀象於天，俯則觀法於地」的周易幽明，而終於成就其兼綜儒道、和會三教的集其大成，他的文字大都很簡略，卻猶如快刀健斧，一擊便中，是天地初闢之晴天霹靂，這也就是他能穿透象數、撥開義理之雲霧，直指生命本質，一探宇宙之源的學問功力之所在。

後來朱子也從明道伊川的師承上溯濂溪，而判濂溪爲北宋理學之祖，但朱子刻意忽略他所具備的道家生命特質，周子展現的是儒釋道相容並包而非僅只是狹隘的道統意識，周子所以能名流後世，是拜朱子之賜；但朱子也刻意忽視周子生命意象原型和學術思想之原貌，這也不得不說是朱子之罪。〔註 41〕

修治辦學的士宦生涯是他爲仕弘道的一面，而窺知於他的生命情境：大量詩文記載了他拜訪道觀寺廟、遊覽山水、抒寫情懷的文人生活的一面，如：

〔註 39〕本層圖式的原理，根據象數易的說法爲「分土王四季」與「播五行於四時」，而非一般人所認爲的五行相生，會在本論第四章中再做說明。

〔註 40〕由於這第三層圖式，很多學者根據其圖式主張爲周易參同契之三五至精圖，另外，根據五行的原理，本圖式爲五行相剋而非相生，關乎此，會在本論文第四章再作說明，在此先行從略。

〔註 41〕請參劉榮賢老師：〈周濂溪學術與生命意象之原型〉2014 年靜宜大學中文系第一屆漢文化學術研討會，而劉老師這篇論文的靈感來源乃是毛文芳：〈朱子周敦頤事狀一文解析——兼論朱子儒學詮釋典範的建立〉，《孔孟學報》70 期，1995 年 9 月，頁 231～258。

「到官處處須尋勝，惟此合陽無勝尋」(〈遊赤水縣龍多山仙台觀壁〉)、「青山無限好，俗客不曾來。」(〈題寇順之道院壁〉)、「雲樹岩泉景盡奇、登臨深恨訪尋遲」(〈和費君樂遊山之什〉)、「公程無暇日，暫得宿清幽」(〈宿大林寺〉)、「塵上羅浮閑送目，浩然心意復吾眞」(〈題惠州羅浮山〉)〔註44〕

周敦頤在山水體悟到的，正是他思想中的「無欲」、「主靜」:「周敦頤對名利的超脱，對『方外』生活的嚮往，在其詩文中隨處可見，『公暇頻陪塵外遊，朝天仍得送行舟』」(《香林別趙清獻》)，「尋山尋水侶尤難，愛利愛名心少閑」(《喜同費長官遊》)，「聞有山岩即去尋，亦躋雲外入松陰。雖然未是洞中境，且異人閑名利心」(《同友人游羅岩》) 等詩句。〔註43〕

在《按部潮州題大顛堂壁》，他反對韓愈排斥佛老而寫下:「退之自謂如夫子，《原道》深排釋老非。不識大顛何似者，數書珍重更留衣」可見他不排斥或獨尊任何一教的開闊胸襟。另外，他與道教的因緣頗深：周敦頤在四川任合州通判期間，爲道教所吸引，遊覽綿竹山、平都山等道觀並爲之賦詩。最爲著名的是在平都山作的三首詩，其一爲《題酆州仙都觀》:「山盤江上蚪龍活，殿倚雲中洞府深。欽想眞風杳何在，偃松喬柏共蕭森。」其二爲《宿山房》:「久厭塵氛樂静元，俸微獨乏買山錢。徘徊眞境不能去，且寄雲房一榻眠。」其三爲《讀英君眞丹訣》:「始觀丹訣信希夷，盡得陰陽造化機。子自母生能致主，精神合後更知微」〔註 44〕從中可見周敦頤內心深處與道教思想的契合，特別是第三首，在學術史上一向爲專家學者們有意無意地忽略。〔註45〕

陰眞君爲漢時修道成仙的眞人陰長生，姓陰，名長生，新野地方人氏，爲東漢和帝（88～105 年在位）時人。據葛洪記載，陰眞君升天之前，在嵩山、大華山、蜀經山各封函留丹經一通，並合爲一卷：「付弟子，使世世當有所傳付。」〔註 46〕；綿竹山在成都北部，周敦頤曾遊覽此山並作詩：「紫

〔註44〕陳鼓應：〈論周敦頤《太極圖説》的道家學脈關係——兼論濂溪的道家生活情趣〉《哲學研究》，頁29。

〔註43〕陳鼓應：〈論周敦頤《太極圖説》的道家學脈關係——兼論濂溪的道家生活情趣〉《哲學研究》，頁30。

〔註44〕關於本詩的出處及〈陰長生眞丹詩〉請參本論第34頁，註53的部份。

〔註45〕陳鼓應：〈論周敦頤《太極圖説》的道家學脈關係——兼論濂溪的道家生活情趣〉《哲學研究》，頁30。

〔註46〕參見葛洪《神仙傳》卷四，文淵閣《四庫全書》，子部道家類，原題陳摶註，出處五代北宋初期。底本出處：《正統道藏》洞眞部玉訣類。

霄峰上讀書台，深鏁（鎖）雲中久不開；爲愛此山眞酷似，冠鰲他日我重來。」平都山位於重慶市豐都縣東北部，亦稱酆都山，相傳漢代王方平、陰長生兩人曾先後在此山之中修道成仙，從這些詩文中，均可見濂溪與道教關係之密切。

梁紹輝先生認爲：濂溪在哲學思想的開拓、時空的無限應用、價值判斷之內向此三方面表現得可圈可點，而從人生境界與思想歸向來看，他更將道家的自然主義與儒家的人生問題做了一次有機的統一。〔註 47〕

第三節　時代氛圍下的濂溪的思想

一、北宋初年的三教氛圍：詩書禮樂下的文化大格局時代

宋代是近世的開端，更由於君王的提倡，民族的融合、文化的交流，經濟變革、土地私有制……等等的因素，促進了文化的融合與進步，不僅帶來儒學的復興，更造成了中國文化第三階段的融合。

宋明理學以儒家思想爲本，是中國哲學發展史上的最高峰，理學形成的道路，即是儒家復興的道路，它吸收融化了道家和佛家，成爲理性主義式的新儒學。理學與道教之融合，其時代背景如下：

1. 唐末的離亂
2. 宋眞宗實行黃老無爲之治，尊崇道教。
3. 宋徽宗貫徹崇道之政策，提倡儒道統一，宋徽宗當政之時，形成以道爲主，融合儒家、貶低佛教之格局。〔註 48〕

道教在北宋地位很高，甚至有人將北宋滅亡之因，歸咎於道教。從中唐到宋初，政治和社會問題，促使道教中的有識之士如李約、王眞、陸希聲、羅隱，無能子、強思齊、譚峭、陳摶、陳景元等，身處於北宋崇道之氛圍下，開始思考如何將天道與儒家的仁結合，此種方式，深刻影響了王安石、周濂溪、邵雍、張載、二程與朱子等理學大家。另外五代和北宋，內丹學大盛、鍾離權、呂洞賓、陳摶、張伯端號稱大家，內丹取代外丹而在道教中佔主流地位。道教學者，大多有出儒入道的經歷，在思想上深受儒家影響，而道教

〔註 47〕梁紹輝：《周敦頤評傳》，（南京：南京大學出版社），1994 年。

〔註 48〕煩參孔令宏：《宋代理學與道家、道教》，（北京：中華書局），2006 年 8 月，頁 46～頁 63。

對儒學的影響可包括養生、道、氣與神仙境界這幾方面。

北宋儒者雖然一方面力闢佛老，但另一方面卻是三教合一，在佛道刺激下，三教合一的呼聲越來越高，對宋明理學而言，佛道的影響究竟爲何？大凡新儒家之學說，均可見佛道之影子，而漢以後的道家、道教學者，大都有出儒入道經歷，對儒家深有研究，亦深受儒家思想影響，因此佛儒、道儒之分疏問題，轉變成宋代儒學內部分疏問題，兩宋理學，遠承孔孟、近稽佛道，均有一種共同學思：「訪諸佛老十數年而無所得，反而求之於六經，而後得之。」〔註 49〕

新儒學的興起，一方面是回應佛老的挑戰，另一方面則轉借和吸收了佛老的思想，陳來在《宋明理學》中指出：

> 禪宗、古文運動和新儒學所代表的宗教改革，古文的復興、古典思想的重構，表示這確實是一個與新時代相符合的文化運動，它在許多方面與西歐近代的宗教改革與文藝復興有類似特點〔註 50〕

宋學上反漢學、下開清學，具有承先啓後的意義，宋明儒與先秦儒學關切密切，但卻較先秦儒學來得專精純粹，這是新儒學異乎漢儒與先秦，而特別重要之處。中國哲學具有十足之生命力，其生命力之來源爲一種多元的開放性；類似像宋儒的專攻，一爲政事：如曾鞏、王安石、陽明……等，其次則爲經史，如程朱、象山……，再來則爲文學：像蘇東坡、歐陽修，綰文學與經學爲一，以先秦子部爲宗，孔孟並稱異乎周孔並稱。宋儒談內聖外王、經史子集，宋儒亦談文章文學，這是一個上承易傳的天道大格局方向下的詩書禮樂文化的大格局時代，誠如錢穆先生在《朱子新學案》中所說：

> 宋儒之經學，亦爲一種子學變相
>
> 北宋諸儒實已爲漢以下儒統中之新儒〔註 51〕
>
> 理學，其學曰道學，又稱爲理學，亦可稱爲性道之學或理性之學〔註 52〕

宋代儒學的精神在傳統、在創新，在兼容並包與多元並蓄，蓬勃的文化生命力下，儒道文化可說是混融爲一；宋代文化之特徵爲世俗化、平民化及理性化、儒學轉型，儒家面對佛道之挑戰，作出創造性回應。

〔註 49〕張永儁〈略論兩宋理學在中國歷史文化中的繼承與創新〉，臺北華梵大學第八屆儒會道暨文化哲學研討會 http://www.hfu.edu.tw/~lbc/BC/8th/pdf/Introduction.pdf

〔註 50〕陳來：《宋明理學》，（臺北：洪業文化事業有限公司），1999 年，第 16 頁。

〔註 51〕錢穆：《朱子新學案》，（台北學生書局），頁 18。

〔註 52〕錢穆：《朱子新學案》，（台北學生書局），頁 18。

從思想的分派來看，理學一詞最早使用爲南宋的朱子和象山；大陸學者則以氣、理、心來區分宋明儒：周濂溪與橫渠是「氣學」、二程與朱子是「理學」、王船山則是氣學〔註 53〕；陳來在《宋明理學》中將宋明理學區分爲四派：氣學（張載）、數學（邵雍）、理學（程頤、朱子）、心學（陸九淵、王守仁）〔註 54〕

宋明新儒學與道家

經學自漢到宋代的慶曆年間，進入一個劇烈之變古時期，這次經學的復興，改變了漢唐所恪守之古義訓詁，直接承續道統之自由風氣，是一個大破大立的時代，也是一個變古疑經的時代。

漢唐多研治六經，而宋代儒家卻多治四書，宋明儒將論孟中庸易傳通之而爲一，以成德之教再度豁醒先秦儒家，朱子爲四書作註：

> 朱子論孟集注學庸章句，皆由其一己思想之最後結論凝鍊而來，一方面當認取其深厚之傳統性，一方面當認取其精闢之創造性。〔註 55〕

朱子用章句和集註來注解《論語》《孟子》《大學》《中庸》，四書爲理學價値與工夫系統的主要根據，《孟子》的地位亦大大的提高。

這種儒學復興運動的主要目的，一方面在排斥佛老、承接道紀，站在理論高度來論證儒家仁義禮樂的文化理想，建立一個取代佛老、特別是佛教的新儒家哲學，另一方面在於力圖從這種哲學中引申出一套經世之學和心性之學，以配合當時的改革事業，培養一批以天下爲己任的人才。〔註 56〕當然，所謂的排斥，其實是宋明理學家們口中喊出的排斥，但他們身處在宋明這種三教合一的氛圍當中，想要擺脫佛道文化的影響是很難的，或許可用雙城記狄更斯所說過的記：「這是一個最好的時代，也是一個最壞的時代，這是希望的春天，也是寒冷的冬天……」，來描繪此一時代。

宋學一開始，便負有一種消極性的任務，就是吸收佛老，但不僅吸收，更重要是能轉出，佛談三世、老言有無，但儒只講現在，所以這樣的轉出，不能透過宗教，不能透過境界默觀，而是需要社會實踐對生命正向積極的肯定。

〔註 53〕陳家鈴：《北宋時期儒者對釋道思想的融合——以周濂溪爲考察》元智大學中國語文學系，民 102，碩士論文，頁 57。

〔註 54〕陳家鈴：《北宋時期儒者對釋道思想的融合——以周濂溪爲考察》元智大學中國語文學系，民 102，碩士論文，頁 58。

〔註 55〕錢穆：《朱子新學案》，（台北學生書局），頁 24。

〔註 56〕余敦康：《漢宋易學解讀》，（北京華夏出版社），2006 年，頁 160。

兩宋理學在中國歷史文化中一方面是繼承、另一方面則是創新，一方面是融合、另一方面則是排斥，而宋儒均有著共同的承擔，即「承孟子以來千五百年下傳之學」，從元祐、淳熙，經熙寧、元豐而至元初皇慶年間，一群學而優則仕的君子，以仁爲思、以義爲理、以禮爲行，以樂爲和，他們的知識能力，廣被於天下百姓，達至《禮運・大同》篇所說的天下爲公，以內聖外王爲其理想：「以事爲常，以衣食爲主，以蕃息畜藏爲意，老弱孤寡皆有以養，民之理也。」（莊子雜篇・天下），成就中國文化史上的儒學的最高峯。

二、道家與道教

許愼《說文解字》解釋「道」：「从辵首，一達謂之道」，劉熙《釋名》也解釋「道」爲：「道，路道，蹈也；路，露也，言人之所踐道而露見。」道可謂之道理、道德、引導、道說、大道，道是孔子所言的「仁」，也是老子所言：「道可道，非常道」之道；道即是存有（Being、Sein），具備了一種不可言說、不可指稱、無名無始的萬物始源，所以老子說：「有物混成，先天地生。寂兮寥兮，獨立而不改，周行而不殆」（老子 25 章）

自從司馬談以來，天下的學術被區分爲六家：「儒者博而寡要，勞而少功……墨者儉而難遵，是以其事不可遍循……法家嚴而少恩……名家使人儉而善失眞……道家使人精神專一。」漢代的劉歆著《七略》將學術區分爲：經傳、諸子、詩賦、兵書、術數、方數，《漢書藝文志》則區分爲：六藝類（凡 9 類）、諸子類（凡 10 類）、詩賦類（凡 5 類）、兵書類（凡 4 類）、數術類（凡 6 類）、方技類（凡 4 類），這都是學術史上的畫分；但從文化及人類精神文明來看，道家與道教都以「道」爲最高信仰。

老子和黃帝均爲道祖，老子說：「道以虛無爲本，因循爲用」，無用之用即爲道之大用，道教的經典《雲笈七籤》中形容道：「道者，虛無至眞」〔註57〕，道家是以春秋時老子著《道德經》爲代表、以道爲基礎的學派，而道教則是創立於東漢張陵之五斗米教，道教的思想成型後與道家融合，道以法傳、命以術延。

雖然道家及道教均以道作爲首出，但也有不少典籍主張：道家與道教必須加以區隔，類似像紀曉嵐的《四庫提要》就批評白雲霽之《道藏目錄》云：

〔註57〕史記《太史公自序》亦言：「道家使人精神專一」，老子所言「道生萬物」：「道生一、一生二、二生三、三生萬物」即爲道教的宇宙觀。

「所列諸書，多捃拾以足卷膚。」這正是以儒家爲優位的立場而排斥佛老之說〔註 58〕；馬端臨在《文獻通考》,《道藏》書目條下，指道家之術雜而多端：「道經秘笈，托名陳希夷，富而雜、博而冗。」他主張《道藏》所收各種書籍，除對於道教有直接關係者而外，其餘皆不應列入；但當代道教學者對此有不同的看法，陳攖寧先生主稿的〈中華全國道教會緣起〉對此有特別的說明：

> 伊等不知當日編輯《道藏》之人，具有特別眼光。一面既欲抵禦外教之侵略，不能不利用本國整個的文化以相對抗；一面又高瞻遠矚秦漢以前諸子百家之學術，皆起源於道家，故將各家著作擇其要者，錄取數種于《道藏》中，亦無不合之處。〔註 59〕

蕭天石在《道海玄徵》中敘述道教宗旨：「道教爲中國固有宗教，旨在奉天行道，以道立教，以教化人，上承千代之道統，下應萬世之變化，總以尊道貴德，利萬物濟群生爲無上綱宗。」〔註 60〕所以他們的主張是以道爲基礎，將儒釋道三教均能統括在利用萬物的道體之無上綱宗之下。

道教將老子的學說內化，使之成爲一種宗教，道的「有容乃大」，乃以無極、太極來闡明宇宙生化——「有物混成，先天地生」，道教與儒佛相互競爭，卻又相互融合、相互吸收，北魏甄鸞做《笑道論》：「道以自然爲宗」；以道爲基礎，道家是道教的哲學義理內涵，而道教則是道家的宗教形式，道家是以老莊爲代表的有關「道體」的哲學，而道教則是以太上老君爲信仰之宗教，不管道家之道體和道教之宗教，均以母系氏族爲中心。〔註 61〕

〔註 58〕《四庫全書總目子部道家類》說：「二氏，外學也，故次以釋家、道家終焉。夫學者研理於經，可以正天下之是非；徵事於史，可以明古今之成敗；餘皆雜學也。」

〔註 59〕煩參 http://www.byscrj.com/jmm/ChenYingning.htm 黃帝紀元四千六百三十三年即中華民國二十有五年（1936）

〔註 60〕煩參 2012-02-04 09：06 道教內丹修煉要訣〔二〕http://blog.xuite.net/ting_chung0820/twblog/127813233-%E9%81%93%E6%95%99%E5%85%A7%E4%B8%B9%E4%BF%AE%E7%85%89%E8%A6%81%E8%A8%A3%E3%80%94%E4%BA%8C%E3%80%95。

〔註 61〕道家、道教的文化淵源，可以追溯到原始社會母系氏族公社時期的原始宗教傳統：「古代原始宗教的巫史文化，亦非僅有簡單的女性崇拜或男尊女卑的觀念而已，實是包含著許多深邃的思想。」胡孚琛、呂錫琛：《道學通論：道家、道教、仙學》，北京：社會科學文獻出版社，頁 9～10。

三、儒釋道三教之融合過程

自從東漢張陵創立五斗米教以來，道教開始廣佈，唐高祖李淵在起義時就是假道教的傳說，相傳道教會出現一位名叫李泓的皇帝：「泓者，深也，淵者，大也」，所以當李淵得天下以後，也以道教爲其國教；唐玄宗、唐高祖均爲佛教徒，而唐太宗、高宗、武則天雖均爲佛教徒，但他們對道教都依然尊崇。隋唐以下，隨著寺院經濟活動，佛寺道觀也養活了不少應屬在家眾的儒生，相對來說，功成名就之後的讀書人也常捐錢、捐地以興建寺廟或供奉出家人。

隋唐重玄的思潮之後，魏晉玄學則將老莊哲學導入玄學之中：

> 中國人以「道家」一詞合稱老莊應是魏晉之後，先秦之時老莊兩者是不同的學術源流。進入秦漢之後，老子思想盛行，當時之所謂「道家」，所指爲老子或黃老，終漢代四百年間，莊子極少被提及，老莊正式被合稱「道家思想」，是在魏晉玄學發展之後。〔註62〕

東晉有很多士族信仰道教，有名的像是王羲芝、陶淵明、北朝的寇謙之……等；在《世說新語》一書中，就記載了諸多東晉士族與僧徒之間的來往，像是道安、支道林、支遁……等人；作爲中土解空第一的僧肇著作：《肇論》一書，就是儒生出家、但又熟讀《莊子》內典與《般若經》之後，所產生的魏晉名篇傑作。

以魏晉玄學爲背景，開啓了五代和宋代道教的心性之學，爲內丹學的興起奠定了理論的基礎；宋代社會富庶昇平，也有很多是得力於佛教寺廟以及道觀的經濟活動，宋初禪宗雲門、臨濟並盛，經濟最富庶、人文最薈萃的省份，首推兩浙與福建（有佛國之稱），而這兩個地方更是無數理學家與宋明儒者生長或從遊的仕宦之地。宋明時代的理學被稱之爲道學，周敦頤、明道乃至朱子汲取佛道思想以豐富儒家，《宋史》中立〈道學傳〉，後世遂將程朱理學稱之爲道學。

宋代的儒釋道三教合流，更是當時的社會風氣。宋代的孤山智圓（卒於1022年）與契嵩禪師，更以《中庸》來會通儒佛：

> 宋代的佛教極力與儒道思想調合，杭州孤山智圓自號中庸子，撰《中庸子集解》，杭州靈隱契嵩，則作《中庸解》及《原教論》，《原教論》

〔註62〕劉榮賢著：《莊子外雜篇研究》〈第二章《莊子》內外雜篇的形成及其先後問題〉，臺北市：聯經，2004〔民93〕，頁48～49。

以佛家五戒十善與儒家五常並論，宋代士大夫對於佛學潛心研究和熱烈信仰，造就出一批博通内典的居士群……壯觀了宋代佛教界。〔註63〕

明代提倡儒教，明太祖朱元璋以八股取士，崇尚程朱理學，他壓抑佛道，使得道教深入民間信仰，明代刊刻有《正統道藏》和《萬曆續道藏》，道教的典籍因此有系統地被保存了下來：

明代皇帝僅把道教作爲祈晴止雨，去病禳災，求生皇子、相面卜事、養生送死等，滿足現世利益的方術，社會上的市民階層也爲此請道士齋醮作法，降乩請仙，這都助長了道教的民間化和世俗化的趨勢。〔註64〕

晚明時代，儒學的發展趨於衰微，儒教獨尊的地位受到動搖，程朱理學成爲官方化的學問，使得自由的思想受到禁錮，世紀的裂變更加速了三教的合流，釋道由邊緣進入中心，一方面引發了釋道的衝突，另一方面「佞佛與好道的風氣，則不僅成爲統治階級精神上的腐蝕劑，而且也消解了士階層的入世理想。」〔註65〕當大家都對現實政治感覺到失望之際，相對來說，佛道反而能逾越過現實的氛圍，在普羅大眾的心中，取得永恆性供奉信仰的地位。

中國思想的特徵乃圓融混合且多元並置，因此，儒釋道三教並存的現象，是晚明到清初思想界之普遍現象，而晚明的儒者都有兼綜三教的性格，最有名的像是陽明，他說：

聖人盡性至命，何物不具，何待兼取？二氏之用，皆我之用：即吾盡性至命中完養此身謂之仙；即吾盡性至命中不染世累謂之佛。但後世儒者不見聖學之全，故與二氏成二見耳。〔註66〕

方以智（1611～1671）在《東西均》中，更將儒者之仁、道之逍遙與佛之無執，融治於一爐，方氏深受其師覺浪道盛托孤說的影響，發展出了莊禪和會、齊物三教的思想，面對各種生命情境，均能灑脫、盡心而逍遙，所以

〔註63〕黃敏枝：《宋代佛教經濟史論》，學生書局，頁13。

〔註64〕胡孚琛、呂錫琛：《道學通論：道家、道教、仙學》，北京：社會科學文獻出版社，頁339。

〔註65〕何宗美：《明末清初文人結社研究》，南開大學出版社，2003年1月，頁107。

〔註66〕熕參徐聖心著：《青天無處不同霞——明末清初三教會通管窺》，台大出版社，2010年2月，頁13。

他說：「天地唯有陰陽……舉一明三，用中一貫。」（《藥地炮莊》）

方以智出家落髮之後，於康熙三年（甲辰年 1664 年），《藥地炮莊》書成之年）入主青原山道場，這段時間是他後半生中最安定、最具創造力的時代，青原山爲曹洞宗之道場，在〈青原山寺田新立僧丘碑〉中記載了青原寺在康熙九年（1670 年）左右經濟方面的狀況：「與得官民田三頃九十八畝一分七釐五絲七忽止耳，輸納止供所躬，以贍大眾者無幾。」〔註 67〕一方面，青原山僧眾可「永免里長磜徭」，另一方面，也有富可敵國的富商像蕭孟昉的資糧，以及當地的地方官像吉安知府郭景昌的保護、支持，可見明末清初的學術思想與經濟、社會政治密不可分的關係。

《東西均》全書的重點在對立統一，而這樣的統一是辯證動態的邏輯，是在時間的流變中，相即相成、非一非異、非縱非橫、亦縱亦橫，故相反而相因，交輪幾即是有無虛實相交，儒釋道均有此對待統一的形式，而方以智也以此來會通三教。

方以智不落有無作爲認識法則，是一個相反相因的法則，作爲存在本體而言，是一個圓伊交輪的整體，作爲價值境界，是一個太極即在有極、無極中，即流行即發展的動態歷程〔註 68〕：

> 不落有無，又莫妙於《易》矣……太極者，猶言太無也，太無者，不落有無也。後天卦爻已佈，是曰有極，先天卦爻未闡，是曰無極。二極相待，而絕待之太極，是曰中天。〔註 69〕

晚明的諸遺民，其實均委身於道場寺廟之中，逃禪世外、苟全性命，因爲他們心存社稷，所以將反清復明的大業託身於佛教的寺院當中，當時的佛教莊園之所以能供養得起爲數甚眾的僧侶，乃在於明末清初的佛寺有豐富的經濟力量及龐大的文化生命，像是江浙一代的寺院，茶園及果樹乃至稻米，足以使其自己自足，且有眾多富商的資糧，乃至當地官紳及地方官的護持，明清時代可說是道教思想另類的鼎盛時期。

清代沿襲了明代的道教，尤其是內丹之學，清代民間道教和秘密會黨興起，民間道教和秘密會黨興起，道教和佛教混融，清代民間的秘密宗教達 215 種之多：天地會、哥老會、青幫……等祕密會社亦流行全國：

〔註 67〕余英時：《方以智晚節考》，允晨出版社，民 75，頁 179。

〔註 68〕謝仁眞：〈方以智思想中不落有無境界超越的問題〉，華梵大學第五次儒佛會通研討會，2001 年，頁 179～239。

〔註 69〕龐樸校釋：《東西均注釋》〈三徵〉，頁 47。

道教本來是對中國社會制度的一些缺陷在社會心理上的補充，又是人們的生活願望在信仰世界裡的延續，然而封建社會統治者把自己的階級意志貫徹到道教的教義之中，致使道教興衰的歷史和整個封建社會的發展過程同步。〔註 70〕

道教雖然受到專制政權的利用和扭曲，但相對地，卻在廣大人民中下階層的心中取得了供奉的神主牌，大道行遍天下：「魯迅曾有中國根柢全在道教之論，以爲從道學的研究可以揭開中國歷史的帷幕，看清中國社會的底蘊和中國人的內心世界」〔註 71〕

民間化的道教走向中國社會下層，在廣大的庶民中，迅速傳播。民間道教不別僧道，不問寺觀，道士口誦佛號，僧道二教合流，三教同出一門、統一三教。

四、時代氛圍下的濂溪的思想

北宋初年，是一個從經學過渡至宋學的轉換，而文化的氛圍與社會的風氣，儒釋道三教合流的氛圍，在民間信仰的祭拜方面，更清晰可見，例如大般若洞鑿於南宋嘉熙（1240 年）以前，以龕窖中正壁鑿釋迦牟尼、左側刻孔子像、右側刻太上老君像，儒釋道三教教主共奉一堂；四川安嶽縣位於川省東部，爲成渝古道要沖，始建制於北周建德四年（西元 575 年），古稱普州，縣境內文物古蹟眾多，尤以石刻著稱於世，有一定規模的石刻點就有 300 餘處，石刻造像達 10 萬餘尊，絕大部分石刻雕造於我國石窟藝術由北向南發展的高峰時期，即唐、五代、北宋時期，石刻造像以佛教題材爲主，也有少數道教造像和儒、釋、道三教合龕造像，且多數爲摩崖造像，足證儒釋道三教教主共奉一堂，似是北宋人的風氣。

宋明理學諸大家不僅承儒，同時也會通佛道，創造了一番新生命及新氣象，濂溪本人的思想亦有此三教合流之傾向〔註 72〕，做爲宋明理學的開山祖

〔註 70〕胡孚琛、呂錫琛：《道學通論：道家、道教、仙學》，北京社會科學文獻出版社，頁 350。

〔註 71〕胡孚琛、呂錫琛：《道學通論：道家、道教、仙學》，北京社會科學文獻出版社，頁 350。

〔註 72〕如同黃庭堅〈濂溪詩序〉對他的讚語：「舂陵周茂叔，人品甚高，胸中灑落，如光風霽月。」他在生活情趣和生命意境上是一個道家式的人物，但他的思想與行爲實踐卻是儒家的。

張南軒韶州祠堂記曰：「先生之學淵源精華實自得於心，而其妙乃在太極一

師，周濂溪最主要的作品為《通書》及《太極圖說》，王開府在〈太極圖〉與《太極圖說》考辨〉中曾言：「我們甚至可以稱通書是理學的總綱領，〈太極圖〉是理學的序言」〔註73〕這兩部作品都是為了詮釋《易傳》；另外，也以《中庸》的「誠」作為理論基礎（尤其是《通書》），由於濂溪佔據著宋明理學的先導地位，而朱子更曾針對〈太極圖〉和《太極圖說》來作詮釋，並將《太極圖說》置於《通書》之前，因此讓《太極圖說》的地位大大提高了不少。

由於《周易》這部經典太重要了，也由於宋明理學周濂溪的作品《太極圖說》份量很大，歷代以來對於圖及圖說的問題就一直爭論不休；一方面，宋學在經學史上有一種很特殊的地位，那就是以「己意解經」，擺脫了傳統漢學的以經解經或以文字訓詁解經的方式，而注重人文義理，《太極圖說》此一部作品也可以說是周敦頤以己意解經、來注釋《易傳》的作品：

> 漢儒乃經學之儒，宋儒則轉回子學之儒，宋儒不僅有疑子，亦復有疑經，宋儒之經學，亦為一種子學之變相。〔註74〕

> 經學實不為理學諸儒所重視，雖亦時有說經之言，乃借之自申己意，多無當於經文之本旨。〔註75〕

> 宋儒之學不專在經，文史百家之業與經學並盛，至宋儒，乃成一種新儒學〔註76〕

宋代以下，孔孟並重代替了漢以下之周孔並重，四書（論語、孟子、大學、中庸）的地位也取代了五經（詩、書、禮、易、春秋）的地位，以理學來代替漢唐之經學。〔註77〕另一方面，北宋初期儒、釋、道三家雜揉，所以〈太極圖〉正好具備這種思想的傾向，自朱子的推尊後，更加廣泛地引起了後代學者的重視：

> 作為理學開山之祖的周濂溪，之所以在思想史上是有如此之爭議性，很重要的一個原因在於：理學原以回歸先秦儒學精神之目標，而今卻與道教理論相關，對於大多數儒者，顯然不太能夠接受這樣

圖，窮二氣之所根，極萬物之所行，而明主靜之為本，以見聖人之所以立人極，而君子之所當脩為者，由秦漢以來，蓋未有臻於斯也」（《宋元學案補遺》，清王梓材、馮雲濠輯，卷11，四明叢書第五集〈朱子太極圖解〉）。

〔註73〕王開府：〈太極圖與圖說考辨〉，教學與研究月刊，1期，(1979c) 頁49。

〔註74〕錢穆：《朱子新學案》，(臺北，學生書局)，頁18。

〔註75〕錢穆：《朱子新學案》，(臺北，學生書局)，頁18。

〔註76〕錢穆：《朱子新學案》，(臺北，學生書局)，頁18。

〔註77〕錢穆：《朱子新學案》，(臺北，學生書局)，頁189。

> 的說法。力辨儒道之分甚至與佛教思想劃清界線，成爲極重要的工作。〔註78〕

> 北宋內丹道對於心性修養的關注，並將其提昇至天地造化之道的角度來說，可以說，爲濂溪《太極圖說》宇宙論抑或確立人極道德修養理論，提供一定的啓示意義。〔註79〕

在《太極圖說》的一文中，周濂溪完整地描述了一個由無極太極－陰陽五行－萬物化生的宇宙論，讚揚周濂溪者認爲這一部作品默契道妙、上承孔孟心傳，懷疑它的卻認爲是因襲瓢竊，將佛老偷渡過來，關於此，黃宗羲有一段話做說明：

> 周子之學，以誠爲本。從寂然不動處握誠之本，故曰主靜立極、本立而道生，千變萬化，皆從此出。化吉凶悔吝之途而反覆其不善之動，是主靜眞得力處。靜妙於動，動即是靜。無動無靜，神也，一之至也，天之道也。千載不傳之秘，固在是矣。〔註80〕（百家謹案：「周子之學，在於志伊尹之志，學顏子之學，已自明言之矣，後之儒者，不能通知其微，尊之者未免太高，抑之者，未免過甚。」）〔註81〕

濂溪默契中斷了數百年的儒家「即心即性即天」的道妙，以《中庸》《易傳》的宇宙論爲基礎，作《通書》與《太極圖說》，濂溪爲整個宋明理學之開端〔註82〕，這也就是濂溪在儒學及理學中不可抹煞的重要地位：

> 孔孟之後，漢儒只有傳經之學，性道微言之絕久矣，元公崛起，二程嗣之，又復橫渠大儒輩出，聖學大昌。故安定、徂徠乎有儒者之矩範，然僅可謂有開之必先，若論闡發心性，義理之精微，端數元公之破暗也。〔註83〕

〔註78〕楊雅妃：《周濂溪太極圖說研究》，高師大國文研究所碩士論文，民88年，頁32。
〔註79〕楊雅妃：《周濂溪太極圖說研究》，高師大國文研究所碩士論文，民88年，頁33。
〔註80〕黃宗羲：《宋元學案濂溪學案下》，（台北：河洛出版社），民64年，頁133。
〔註81〕黃宗羲：《宋元學案濂溪學案下》，（台北：河洛出版社），民64年，頁133。
〔註82〕理學最早出現於南宋朱陸之口，北宋並無理學一詞，理最先指的是形下分殊性的事物條理，自王弼之後，理才成爲形上性的通理，是統之有宗、會之有元的理體、道體，有其個人意志自由的抉擇在內，唐宋以下知識急速擴大，人類行爲方向須依照知識系統以爲指導，故而宋明道學成爲宋明理學，宋代理宗又被稱爲理宗皇帝，至此理學取代道學而爲宋代新儒學的代稱。
〔註83〕黃宗羲：《宋元學案濂溪學案下》，（台北：河洛出版社），民64年，另參黃宗

理學是中國文化的高峰，而周濂溪正是此一高峰中最開端的人物，所以周濂溪的重要性自不可待言，但是目前也有些稍稍反對的聲音，像金春峰在〈概論理學的思潮、人物、學派及其演變和終結〉一文中就認爲「周敦頤不能享有理學開山地位，理學思潮的先驅是歐陽修。」，徐洪興在〈試論歐陽修與北宋理學思潮的興起〉一文中也有如下意見：「肯定歐陽修是開北宋一代文風與學風的首領人物，並不等於要否認周敦頤作爲理學創始人的這一種地位。」〔註 84〕紹興初年時，胡五峯首先在《通書序略》中盛讚周濂溪，繼之，朱子潛心於濂溪之學，確立了濂溪作爲理學之祖的歷史地位，明代的心學像江右王門的胡直（著〈太極圖說辨〉），而明代的王廷相亦有太極元氣的說法，度正作濂溪的年譜，搜羅濂溪的遺作、遺事不遺餘力。

周濂溪之思理在宋明理學的發展中，具有開創之地位，勞思光先生認爲：

> 濂溪學說之中心，在於強調《中庸》《易傳》之形上觀念，其系統是以此種形上學爲主要成份，與先秦孔孟之心性論不同，即與漢代流行之宇宙論亦不同，《中庸》《易傳》皆以形上意義之天道爲重……此亦是濂溪能通過朱熹而成爲宋明儒學之宗主之理由。〔註 85〕

周濂溪最重要的哲學命題，在以儒家聖人爲中心的宇宙論與本體論，主要是《中庸》及《易傳》，來重塑此一聖人之生命化境，而此一化境所蘊涵的價值與知識意涵，即是濂溪的哲學意義與功夫意涵。

中庸說「誠」、易傳道「善」，這都是濂溪生命學問之源，而這部份的思想義理總結在他的作品《通書》《太極圖說》中，這是他深具創造力的部分——對人類生命的知識問題建構了一套宇宙發生論，太極、五行、陰陽、動靜等概念均是儒道兩家常見的傳統概念，而濂溪將此概念予以整理，成爲一道德形之學之宇宙發生論，這是濂溪站在儒家立場的儒道調和及儒道互補的一種方式，而他巧妙地合構了中庸的誠與易傳的善，完成了宋明儒三教合一的基礎知識結構〔註 86〕，就像元朝理學家吳草廬所讚美他的：「濂溪默契道

義：《宋元學案濂溪學案下》，（台北世界書局），民 62 年 12 月，頁 284。

〔註 84〕孔令宏：《宋代理學與道家、道教》，（北京：中華書局），2006 年 8 月，頁 274。

〔註 85〕勞思光：《新編中國哲學史》，（台北：三民書局），2012 年，頁 148。勞先生乃是以天道觀、本性論、心性論來做分判，而以心性論做爲宋明理學之最高發展。

〔註 86〕當然，關乎此，也有若干的反對聲浪：「清初的考據學者在研究周敦頤的學說時，對《太極圖說》和《通書》的思想多不感興趣，他們主要是從歷史上尋找各種證據，以證明周敦頤的《太極圖》來源於釋、道兩家，並進而證明以

妙〔註 87〕。」

如黃庭堅先生形容：「茂叔人品甚高，胸中灑落，如光風霽月。」而陳郁夫先生指出：

> 所謂光風霽月四字，幾成爲濂溪專門的形容詞。李侗說：「『山谷此言，善於形容有道氣象』。朱熹加以解釋說：『山谷爲周子灑落者，只是形容一個不疑所行、清明高遠之意。若有一毫私吝心，何處更有此等氣象邪？』」又贊其像說：『風月無邊，庭草交翠』。」〔註 88〕

王邦雄先生認爲：「周子的《太極圖說》全文，首先說太極道體爲宇宙生化之根源，繼又敘說宇宙萬物的生化過程，最後以人之立人極、聖人之與天地合德，說明宇宙的生化，是以實現道德的價值爲最終目的者。此文對宇宙之生化作出道德的說明，將儒家道德的形上學之義蘊扼要的表達了出來。」〔註 89〕

最後，我想以蔡仁厚老師在〈重建羅田巖濂溪閣序〉對濂溪的評價來做爲濂溪在歷史定位中的說明以爲結束：「對於天道生生與天人交感相通之體悟，使先秦儒家本有的形上智慧，重新甦醒復活。他實爲宋明六百年的內聖成德之教，開啓了最佳之善端。」〔註 90〕

朱子爲代表的整個宋明理學都不是純正的儒家思想，清代初年的學者對周敦頤學說的研究大致就是從這個方向出發的。」周建剛：《周敦頤研究著作述要》（湖南大學出版社），頁 81。

〔註 87〕牟先生如此解釋這句默契道妙：「對於天道誠體之神、寂感眞幾，有積極之體悟。所謂默契道妙者「即在此有積極的意義。」牟宗三，《心體與性體》第 1 冊，（台北：中正書局，2006 年），頁 356。

〔註 88〕陳郁夫：《周敦頤》（台北大圖書股份有限公司），1990 年，頁 22。

〔註 89〕王邦雄編：《中國哲學史》（台北：國立空中大學出版社，2005 年），頁 525。

〔註 90〕蔡仁厚老師：〈重建羅田巖濂溪閣序〉，《鵝湖月刊》第 353 期，2004 年 11 月，頁 39～40。

第三章　歷史場域中的第一場儒道辯證——《易傳》

以濂溪思想源頭的《易傳》做為開端

本章將從濂溪太極圖思想的來源：《易傳》來談儒道互補與爭訟的問題；歷史上第一場正式的儒道論辯開始於《易傳》，這一場的論辯肇因於 1973 年馬王堆出土的《帛書周易》，在這一本堪稱最早的《易傳》中，現代的多位學者發現，其中《帛書繫辭》與道家的關連性，也由於出土的地點和墓主利倉之子所具備的身份，更使人懷疑到《帛書易傳》應爲道家之傳本。

《帛書周易》中最大的儒道爭議之點乃在「太極」一詞，「太極」一詞最早見於《易傳》，在其第九章有「大衍之數」，其「不用之一」即解爲「太極」，而其第十一章有「天地之數」、「太極」，「太極」也是周濂溪在《太極圖說》中所言的宇宙之本源，之後的太極在道家和道教的學說中，有更廣泛和影響深遠的意義與運用；《易傳》爲濂溪思想的一大來源，故本文先從周易的意義開始出發，再略論各家對於「太極」的解釋，以及《帛書繫辭》中「易有太極」與「易有大恆」的儒道相關性，進而論述《易傳》與道家、《易傳》與儒家的關係，結論將是平議兩者，而主張《易傳》其實是儒道互補與儒道同源脈絡中的一個重要的典籍及文獻。有心的讀者們，可從學術義理的變遷與字詞的演化進步的內在過程中，找到儒道相靡相盪之際，其背後所表徵的文化內涵與價值意義，當然更可以從渾化的宇宙到現實現象的歷史展演流變中，找到思想流變可循的軌跡以及其中所開顯的豐富眞理內容與人性的終極價值意義。

第一節　易的大義

《周易》分爲經和傳，經指的是《易經》，據稱爲周文王所作，但也可能更早，是一本集上古先民智慧的大作，總結了初民對世界的認知，基本上是一本卜筮之書，周太史學三卜，即連山歸藏周易，周易是以卦爻辭來解釋卦象，六十四卦二體六爻之畫，即是其圖；傳則是《易傳》，共分爲七種十篇，大約成於眾手，《易傳》是對《易經》所作哲學性的解釋，編纂成書的時間從戰國中晚期一直到漢初，利用《易經》占卜的結構而建立。

《易傳》是對《易經》所作哲學性的解釋，其哲學思想是利用《易經》占卜的結構而建立起來的；《易傳》中有象數也有義理，但主要是屬於義理易：「觀變於陰陽而立卦，發揮於剛柔而生爻」，是義理；但「蓍之德圓而神，卦之德方以智」則爲象數，形上的義理必須借助形下的象數方得以表現〔註1〕，所以，象數並非不談義理，而義理也並非全掃象數，惟有象數和義理並作，才能一窺易之全貌，象數有形可見，是形而下，而義理則爲形而上，形上的義理必須助形下的象數方得以表現：

> 易學史上義理派與象數派的明顯分野是從王弼才開始的，義理派主張，忘象以求意，使形式服從於內容，象數派主張存象忘意，使內容服從於形式。〔註2〕

> 人們常說王弼以老解易是不確的，實際上，王弼是在以易（易傳）解易（易經），也就是他是根據原本存在於《易傳》中義理派易學理論來解易……王弼眞正的企圖，他是想要會通《老》《易》，一方面以老解易，同時也以《易》解《老》，使這兩部經典中所蘊涵的本體論思想形成一種有無互補的關係〔註3〕。

在王弼貴無論玄學的理論基礎上，以老子的「無」爲體、而以「有」爲用（而周易則以卦爲體、以爻爲用），王弼的易學通過了對古老易經所作的創造性詮釋，而換上了正始玄學的新風貌〔註4〕。

〔註1〕余敦康：《漢宋易學解讀》，（北京：華夏出版社），2006年，頁104。

〔註2〕余敦康：《漢宋易學解讀》，（北京：華夏出版社），2006年，頁107。

〔註3〕余敦康：《漢宋易學解讀》，（北京：華夏出版社），2006年，頁108。

〔註4〕「王弼所關心的不是老、易，不是業已成爲過去的先秦傳統，而是正始年間現實的需要，解釋學的本質在於創新，在於找出傳統與現實的聯結點，通過王弼的重新解釋，這兩部經典（老子、易經）終於改變了先秦舊貌，換上了正始年間貴無論玄學的新顏。」余敦康：《漢宋易學解讀》，（北京：華夏出版

宋學疑古疑經的風氣底下，子學抬頭，宋學一掃漢學的章句訓詁之學，以四書取代五經，議論解經的風氣漸漸傳開，對經書古老的義理，提出符合時代要求的解釋，也就是以己意解經，而周濂溪在《太極圖說》中也是順承這種以己意解經的方式。

《易．繫辭》有言：「易有太極，是生兩儀，兩儀生四象，四象生八卦，八卦定吉凶，吉凶生大業，是故法象莫大乎天地，變通莫大乎四時，懸象著名莫大乎日月……河出圖、洛出書，聖人則之。」〔註5〕易與天地淮，彌綸天地，俯則觀象於天，俯則觀法於地，而後知幽明；乾以易知、坤以簡能，易則易知，簡則簡從，易簡則爲天下之至理，《易．繫辭》說得好：「作易者，其有憂患者乎！」〔註6〕

易，所以簡易、變易、不易也：「神無方而《易》無體。」、「《易》無思也，無爲也，寂然不動，感而遂通天下之故。」簡易、變易、不易說明了萬事萬象的生成根本原則，但同時也作爲易學的眞精神而爲中華文化的根柢與精髓，易的乾健之德，爲儒家的實踐精神，下落爲剛強入世、積極有爲的仁者胸襟；易的坤順之智，則表現爲道家靜觀的智慧，成就了道家無爲而無不爲的生命境界，易統合了儒道，而爲中國文化的母源。

一、《周易》的文獻整理

《易經》未經秦火，所以保存較其他經來得完整（文獻的取材較爲完備）。目前《周易》出土的版本約有以下四種：

1. 湖南長沙馬王堆漢墓帛書《周易》
2. 安徽阜陽雙古堆漢墓簡本《周易》
3. 湖北江陵王家台秦墓簡本《歸藏》
4. 上海博物館購藏的戰國楚地簡本《周易》〔註7〕

今人從文獻取材中找到的易經，可以看出早期易經流傳、應用與分佈的情形：

社），2006年，頁109。

〔註5〕煩參維基百科 https://zh.wikipedia.org/wiki/%E5%A4%AA%E6%A5%B5

〔註6〕煩參中國哲學電子計畫書：《大易粹言》卷七十，宋．方聞一編，繫辭下二。

〔註7〕魏慈德：〈馬王堆帛書《周易》經文的照片與底片用字問題〉，文與哲第十七期，2010年12月，頁2。

1. 竹書《易經》

出土的時間爲西晉武帝太康之年（281 年），一說爲魏襄王（西元前 318～西元前 296 年，另一說則爲魏安釐王，西元前 276 年～243 年）由於盜墓而發現，竹書《易經》的時代，不會晚於東周晚期。〔註 8〕

2. 易經在《左傳》、《國語》中的運用：卜筮

《左傳》引《易》有 19 條：用來占筮人事第 11 條，論證人事有 6 條；《國語》用《周易》占筮人事有 3 條，是見《春秋》、《國語》中的易經多用於占筮。〔註 9〕

3. 兩漢時期

《易》學有二個系統，一立於官學，屬今學（施讎、孟喜、梁丘賀、京房）；另一則流傳在民間（費直、高相）。費直易長於卦筮，而施、孟、梁、丘易則爲小章句，其所傳之《易》，常有脫、漏字，只有費直易較爲完整。〔註 10〕東漢時代的易學大師則有馬融、荀爽、虞翻。

4. 鄭玄《易》注

鄭玄《易注》今已亡迭，其編排的次第與方法，根據《三國志》：爲「〈彖〉、〈象〉與《經》文相連。」〔註 11〕

5. 熹平石經

1930 年出土於洛陽朱疸村，整理熹平石經發現，漢代《周易》的《經》、《傳》是分開的，〈文言傳〉、〈說卦傳〉的文字與今本有出入，章節的安排亦不同。〔註 12〕

6. 帛書《周易》

爲西漢文帝前元 12 年（西元前 168 年）的作品，1973 年出土於湖南長沙市馬王堆第三號墓，其六十四卦的卦序，卦名與通行本並不相同，經、傳分

〔註 8〕許維萍：《宋元易學的復古運動》，東吳大學中研所博士論文，民 90 年 6 月，頁 16。

〔註 9〕許維萍：《宋元易學的復古運動》，東吳大學中研所博士論文，民 90 年 6 月，頁 15。

〔註 10〕許維萍：《宋元易學的復古運動》，東吳大學中研所博士論文，民 90 年 6 月，頁 18。

〔註 11〕許維萍：《宋元易學的復古運動》，東吳大學中研所博士論文，民 90 年 6 月，頁 20。

〔註 12〕許維萍：《宋元易學的復古運動》，東吳大學中研所博士論文，民 90 年 6 月，頁 21。

開抄寫。〔註 13〕

易的傳本，由於帛書《繫辭》的出現，使人懷疑《易經》與《易傳》本來就有不同的流傳系統，王葆玹先生在〈帛書繫辭與戰國秦漢道家易學中〉認爲帛書《周易》應是道家解《易》系統的傳本：

> 王葆玹以帛書《周易》出土的地緣環境，結合當地的思想發展情形觀察，發現湖南長沙所出土的帛書《周易》，應當是道家解《易》系統的傳本，帛書《繫辭傳》也是屬於這一派的作品，而和儒家解《易》系統密切相關的〈易之義〉，顯然存在不同的關係。〔註 14〕

由於本論文的目的是要處理《易傳》中儒道屬性的問題，所以我們對《易經》文獻的考察，就先到此爲止，與本章主旨最密切相關的部分，應爲《帛書繫辭》，尤其是《帛書繫辭》易有太極、易有太恆的問題，所以我們先就《帛書繫辭》出土與整理來作考察。

二、帛書繫辭的出土與整理

1973 年湖南長沙馬王堆的帛書《周易》可分爲三個部分：1. 帛書《六十四卦》 2. 卷後佚書 3. 《帛書繫辭》，這三部分共約 2100 字

1. 帛書〈六十四卦〉

可稱爲別本《周易》，是經的部分，共 4900 字，它與已知的各種《周易》版本均不相同，卦名不同，排列次序、卦辭、爻辭也不相同，故帛書很顯然是「另一系統的本子」：

> 漢石經《周易集解》和通行本、六十四卦排列次序相同，帛書卻與之全然不同，因此，帛書本顯然是另一系統的本子〔註 15〕

2. 卷後佚書

卷後佚書在《六十四卦》之後，有些殘損得很厲害，共分五篇：〈二三子問〉、〈要〉、〈繆和〉、〈昭力〉、〈易之義〉，這五篇約 9600 字，內容是孔子和

〔註 13〕許維萍：《宋元易學的復古運動》，東吳大學中研所博士論文，民 90 年 6 月，頁 21。

〔註 14〕楊雅妃：《〈周濂溪太極圖說研究》，高師大國文研究所碩士論文，民 88 年，頁 105，註 16。

〔註 15〕參于豪亮：《馬王堆帛書周易釋文校注，》上海古籍出版社，2003 年 12 月，頁 5。

他學生討論卦爻辭含義的部份，而卷後佚書，尤其是《要》篇，應屬儒門系統之作。

3.《帛書繫辭》

《帛書繫辭》是戰國晚期的作品，約 6700 字左右，《帛書繫辭》與今本繫辭有相當出入（在此是指內容的出入，王葆玹認爲帛書繫辭與今本繫辭所使用的文字均爲西漢初年所流行的隸書，與今本的楷書雷同），它沒有今本《繫辭・上》（即大衍之數五十）的第八章，帛書比今本字數多、章節次序彼此也不相同，有些章節今本沒有，也可能是經過漢代加工整理及潤飾，今本繫辭大都包含在《帛書繫辭》中，《帛書繫辭》還包括了今本說卦的前三節，另有 2000 餘字爲今本繫辭所無。

第二節　《帛書繫辭》

一、帛書繫辭的特色

《帛書繫辭》有如下之特點：它是現今最古的《易傳》抄本，《帛書繫辭》中的「象」，帛書都寫作「馬」（象和馬不是錯字而是異文），最重要的一點是，今本的「易有太極」，均被《帛書繫辭》寫成「易有大恆」，張政烺和朱伯崑認爲這是筆誤，但饒宗頤與王葆玹則認爲大恆與大一、太極的涵義是完全相同，指的是無形的「道」：

> 帛書《易經》是某一種先秦古文《易經》的忠實抄本，帛書《繫辭》則是現存最古樸的《繫辭》寫本。這一寫本顯示出《繫辭》原是道家老子一派的作品，《繫辭》卷後的《易之義》和《要》等佚書則出於儒者……《帛書繫辭》僅三千字左右，是老子學派的作品，而《繫辭》卷後的三千餘字則是另一部著作，應稱其爲《易之義》〔註 16〕

《易傳》闡明天道，曾受老子啓發，故漢儒奉《易》爲五經之首，司馬遷曾說：「世之學老者則絀儒學，儒學亦絀老子」，但老子和《易傳》在《帛書繫辭》中顯得十分密切，王葆玹證明的方式是認爲帛書周易出土的地緣：馬王堆，在西漢初年爲楚國文化流行的地區，而老子爲楚人，故而傳寫帛書

〔註 16〕王葆玹：〈帛書《繫辭》與戰國秦漢道家《易》學〉，道家文化研究第三輯，上海古籍出版社，1993 年 8 月。

者應爲隸屬於道家的學者。

讓我們先來看一下《帛書繫辭》若干相關的本文：

> 天奠（尊）地庳（卑），鍵（乾）川（坤）定矣。庳（卑）高已（以）陳，貴賤立（位）矣。動（動）靜有常，剛柔斷矣。方以類冣（聚），物以群〔分，吉凶生矣。在天成象〕，
>
> 在地成刑（形），〔變〕化見矣。〔是故剛〕柔相摩，八卦〔相盪，鼓之〕雷電，囗之風〔雨，日月運行，一寒一暑〕〔註17〕
>
> 一无爲也，鍵（乾）道成男，川（坤）道成女。鍵（乾）知大始，川（坤）作成物。鍵（乾）以易，川（坤）以間（簡）能；易則（傷）知，間（簡）則（傷）從。（傷）知則有親，（傷）從則有功。〔註18〕

〈繫辭傳〉的文字基本上和今本相去不遠，只是一部份今本之章節歸入〈易之義〉、〈要〉篇當中〔註19〕。在今本的《繫辭》中並沒有出現在此地帛本中的「（无）無爲」此詞（在無爲之前有脫字），但「無爲」一詞的出現，則表明了《帛本繫辭》黃老系統的屬性：

> 故知幽明之故，觀始反冬（終），故知死生之說。精氣爲物，斿（遊）魂爲變，故知鬼神之精（情）壯（狀）……〔註20〕

在這裡出現的精氣爲物，遊魂爲變，是南方道家學者的色彩，因爲「精」和「魂」這兩個字，儒家並不常使用，尤其是精魂連用，除了精、魂以外，繫辭尤多道家的詞彙：「陰陽之胃（謂）神」「神以知來，知以將往」、「見之胃（謂）之馬（象）」（見乃謂之象）

因爲《帛書繫辭》太過明顯的道家色彩，李學勤先生甚至據此想要主張「應該重新改寫思想史」：

> 馬王堆帛書《周易》經傳的問世，使《易》學史中的許多內容需重新考慮……馬王堆帛書中的黃老典籍中，與《老子》並行的有

〔註17〕參于豪亮：《馬王堆帛書周易釋文校注》，上海古籍出版社，2003年12月，頁117。

〔註18〕參于豪亮：《馬王堆帛書周易釋文校注》，上海古籍出版社，2003年12月，頁117。

〔註19〕王葆玹：〈帛書《繫辭》與戰國秦漢道家《易》學〉，道家文化研究第三輯，上海古籍出版社，1993年8月。

〔註20〕參于豪亮：《馬王堆帛書周易釋文校注》，上海古籍出版社，2003年12月，頁118。

《黃帝書》，其思想內容和風格近於《國語・越語》、《文子》、《鶡冠子》等書。這些都是南方的作品，代表了南方道家一派的傳統……〔註21〕

所以李學勤先生主張《易》有不同傳本，而楊靜剛在其〈There Might Be a Piece of Commentary on "the Book of Changes" in Pre-Qin China which Was Solely about Divination，〉（談《帛書繫辭》是一種卜筮之書）則主張：「早期談筮法和談義理是兩種解易的方式，今本《繫辭》乃是義理和筮法結合在一起的作品。」，《易經》、《易傳》本來就有不同的流傳系統，而中國哲學的兩大主幹：道家與儒家，均是在《周易》的基礎上發展出來的。

陳來在〈帛書易傳與先秦儒家易學分派〉中將易學區分爲：魯儒易學、齊儒易學、楚儒易學：

《要》篇等記述孔子與子貢門人的對話，不可能是南方易學的作品；馬王堆帛書《易傳》可能大部分傳自齊國，但是傳自齊國的文獻，不一定在性質上屬於齊學，也可屬於其他學派；而把馬王堆各篇都説是來自魯學，也未必盡然。簡言之，我以爲帛書所見戰國時期的儒家易學應有三個主要流派，這三派不一定同時，可能發展有先後，三派在解易、學易方面的宗旨互有不同，即魯儒、齊儒易學、楚儒易學，這在帛書《易傳》中都有表現。〔註22〕

〔註21〕「1970年代以來，大批簡帛書籍的陸續出土，爲豐富和重寫中國古代學術史提供了資料及條件。1992年，在北京大學舉辦的一次學術研討會上，我在發言中曾談到『重寫學術史』……馬王堆帛書《周易》經傳的問世，使《易》學史中的許多內容需重新考慮……得知漢初黃老道家的淵源在楚地，齊地的道家非其主源。馬王堆帛書中的黃老典籍中，與《老子》並行的有《黃帝書》，其思想內容和風格近於《國語・越語》、《文子》、《鶡冠子》等書。這些都是南方的作品，代表了南方道家一派的傳統。《老子》的作者是楚國苦縣人，早見於《史記》。但所謂『黃老』的內容是什麼，有什麼地方特色，前人很難説清。現在通過對這些帛書的研究，可以知其大要。《史記》、《漢書》所述學術傳流多側重於北方，對南方楚地的文化史涉及較少。楚地黃老簡帛的發現，正好可以彌補了這一缺環。……在中國的歷史上，新學問的產生都源於新發現，『重寫學術史』正是隨著考古發現的增多而提出來的。現在我們正處在這樣一個大發現和新發現的時代，面對這些更新、更多、更重要的歷史典籍的出土，中國古代學術史定會得到重新書寫，中國傳統文化研究定會出現新的繁榮局面」李學勤：〈簡帛佚籍的發現與重寫中國古代學術史〉。河北學刊 2013.1 http://wen.org.cn/modules/article/view.article.php/3930

〔註22〕陳來：〈帛書易傳與先秦儒家易學之分派〉《簡帛研究》2000年 http://blog.sina.com.cn/s/blog_a6eb92f00102w076.html

二、《帛書繫辭》中的「易有太極」與「易有大恆」

西元 1973 年馬王堆第三號漢墓的《帛書繫辭》，是目前最早的周易手抄本，但不是最早傳本，在《帛書繫辭》中，所有的「象」，字，帛書都寫作「馬」，例如：「天垂象」，都寫作「天垂馬」，而「易有四象」，則寫成「易有四馬」，令人最爲矚目的是，今本的「易有太極」，在帛本中寫成「易有大恆」，因此在〈帛書《繫辭》易有大恆的文化意蘊〉中，余敦康先生說：

> 拿帛書《繫辭》和今本來仔細比較，除個別字句不同及缺少若干儒家色彩較濃的段落外，總體的思想基本相同，仍然是一個非道非儒、亦道亦儒的綜合體，儒家色彩之濃莫過於仁義，我們可以在帛書《繫辭》中找出贊同仁義的言論，來反證其非道，道家色彩之濃莫過於與老子相同的道，帛書《繫辭》以大恆即道作爲最高範疇，可以反證其非儒，就正面而言，同樣的例子也可以證明其亦道亦儒，這就是儒道在最深層結構上完美的互補。〔註 23〕

《易經》、《易傳》本來就有不同的流傳系統，而中國哲學的兩大主幹：道家與儒家，均是在《周易》的基礎上發展出來的。

太極中的儒道爭論

太極此詞之原義是在描述時間空間，時間上指的是最早，空間上指的是最原始的地方，用以表述事物最始源之處，萬物從此處開始發展。

「太極」這個詞語首見《莊子、大宗師》：「神鬼神帝，生天生地，在太極之先而不爲高，在六極之下而不爲深」〔註 24〕必先有《繫辭上傳》的太極，而後才有《莊子》的太極；另外《墨子・非攻下》：「禹既已克有三苗，焉磨爲山川，別物上下，卿制大極，而神明不違，天下乃靜。」〔註 25〕這裡的大極，即是太極。

《淮南子》《覽冥訓》：「太極，天地始形之時也」〔註 26〕；班固《漢書・

〔註 23〕余敦康：〈帛書繫辭易有大恆的文化意蘊〉道家文化研究究・第 3 輯，上海古籍出版社，頁 24。

〔註 24〕《莊子今註今釋》，陳鼓應註釋，北京：商務印書館，頁 213。

〔註 25〕《墨子校注》，吳毓江撰，中華書局，1993 年 10 月，頁 220。

〔註 26〕「引類於太極之上（註：太極，天地始之時，上猶初也……俞樾云：高氏注太極之上，言天之上也。上文曰『夫陽隧取火於日，方諸取露於月』。此云『引類於太極之上，而水火可立至』。即以取火於日、取露於月而言、日月麗乎天，故曰：太極之上也。」何寧撰《淮南子集釋》北京：中華書局，1998 年，頁 456。

律曆志》：「太極元氣、函三爲一（孟康：元氣始於子、未分之時，天地人混而爲一）。」「經元一以統始，《易》太極之首」〔註27〕，太極爲中央元氣，此處的極爲中」，《洪範》的「建用皇極」，太極即是大中。

孔穎達《周易正義》對「太極」的解釋：「天地未分之前，元氣混合爲一，即是太初、太一也，故老子云：道生一，即此太極也，又謂混元既分即有天地，故曰：太極生兩儀，即《老子》云：一生二也。」〔註28〕孔氏的《周義正義》將天地未分以氣的混沌之氣稱爲「太初」、「太一」，用《老子》的「道生一」來比喻太極，在「大衍之數五十，其用四十有九」則以「太一虛無」來解釋「其一不用」的「太極」，四十九根蓍草混而未分的狀態極是太極；魏晉韓康伯承王弼注「易有太極」〔註29〕，又曰：「夫有必生於無，故太極生兩儀」又謂太極爲無稱之稱，此乃以陰陽以下爲有，而以「無」、「無稱」目太極，易傳言無思無爲，是以爲道之無釋儒家之易。

因爲帛書繫辭的「易有太極」是寫作「易有大恆」，很明顯地可看出與道家的關聯性，所以在此來討論「易有大恆」與「易有太極」。

「易有大恆」與「易有太極」

帛書繫辭：「是故易有大恒，是生兩檥（儀），兩檥（儀）生四馬（象），四馬（象）生八卦，八卦生吉凶，吉凶生六業。」，朱伯崑認爲，本段談的是揲蓍或畫卦的過程，《帛書繫辭》以「太極」，解釋筮法，「太極」是生成卦象的根源，由於「亟」字石鼓文作亟，「亘」字小篆作「王」，字形相似，故而朱伯崑、張政烺等學者認爲「易有大恆」是誤寫：「大概戰國時楚人抄《易繫辭》把「太極」寫作「大恆」，漢初人就誤認爲大恆」〔註30〕；而另外一派學

〔註27〕班固撰、顏師古注，《漢書・律曆志》，中華書局，頁964。

〔註28〕「大衍之數五十，其用四十有九」《周易正義》魏・王弼注、孔穎達疏，北京大學出版社，2003年12月第一版，頁328。王弼曰：「演天地之數，所賴者五十也。其用四十有九，則其一不用也。不用而用以之通，非數而數以之成，斯易之太極也。四十有九，數之極也。夫無不可以無明，必因於有，故常於有物之極，而必明其所由之宗也。」

〔註29〕是「易有太極　是生兩儀」韓康伯注：「夫有必始於無，故太極生兩儀也。太極者，無稱之稱，不可得而名，取有之所極，況之太極者也。」孔穎達疏：「天地未分之前，元氣混合爲一，即是太初、太一也，故老子云：道生一，即此太極也，又謂混元既分即有天地，故曰：太極生兩儀，即《老子》云：一生二也。」《周易正義》魏・王弼注、孔穎達疏，北京大學出版社，2003年12月第一版，頁328。

〔註30〕請參裘錫圭：〈是「恆先」還是「極先」〉上海復旦大學出土文獻學古文字研

者，像饒宗頤、陳鼓應，則認爲大恆並非筆誤：「易有大恆」就是老子所說的「道」，「太極」是由大恆轉化而出，同樣地出於《老子》，另外，「大恆」講的是「恆道」：「強字之曰道，強爲之名曰大」（《老子》25 章）

爭議是從「恆」和「極」這兩個字而來，所以先來看一下字形：楚簡「亙」字作「死」，與《說文》「恆」字古文同形，但楚簡又有在此字下加「心」旁的「恆」字，所以一般引用楚簡，都釋此字爲「亙」，釋下加「心」旁的爲「恆」；《郭店楚墓竹簡》所收《老子》簡甲組有四個「亙」字，分別見於簡 6、簡 13、簡 18 的三個，是用爲「恆」的；見於簡 24「至虛亙也」句的「亙」，則與今本的「極」字相當（見今本第十六章）。「亟」、「極」古通；乙組簡 2「則莫知其亙」的「亙」，也與今本「極」字相當；『亟』字則作郠思郪思（音期思），包山楚簡地名也有「郠思」（簡 163），或作「亙思」。因爲「太」也可訓「大」，較無異議，所以我們先回到「恆」和「極」這兩個字的文字學方面的涵義上面，郭店簡等是以「亙」爲「亟」。

在安陽殷墟所出商代甲骨刻辭中已有「恆」字，是會意字，有二種形體：

1. 從二、從月

　「二」：象徵天地「月」：象徵曆數

2. 從二、從月、從弓

恆字從弓，象徵天道

「殷墟卜辭中有「王恆」，「王恆」當指恆常之道，亦即天道，武丁時的賓組卜辭中有「王恆易即」，易讀爲賜，古人認爲滿意的占卜結果是神的賜予，《禮記・曲禮》：「凡卜筮，旬之外曰遠某日，旬之內曰近某日，喪事先遠日，吉事先近日。曰：爲日，假爾泰龜有常，假爾泰筮有常。」

「泰龜有常」即「王恆」，而「泰筮有常」就是見於馬王堆帛書繫辭的「大恆」。〔註 31〕

另外，在竹簡本《老子》乙本：「治人事天，莫若嗇，夫唯嗇，是以早，是以早備……不克，不克則莫知其恆，可以有國，有國之母，可以長生久視之道也。」「莫知其恆」當指「大恆」，亦即「長生久視之道」，大恆與中同義。這裡可見恆與道的關聯，以及恆與卜筮的關係。

究中心頁 7 http://www.gwz.fudan.edu.cn/SrcShow.asp？Src_ID=806。

〔註 31〕連劭名：〈郭店楚簡《老子》中的恆〉武漢大學中國文化研究院編：《郭店楚簡國際學術研討會論文集》，湖北人民出版社，2000 年 5 月。

考察恆卦之卦義：

恆 ䷟ 雷風恒

恆，久而不已也。利有攸往，終則有始也。日月得天而能久照，四時變化而能久成，聖人久於其道而天下化成。觀其所恆，而天地萬物之情可見矣。（《恆卦・象傳》）。

恆卦之義爲日升卦月恆，可引伸爲常，《爾雅・釋詁》訓「恆，常也」，《老子》也日：「復命，常也，知常曰明，不知常，妄作凶」（《老子》25 章）

易有三義：簡易、變易、不易，而恆之義爲不易，馬王堆甲、乙本的《老子》都將「常道」寫作「恆道」，在此可見的「大恆」和「太極」可以說是同義語。

帛書繫辭的「易有大恆」並非誤寫，饒宗頤指出：「大恆絕非筆誤，大恆與大一、太極涵義、意義完全相同，皆指無形的道、宇宙本原，一個抽象的觀念」〔註 32〕

朱伯崑視「易有大恆」是講揲蓍或畫卦的過程，從恆的文字本源看來，也的確有這個意義（「泰龜有常」、「泰筮有常」）但好的卦是上天所賜，所以說是「王恆易即」、「貞王恆易即」，王恆，如前所述，指的就是恆常之道。

從「易有大恆」與「易有太極」可見易和老之相通處，余敦康先生在〈帛書《繫辭》「易有大恆」的文化意蘊〉中說：

> 《繫辭》所謂的恆常不變的東西，即是形上之道，其所謂的形上之道，即是《老子》所說的天地之道，老子認爲這種道是無形的，因而《繫辭》稱其爲形而上，老子認爲這種道，獨立而不改、周行而不殆，因而《繫辭》稱其爲大恆，這就是說，帛書《繫辭》與《老子》的最高範疇，是完全相同的〔註 33〕

太極是由大恆二字轉化而來，大恆即道，同樣出於《老子》〔註 34〕。

陳鼓應先生更從《帛書繫辭》爲現存道家的最早傳本，以論《易傳》爲道家系統的傳本：

〔註 32〕金春峰《周易經傳梳理與郭店楚簡思想新釋》，（臺北台灣古籍出版有限公司），頁 70。

〔註 33〕余敦康：〈帛書繫辭易有大恆的文化意蘊〉道家文化研究・第 3 輯，上海古籍出版社，頁 21。

〔註 34〕余敦康：〈帛書繫辭易有大恆的文化意蘊〉道家文化研究・第 3 輯，上海古籍出版社，頁 25。

無論「太極」說或「大恆」，都與道家具有一脈相承的關係，自較大的範圍而言，它都屬於道家道論的範疇。至於帛書《繫辭》太極原本作大恆，則更具原始道家的哲理義蘊，這概念出於老子是無疑義的。由於大恆這一極具關鍵性的概念出現，則帛書《繫辭》之屬於道家系統著作，比之通行本更具特色。〔註35〕

陳鼓應先生對《易傳》之爲道家傳本，用力甚深且成效卓著，已有專書出版，自不在話下。但《易傳》之源流，不能單憑帛書來斷定，所以本論第三節中，將提出《易傳》爲道家傳本的反駁。

第三節　《易傳》與道家

一、從文化與地緣型態來論《易傳》與道家

陳鼓應先生在〈《易傳》與楚學齊學〉〔註36〕考證《易傳》屬於齊、楚道家，《易傳》非一人一時之作，它的出現晚於孔子，當在戰國時期，他並認爲：「《易傳》的主要部份成於戰國中後期，即以《易傳》中最早產生的《彖傳》而論，也當成於孟子、莊子之後。」〔註37〕

其中馬王堆漢墓出土的帛書中有《易經》及《易傳》，《易經》的排列順序與今本大異，此外，考察《易傳》中的帛書《繫辭》，如刪除〈「子曰易之義」〉（根據王葆玹先生的考證：《易之義》的組成部分，它們出現在通行本《繫辭》裡，乃是戰國以後的學者加以改編的結果），則與通行本有巨大差異，通行本有許多稱讚周文王的文字，但在《帛書繫辭》中未見，相反的，它所尊崇的是黃帝、伏羲、神農，在各家當中尊崇黃帝、伏羲、神農的就是道家了（「帛書《繫辭》沒有提到周文王，便可確定它的編者所崇敬的聖王僅有三位，即伏羲、神農和黃帝。戰國時期尊崇羲、農、黃的學派，絕不可能是儒家。」〔註38〕），就《繫辭》的內部結構來看，它的主要內容當是道

〔註35〕陳鼓應：〈《易繫傳》的道論及太極、大恆說〉《道家文化研究》第3輯（上海古籍出版社）1998年，頁72。

〔註36〕陳鼓應：〈《易傳》與楚學齊學〉《道家文化研究》，第一輯，（上海古籍出版社）頁143。

〔註37〕陳鼓應：〈《易傳》與楚學齊學〉《道家文化研究》，第一輯，（上海古籍出版社），頁144。

〔註38〕王葆玹：〈從馬王堆帛書本看《繫辭》與老子學派的關係〉《道家文化研究》，

論和太極說，其道論，無論是陰陽觀或道器說都淵源於老子，太極的觀念始於《莊子》，帛書中的「太極」作「大恆」更能顯示出它與老子「道」觀念的連繫。

馬王堆三號漢墓，其墓主爲利倉之子，利倉以長沙王國丞相的身份受封馱侯，職務和封地都在楚國範圍，而且這位利倉之子與同屬陳國的老子，應有某些關連，他死後才會將帛書本的《老子》與《繫辭》同置在他的墓穴中：

> 馬王堆三號墓主人的原籍可能在陳地，而在戰國時代統治齊國的恰是來自陳國的陳氏家族，可以看出一種可能，即道家易學中的老子一派可能發源於陳國，在春秋晚期轉移到齊國，在戰國時期以齊國的稷下學宮爲中心，向各國擴散，而受其影響最大的可能是吞併了陳國的楚國，大概由於這個緣故，楚國才能出現兼通《易》《老》的司馬季主與淮南九師，並出土了帛書《老子》與老子學派所編定的《繫辭》。〔註 39〕

齊楚的文化內涵相近，齊爲稷下黃老，而楚則爲老莊，故《易傳》從其地緣關係來看，與道家十分相近〔註 40〕，另請參：

> 馬王堆三號墓墓主人爲漢長沙丞相利倉的兒子；墓中出土記事木牘表明，該墓下葬於漢文帝前元十二年，帛書的抄寫年代應在此前。帛書避漢高祖劉邦諱，帛書益卦六四：『利用爲國遷國』，帛書未濟卦九四『三年有商（賞）於大國』，二國字虞翻說古本均作邦，帛書即今通行本作國，乃避劉邦諱，帛書不避漢文帝劉恒諱，恒卦逕書作恆，依此推斷，帛書的抄寫時間約在高后、惠帝之間〔註 41〕

因此從時代、地緣以及避諱的方式，《易傳》爲道家傳本。

二、從哲學概念相近來看《易傳》與道家

通行本《繫辭》有許多概念，像易簡、道器、言意、幾神等等，有濃

第一輯，（上海古籍出版社）1998 年，頁 179。

〔註 39〕王葆玹：〈從馬王堆帛書本看《繫辭》與老子學派的關係〉《道家文化研究》，第一輯，（上海古籍出版社），頁 187。

〔註 40〕陳鼓應：〈《易傳》與楚學齊學〉《道家文化研究》，第一輯，（上海古籍出版社），1998 年，頁 154。

〔註 41〕魏慈德：〈馬王堆帛書《周易》經文的照片與底片用字問題〉《文與哲第十七期》2010 年 12 月，頁 23。

厚道家色彩，《易傳》中的陰陽、剛柔以及「天道」均可在老子中找到根據〔註 42〕，《老子》：「萬物負陰而抱陽，沖氣以爲和」，莊子《則陽》：「天地者形之大者也，陰陽者氣之大者也」，老莊的陰陽影響到了《易傳》；《老子》喜歡談剛柔，《老子》七十八章：「弱之勝強，柔之勝剛，天下莫不知，莫能行。」、《老子》四十三章：「天下之至柔，馳騁天下之至堅」，《易傳》善於運用剛柔，亦來源於道家《老子》；《易傳》在解釋宇宙的發生使用太極、兩儀、四象、八卦：「太極生兩儀、兩儀生四象、四象生八卦」，而老子對宇宙創生的解釋：「無名，天地之始，有名，萬物之母」，兩儀、四象、八卦，在《老子》來說則爲道生—— 一生二—— 二生三—— 三生萬物。

另外陳鼓應先生也認爲，道家的概念與《易傳》多有相通：

> 以陰陽理論爲仲介，老子道家是援《易》入道，而道家後學則是援道入《易》〔註 43〕
>
> 老子一方面是受了《易》卦爻辭的啓迪，同時又很有可能反過來對《易》中所蘊含的樸素辯證思維做質的豐富與提升，並最終設計出《易》的爻題，爻題的發明創製，是《易》學的一大突破，而這一巨大貢獻或與老學思想有所聯繫。〔註 44〕

小　結

當然，我們可將《易傳》作廣義或狹義的區分，廣義的易傳可包括卜筮、義理、彖傳、象傳，而狹義的指的就是王弼「說象數，掃易理」的《易傳》，而這種易傳可稱之爲文人《易傳》，是玄學時期儒道融合之下的時代產物。從迷信過渡到理性、從分封走向帝國，《易傳》的天道扮演著一個大融合的角色，這樣的天道融合了儒道，更通過兩漢天人感應之經學轉銜至魏晉藝術自覺時代所擔負的格義與儒道融合。

本章不是在作易傳之考據，對陳鼓應的說法也並沒有完全的接受，至少在帛書易傳的《二三子問》、《要》、《繆和》均有許多孔子對弟子論易的篇幅

〔註 42〕陳鼓應：〈《易傳》與楚學齊學〉《道家文化研究》，第一輯，（上海古籍出版社），1998 年，頁 147～150。

〔註 43〕陳鼓應：〈先秦道家易學發微〉《道家文化研究》，第十二輯，（上海古籍出版社），1998 年，頁 22。

〔註 44〕陳鼓應：〈先秦道家易學發微〉《道家文化研究》，第十二輯，（上海古籍出版社），1998 年，頁 12。

（在此感謝林文彬老師的指點，這是帛書易傳作爲儒家傳本之重要證據），易傳的天道之必然亦爲人事之所當然，運行於天地之道與法則，亦即人生的行爲法則，天道人道不可分，孔子的生命境界證實了「五十而知天命」攝智歸仁，「人而不仁如禮何？人而不仁如樂何？」的天人合德，從聖人體悟到的天再返回人世，而下落成爲人生之法則，可見天道與人道之契合，易傳卷後佚書中「儒」是道中之儒，道，則是儒中之道；有儒，才有非儒，有道，而後才有非道，我們不要用名言概念來掌握儒道的話，則儒自是道、而道則也是儒。

第四節　對《易傳》爲《道家易傳》之反駁

陳鼓應先生主張，《易傳》應爲《道家易學》，而王葆玹先生也主張：「《易傳》屬於齊、楚道家，而非魯學（儒學）〔註45〕」，但另有學者：顏國明和黃明誠等多位學者，從《易傳》的道德形上學及孔子晚年思想之歸趨、天人合德的思想，主張《易傳》雖與道家思想有關，但仍爲儒門之作：

> 老子雖是史官，卻是守藏室之史……老子其人既擔任過史官，必通《易》筮，實未必盡然。〔註46〕
>
> 孔子晚年的好《易》，到底有沒有受到老子的影響，除非有新文獻出土，否則此類講法可能很難有證據力〔註47〕
>
> 老子並沒有引《易》入道，也絕無設計出《易》的爻題，莊子也沒有以陰陽交通說〈泰〉卦，以雌雄相感論咸卦……〔註48〕

歸納現代學者對於《易傳》爲道家傳承的反駁，可大致歸納爲以下數點：

1. 孔門本有傳易之學，若謂先秦道家有傳易之學，即認爲「帛書《繫辭》爲戰國晚齊老子一派的傳本，於史則無證，亦與《老子》絕學無憂、爲道日

〔註45〕請參王葆玹：〈《易傳》與楚學齊學〉　道家文化研究第一輯　頁 143 及王葆玹：〈從馬王堆帛書本看《繫辭》與老子學派的關係〉《道家文化研究》第一輯，，頁 175。

〔註46〕顏國明：〈《易傳》是道家易學主張的錯覺溯析——《易傳》是道家《易》學駁議之二〉第七居儒佛會通暨文化哲學研討會，頁 558。

〔註47〕顏國明：〈《易傳》是道家易學主張的錯覺溯析——《易傳》是道家《易》學駁議之二〉第七居儒佛會通暨文化哲學研討會，頁 558。

〔註48〕顏國明：〈《易傳》是道家易學主張的錯覺溯析——《易傳》是道家《易》學駁議之二〉第七居儒佛會通暨文化哲學研討會，頁 558。

損的立場相悖，就帛書《易傳》而言，六篇文獻是一組，為同一學派所傳，把帛書《繫辭》孤立地抽出來斷定其為道家文獻，這不合理」〔註49〕。

2. 從儒家的道德形上學來論《易傳》:《易傳》的「推天道以明人事」乃是儒家天人思想之必然的發展，《易傳》表現出儒家哲學特有的剛健不息〔註50〕。

3. 「一陰一陽之謂道也」是《易傳》所特有的思想，天人合德、天道一貫，剛柔並濟且天人合一，由人性之善而應照、對應天道之善，強調實踐與道德，中國哲學是以人生論和政治論作為主幹的，亦即是以儒家思想為主流的，故而以人生和政治作為主體的《易傳》自然也必須歸屬於儒家〔註51〕。

4. 陰陽論天道是《易傳》的特色，《易傳》「易以道陰陽」的天道理論是「繼之者善，成之者性」的仁義道德，是剛強健動的精神，非老子式的柔弱虛靜，老子重觀，因此無為，而《易傳》重行，是以有為〔註52〕，雖然它接受了由道家及陰陽家發展起來的陰陽之說，建立了一套異於孔孟的天道觀，但不能即此就推斷它屬於道家。

5. 有些學者認為《彖》、《象》有許多關於天道運行的老子思想，事實上，《彖》《象》是以剛柔結合爻位，且對人倫政治、現實倫理作了積極之肯定，並沒有像老子一般絕仁棄義、絕聖棄智。

6. 在先秦諸子中，《荀子》援引《易》，而《莊子》也視《易》為儒家經典。《荀子大略》、《荀子非相》、《莊子天下篇》:「詩以道志，書以道事，禮以道和，易以道陰陽，春秋以道名份」、「丘治《詩》、《書》、《禮》、《樂》、《易》、《春秋》」〔註53〕均認為易出於孔子。

7. 「推天道以明人事」乃各家共法，從《左傳》、《國語》、《論語》、《孟子》、《荀子》等書，皆有之，不能用此以判《易傳》的歸屬。

〔註49〕陳來:〈馬王堆帛書《易傳》與孔門《易傳》〉《哲學與文化月刊》，21卷第二期，1994.2，頁163。

〔註50〕請參黃明誠:〈《易傳》中「儒道互動」與儒家「道德形上學」的發展〉《經學研究集刊第七期》2009年11月，頁195～218。

〔註51〕請參黃明誠:〈《易傳》中「儒道互動」與儒家「道德形上學」的發展〉《經學研究集刊第七期》2009年11月，頁207。

〔註52〕請參黃明誠:〈《易傳》中「儒道互動」與儒家「道德形上學」的發展〉《經學研究集刊第七期》2009年11月，頁213。

〔註53〕顏國明:〈《易傳》是道家易學主張的錯覺溯析——《易傳》是道家《易》學駁議之二〉第七屆儒佛會通暨文化哲學研討會，頁544。

8. 《老》與《易》均具備相同的辯證，但相異的成份多過相同的，實際是兩套不同的辯證體系〔註 54〕。

9. 老子的生命智慧是一種無爲不爭、恬淡守柔、逍遙自適的人生哲學，但如果把《易傳》中的憂患、「積極」健動比配在一起，其實並不適洽。

10. 戰國秦漢之間，根本無所謂「道家《易》學」。依現有之文獻，只能說《易傳》中有道家思想，而不能說《易傳》是道家傳承〔註 55〕，平情而論，以《易傳》爲《儒家易傳》並不完備，但以《易傳》爲《道家易傳》也未必見得正確，儒道同源而互補，根據郭店出土的竹簡本《老子》顯示，原始的《老子》（道家）也尚仁、守中，與儒家爲互補互濟的關係，老子和孔子一般也有入世的關懷〔註 56〕：「簡本《老子》甲本所說的○（絕）智（知）棄卞（辯）、○（絕）○（巧）棄利、○（絕）○（僞）棄○，不僅不是對儒家思想的批判和否定，而是對儒家思想從負面的補充」〔註 57〕

《易傳》曰：「一陰一陽之謂道，繼之者善也，成之者性也」，運用陰陽範疇來建立宇宙論，這令我們想到《老子》：「萬物負陰而抱陽，沖氣以爲和」（四十二章）；其縮天人爲一，《易傳》曰：「顯諸仁，藏諸用，鼓萬物而不與聖人同憂。」這又令我們想到孔子：「天何言哉，四時行焉，百物生焉。」雖則《易傳》中的「道」與《孟子》所言的「心——性——天」是有差距的，但也非是完全道家的自然無爲，《繫辭》說：「易之爲書也，廣大悉備，有天道焉，有人道焉，有地道焉。」在《易傳》中將儒道兩家結合起來，貫徹了「天人合一」的理想，通過以天合人和以人合天，不斷地循環往復〔註 58〕；孟子說：「盡心知性知天」，《中庸》曰：「誠者，天之道；誠之者，人之道也」，《易繫辭》則曰：「天地之大德曰生」、「復見天地之心」，《易傳》亦儒亦道，或是超越儒道：

〔註 54〕顏國明：〈《易傳》是道家易學主張的錯覺溯析——《易傳》是道家《易》學駁議之二〉第七屆儒佛會通暨文化哲學研討會，頁 566。

〔註 55〕顏國明：〈《易傳》是道家易學主張的錯覺溯析——《易傳》是道家《易》學駁議之二〉第七屆儒佛會通暨文化哲學研討會，頁 570。

〔註 56〕張立文：〈論簡本《老子》與儒家思想的互補互濟〉，《道家文化研究》第十七輯（上海古籍出版社）1998 年 8 月，頁 131。

〔註 57〕張立文：〈論簡本《老子》與儒家思想的互補互濟〉，《道家文化研究》第十七輯（上海古籍出版社）1998 年 8 月，頁 136。

〔註 58〕余敦康：〈《周易》的思想精髓與價值理想〉《道家文化研究》第一輯（上海古籍出版社），頁 132。

《易傳》的立場，則很難歸結有哪一家，它所持的那種殊途同歸、一致百慮的包容原則，實際上是超越各家的，如果勉強說它有一個立場，可以認爲，它是站在，古之道術的立場。〔註59〕

《易傳》的立場很難具體地說它是儒家、道家，更可能是超越儒道，或吸收儒道，它異乎儒家人事論的立場而以天道明人事。

《易傳》雖也講社會和諧，但這樣和諧卻建立於宇宙論上面，所以「易傳的這個思想實際上是把人文價值理想提高到深沉宇宙意識的層次，援引了道家的自然主義對儒家人文主義，進行了一次理論上的昇華。」〔註60〕

《易傳》結合了道家「知天」與儒家的「知人」，讓「知天」發揮於自然主義與宇宙形上，讓「知人」運用於仁義禮樂、社會道德，因此儒家如果是「陽」，道家則爲「陰」，《易傳》所謂「一陰一陽之謂道」可說折衷調和了儒道二家：「自然主義的思想是繼承道家，人文主義的思想是繼承了儒家，因而易傳總體上體現了儒道互補的特徵」〔註61〕

第五節　《易傳》：天道大格局

有儒，才有非儒，有道，而後才有非道；易傳的出現，正式說明思想出現時相靡相盪之中的同一性；《易傳》使得自古以來的儒道之爭漸趨緩減，而走向「儒道互補」、「儒道相謀」、「援儒入道」或「援道入儒」的路數：

在戰國末年，學術融合業已蔚成風氣的歷史條件下，各家各派都在從事綜合總結的工作。《易傳》對綜合總結所持的態度就是《繫辭下》所說：「天下同歸而殊途，一致而百慮」〔註62〕

雖然《易傳》明顯地接受了由道家及陰陽家發展起來的陰陽之説，建立了一套不同於孔孟的自然主義的天道觀，但不能據此而斷定它是屬於道家陰陽學派的作品。另一方面，雖然它以鄒魯文化爲背景，

〔註59〕余敦康：〈《周易》的思想精髓與價值理想〉《道家文化研究》，第一輯，（上海古籍出版社），頁142。

〔註60〕余敦康：〈《周易》的思想精髓與價值理想〉《道家文化研究》，第一輯，（上海古籍出版社），頁141。

〔註61〕余敦康：〈《周易》的思想精髓與價值理想〉《道家文化研究》，第一輯，（上海古籍出版社），頁122。

〔註62〕黃明誠：〈《易傳》中的「儒道互動」與儒家「道德形上學」的發展〉《經學研究集刊第七期》，2009年11月，頁214。

> 與儒家思想有著很深的關係，也不能據此而斷定它是屬於儒家學派的作品〔註63〕

> 就易傳的思想整體而言，它是道家的自然主義與儒家的人文主義的有機組合〔註64〕

儒道的不同，從其本源而論，例如郭店竹簡的《老子》而論，其差異並不太大，舉例來說：今本的「絕聖棄智」，簡本作「絕智棄辯」（甲本）；今本的「絕仁棄義」，簡本作「絕僞去詐」（甲本）；今本的「大道廢，有仁義」，簡本作「大道廢安有仁義」〔註65〕；由於《老子》文本起源甚早，經長時間的累積而成，試想，在西元前三百年前，甚至連司馬談、班固都還沒有出生的年代，哪來的九流十家？我們現在對儒道的分系、分界都是爲了方便思想的分類與學派的判斷，這是「同中之異」：

> 易大傳：天下一致而百慮，同歸而殊塗。夫陰陽、儒、墨、名、法、道德，此務爲治者也，直所從言之異路，有省不省耳。〔註66〕

在郭店竹簡本《老子》所編定的戰國中晚期，當時，並無所謂「道家」之名，也無所謂「道家思想」，自然更無所謂「儒道對辯」或「儒道抗爭」，我們所見到的郭店竹簡本《老子》是較爲原初、古老的和諧思想，並無所謂「儒道之分」與「儒道之爭」，此時的思想界無論儒家或道家，全幅籠罩在一天道大格局的氛圍之中。而此一「天道大格局」乃以戰國時代的物性文明爲背景，在一個戰亂、民不聊生、井田制度崩潰、鐵器文明發達的時代中，所有的民生日用、諸子百家、文化思想都籠罩在此一「天道觀」的廣闊「視域」（horizon）之下〔註67〕。

〔註63〕陳鼓應先生則以帛書繫辭出土的地點，判斷《易傳》與齊楚文化，尤其是與稷下學派有關，這一點來說是不一致的，煩參黃明誠：〈《易傳》中的「儒道互動」與儒家「道德形上學」的發展〉《經學研究集刊第七期》，2009 年 11 月，頁 214。

〔註64〕黃明誠：〈《易傳》中的「儒道互動」與儒家「道德形上學」的發展〉《經學研究集刊第七期》，2009 年 11 月，頁 214。

〔註65〕請參謝君直〈從當代老子詮釋架構論郭店楚簡老子的天道思想〉《通識教育與跨域研究第四期》，2008 年 6 月頁 13。

〔註66〕維基文庫 https：//zh.wikisource.org/zh-hant/%E8%AB%96%E5%85%AD%E5%AE%B6%E8%A6%81%E6%97%A8

〔註67〕「若就晚近對先秦學術的研究來看，則道家的起源其實有一個較傳統百家學術源流更大的社會思潮演變的背景，這個背景所影響的其實並不止於道家一支，而是整個戰國時代的百家子學，這個方向就是天道大格局的學術思維方

另一種證據出現在 2016 年海昏侯墓出土的《論語・知道》篇中，《論語・知道》篇是齊論的佚文，本卷竹書的篇首卷寫道：「孔子之道之易也，易易云者，三日，子曰：此道之美也，莫之能御也。」海昏侯國位於江西南昌，其實大約爲漢宣帝神爵三年（公元前 59 年），齊論的出土證明了孔子也言道，也非常重視道，所以他也說：「朝聞道，夕死可矣」，里仁篇的聞道即是知道，只是孔子在此言道的內涵，偏重於人事論的倫理與心性的側面，與道家所言的道作爲本體論內含有著若干差異。《論語・知道》篇中的道必須關連於知命、知禮、知言、知人，而命、禮、言、人這四部份，儒家常言道，道家也常談道；道的演進從公元前 186 年（立倉駝侯下葬於高后二年）所言的天之恆道、常道，進而演變爲知道、聞道，在此道的演化，是不需要有儒道的分化，也無所謂抗衡或是爭辯的。

《易傳》是儒道第一場對辯的舞台，而儒道同源互補的精神，共構了中國人心靈超穩定的結構。〔註 68〕這樣的對話，無所謂的勝負，而是歷史時間視域中無盡的「境域交融」（fusion of horizon），儒與道的對話、孔老的對辯，共構了中國文明詮釋與經典的豐富性，及其遼闊而豐饒的視野、視域。

向」劉榮賢老師：《莊子外雜篇之研究》第一章　緒論，（臺北：聯經出版社），頁 7。

〔註 68〕黃明誠：〈《易傳》中的「儒道互動」與儒家「道德形上學」的發展〉《經學研究集刊第七期》，2009 年 11 月，頁 195。

第四章　儒學與道教之辯：周濂溪的〈太極圖〉與《太極圖說》

從天道大格局到文化大格局：儒道辯證的第二場舞台

在本論的第三章中，我們曾經處理過《易傳》的儒道歸屬性問題，穿越過漫長的時空：兩漢的經學、訓詁章句、魏晉的格義、隋唐的佛學，我們將來到儒道對辯的第二場舞台，即北宋初年；立足在現實政治權位之上，依然是一批學而優則仕的士人，另一方面，在文學領域和不得志的文人逸士中，道家的老莊才是他們精神眞正寄託之處，而這種既矛盾又複雜、既眞實又虛妄的思想境界，在現實世界中，很圓融、自在地形成了北宋初期三教合一的氛圍〔註 1〕，亦儒亦道、非儒非道的《易傳》和圍繞著《太極圖說》中「無極而太極」的朱子與象山，表現出了心學和理學對道家道教的批判、排斥與接受，但無論如何，從後設的現在看來：「不僅無極二字出於老子，太極也是由大恆轉化而來。」〔註 2〕儒道的對辯摩擦出了文化發展的波瀾壯闊、與思想上的相靡激盪，儒學道家化了，或道家儒學化了：

> 儒道思想之間的轉移影響，在思想史的歷程中至爲繁複，決非一言

〔註 1〕從唐代開始，儒、道、釋三家思想漸趨融合，戰國之後，士人大體都儒、道兼習，南北朝後，三教互補已成風氣（顏國明：《易傳與儒道關係論衡》，台北：里仁書局，2006 年 3 月，頁 324）：「從三教互補到三教合流是唐代思想文化發展的主要線索。」（唐・陸希聲：《道德眞經傳》，收入《宛委別藏》第 96 冊（台北：台北商務印書館），1981 年。

〔註 2〕余敦康：〈帛書《繫辭》「易有大恒」的文化意蘊〉，《道家文化研究》第 3 輯，（上海古籍出版社），頁 24。

可決，研究者似不應盯著一兩個文獻上的證據，就企圖在思想史演變上獲得結論。〔註3〕

誠如牟先生在《才性與玄理》一文中所說：

境界之體用是儒釋道之所同，存在之體用是儒聖之所獨，以存在之體用貫境界之體用，則境界之體用亦隨之而不同，即不可以權假論，亦不可以應迹論〔註4〕

牟先生認爲這種境界相通就是儒道之共法，儒與道之間的區隔，其實只是一線之間，共法存在於儒道之間。因人因地因時而有不同的看法、意見，即所謂同中之異和異中之同。

接著，我們將進入儒道論辯的第二場次：北宋初年的太極圖及圖說。

第一節　北宋圖書學派的易圖分類

一、宋代圖書學派的易圖分類

易有圖，因爲易原來就是用於卜筮之書，易的最原始符號就是陽（⚊）和陰（⚋），陰陽的組合成爲八卦；乾（☰）、坤（☷）、震（☳）、巽（☴）、坎（☵）、離（☲）、艮（☶）、兌（☱），八卦兩兩相重，則成六十四卦，易卦陰陽學說是古人認識自然和解釋自然的宇宙觀，《易經》可說是天人合一、物我同體的一種宏觀之宇宙論，伏羲氏說「仰則觀象於之，俯則觀法於地」指的就是這樣一種宏觀的宇宙論。

易經六十四卦爻畫，就是易經的圖，但目前所見的大量易圖，大多根據《易傳》文字而來，朱伯崑先生在《易學哲學史》中，對易學有以下之分類：

象數易：可以京房、焦延壽、陳摶、邵雍爲代表

義理易：可以王弼、胡瑗、程頤、李光、楊萬里爲代表〔註5〕

象數派從陳摶傳至劉牧再到李之才，而周敦頤的〈太極圖〉則是以取象爲主，我們可將北宋易學中的圖書學派做如下之分類：

〔註3〕鄭吉雄：《易圖象與易詮釋》，（台北台大出版中心），2004年6月，頁254。
〔註4〕牟宗三：《才性與玄理》，（台北，學生書局印行），民82年，頁125。
〔註5〕朱伯崑：《易學哲學史》（台北市：藍燈文化），民80頁3。

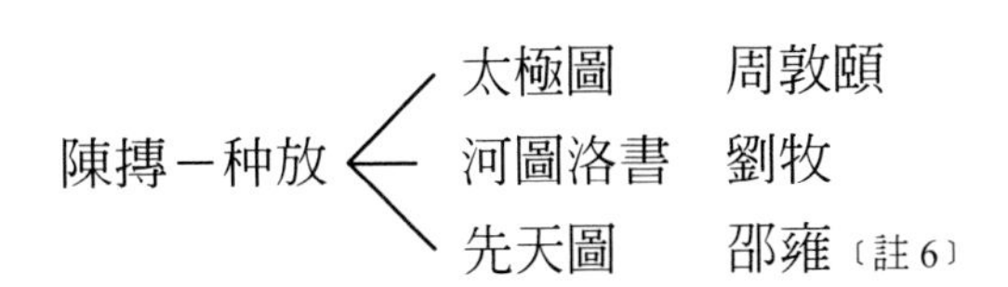

所以，我們可以根據朱伯崑先生的《易學哲學史》對圖書學派所做的區分，將易圖分為三大系統，分別是：

1. 河圖、洛書類
2. 先天圖類
3.〈太極圖〉類

以下將分述之。

二、河出圖、洛出書

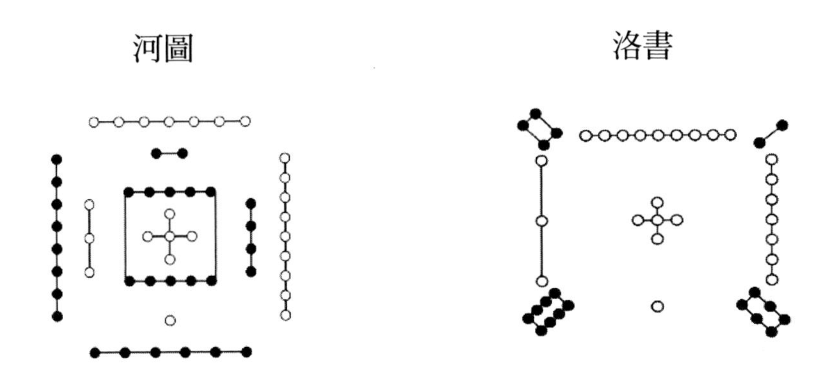

河圖．洛書是對《易傳》「天地之數」、「大衍之數」的圖解，《周易繫辭傳》：「河出圖、洛出書，聖人則之」〔註7〕，歷代有不少人認為河圖洛書為八卦的根源，從先秦的文獻開始，認為河圖洛書為祥瑞寶物，漢代學者認為是讖諱圖書，一直到宋代劉牧等人才提出河圖洛書為九數圖、十數圖。（1、3、5、7、9為陽，2、4、6、8、10為陰）

劉牧認為五行生成圖即十數圖為洛書，九宮圖即九數圖為河圖，與劉牧同時代的阮逸不同意劉牧的說法，化名關朗作了《關氏易傳》，認為十數圖為河圖而九宮圖為洛書。南宋蔡元定同意《關氏易傳》的論點〔註8〕，認為劉牧

〔註6〕朱伯崑：《易學哲學史》，（台北市：藍燈文化），民80，頁8。
〔註7〕李申：《周易與易圖》，（瀋陽：瀋陽出版社，1998年2月），頁86。
〔註8〕朱熹：《宋刊周易本義》，（北京：學苑出版社，2014年1月），頁3。

將河圖與洛書顛倒，主張河圖之數為十，而洛書之數為九，南宋大儒朱熹亦贊同此一論點〔註9〕。

南朝有名之《文心雕龍》中，劉勰對於河圖洛書及東漢時期流行的陰陽讖諱，在其〈正緯〉篇中有過說明〔註10〕：上古時代，河圖・洛書相繼以神秘姿態示現於人世間，據說曾啓示聖人製作一些推行教化之典章，後世效此一神秘圖式、矯作玄怪託古之文物事蹟〔註11〕，春秋以前所出之圖籙，數量極少，製作動機只在恭維聖王之瑞命，原無搭配經典以弘教化；周康王把所見之河圖，擺放在東序，孔子感嘆它們的神奇加以序錄，戰國以後（尤其是西漢哀帝平帝以後），講方伎、崇象數之士始大量託古造撰，依附經文而為枝裔，東漢又加入「讖」這一種矯古誑今之預言製作，河圖・洛書，這兩個呈示著矩陣排列之圖式，被視之為神秘的不可方務；但在現代人的眼中，可能也不過是有類於今日所說的「集體潛意識」〔註12〕吧。

這是對河圖洛書的大概解釋，以下我們將進入先天圖。

〔註9〕「朱熹認為，河圖洛書是天地自然之易的象數，伏羲八卦是先天之學的象數，文王八卦是後天之學的象數，卦變圖是孔子之易的象數。這四種象數雖然層次歷然，不可混淆，其實皆不外乎陰陽奇偶之動靜循環，至於其動其靜，則必有所以動靜之理，這就是所謂太極。」朱熹：《宋刊周易本義》，（北京・學苑出版社，2014年1月），頁15。
朱熹把劉牧的《河圖》作為《洛書》、把劉牧的《洛書》作為《河圖》，放在周易卷首。煩參李申：《周易與易圖》，（瀋陽：瀋陽出版社，1998年2月），頁106。

〔註10〕「夫神道闡幽，天命微顯，馬龍出而《大易》興，神龜見而《洪範》燿。故《繫辭》稱河出圖、洛出書，聖人則之，斯之謂也。但世夐文隱，好生矯誕，眞雖存矣，偽亦憑焉。」劉勰《文心雕龍》，（台北：天龍出版社），民72年1月，頁41。

〔註11〕「原夫圖籙之見，迺昊天休命、事以瑞聖，義非配經。故河不出圖，夫子有歎，如或可造，無勞喟然。昔康王河圖，陳於東序，故知前世符命，歷代寶傳，仲尼所撰，序錄而已。於是伎數之士，附以詭術，或說陰陽，或序災異，若鳥鳴似語，蟲葉成字，篇條滋蔓，必假孔氏，通儒討覈，謂起哀平，東序秘寶，朱紫亂矣。至於光武之世，篤信斯術，風化所靡，學者比肩，沛獻集緯以通經，曹褒撰讖以定禮，乖道謬典，亦已甚矣。是以桓譚疾其虛偽，尹敏戲其深瑕，張衡發其僻謬，荀悅明其詭誕，四賢博練，論之精矣。」劉勰《文心雕龍》，（台北天龍出版社），民72年1月，頁41～42。

〔註12〕榮格：《分析心理學：集體無意識》，（台北市：結構群文化公司），民79〔1990〕。

三、先天圖

先天圖的創作者據說是伏羲，實則是邵雍所作，該圖用的是卦象，表現的是陰陽消長的訊息，邵雍說《先天圖》是伏羲所作，其八卦方位：東（震）、西（兌）、南（離）、北（坎）、東南（巽）、乾（西比）、艮（東北）、坤（西南），主要是受到五行思想的影響，五行方位：北方水（坎）、南方火（離）、東方木（震）、西方金（兌），邵子曰：「乾南坤北，離東坎西，震東北，兌東南，巽西南，艮西北，自震至乾爲順，自巽至坤爲逆。」〔註 13〕五行說，康節說得「法密」〔註 14〕，五行被標誌於南北、東西、東北、東南、西南、西北等方位中，成爲構成世界的物質屬性，而這種物質屬性可與神秘的數字相結合，成爲一種獨特的封閉系統，而有著強烈的知識論導向：金可以和五臟的肺、五官的鼻、五音的商、五色中的白、五味中的辛、四時的秋、五方中的西相結合，而這幾種性質不相干的名目，都擁有共同「金」的原素。

《伏羲八卦方位圖》和《文王八卦方位圖》最早都見於朱熹《周易本義》，《文王八卦方位》見於《說卦傳》，「邵子曰：此文王八卦，乃人用之位，後天之學也。」〔註 15〕

〈文王八卦方位圖〉

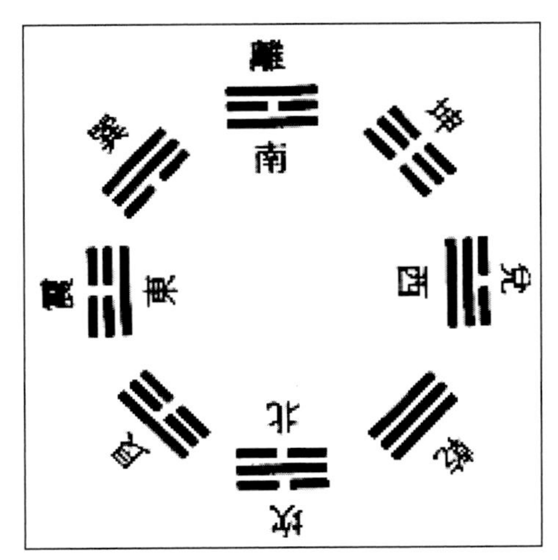

〔註 13〕朱子：《宋刊本周易本義》，（北京：學苑出版社），2014 年 1 月，頁 7。
〔註 14〕周敦頤：《周敦頤集》（湖南：湖湘出版社），頁 143。
〔註 15〕朱子：《宋刊本周易本義》，（北京：學苑出版社），2014 年 1 月，頁 16。

〈伏羲八卦方位圖〉

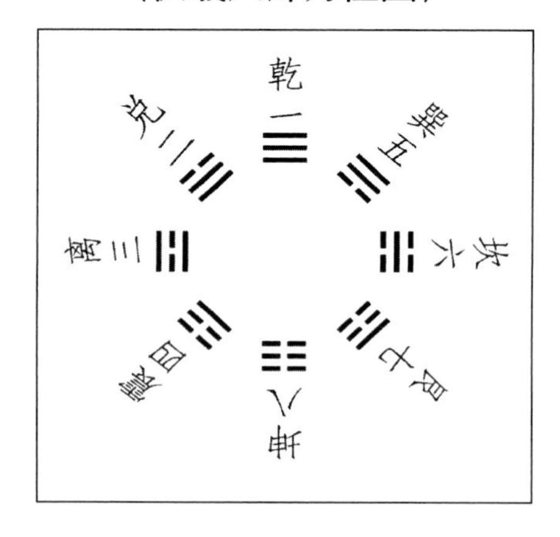

〈伏羲六十四卦方位〉

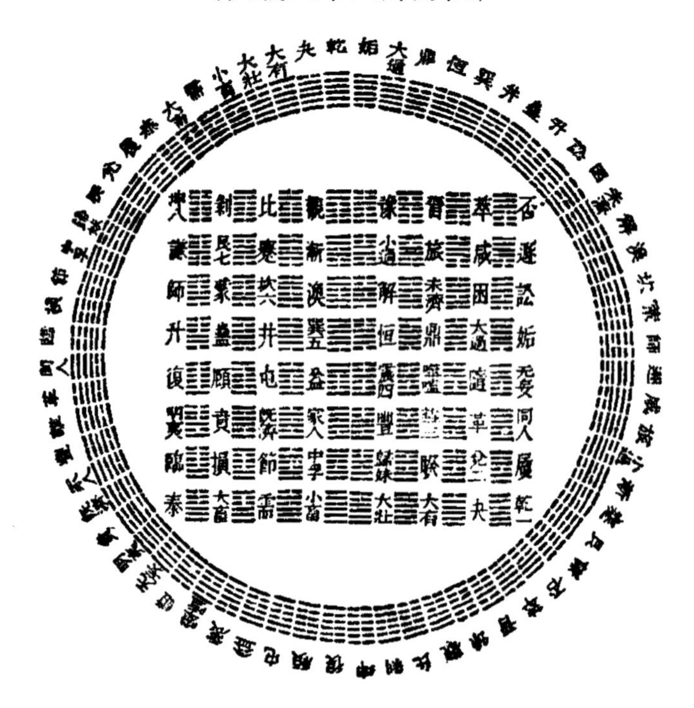

朱子在《周易本義》中列出了這伏羲六十四卦方位，並做出解釋：

右伏羲四圖，其說皆出邵氏，蓋邵氏得之李之才挺之，挺之得之穆脩伯長，伯長得之華山希夷先生。陳摶圖南者，所謂先天之學也。〔註 16〕

〔註 16〕朱子：《宋刊本周易本義》，（北京：學苑出版社），2014 年 1 月，頁 14。

朱子不能認定《先天圖》是邵雍的創作，他認爲《先天圖》應是伏羲所畫，由方士次第傳授下來，由陳摶傳到穆脩，穆脩傳給了李之才，最後傳到邵雍。當然，今天這樣的說法，已無法成立〔註17〕。

第二節　周濂溪的〈太極圖〉〔註18〕

〈太極圖〉是北宋易圖三大系統之一，而周濂溪本人更是宋明理學之創始者，〈太極圖〉及其圖說的重要性自不待言；研究〈太極圖〉的重點是先放在「圖」，而後再研究「圖說」，因爲是先有圖，而後才有圖說；〈太極圖〉出現在北宋中晚期，然而其論辯卻在南宋以後才正式開展。所以我們也先針對圖來進行討論。

〈太極圖〉的出處，南宋以來有四種講法〔註19〕：

1. 朱震所提倡的出自陳摶之〈先天圖〉(《宋史・朱震傳》)
2. 黃宗炎認爲此圖來自於道教描述煉丹的〈無極圖〉，由周敦頤將圖首尾顛倒，更名爲〈太極圖〉
3. 毛奇齡認爲周敦頤解說的〈太極圖〉就是《道藏》中的〈太極先天圖〉
4. 朱熹早先提倡周敦頤自創說，後又認爲張詠（曾受學於陳摶）有關陰陽的論述與周敦頤《太極圖說》相合，因而推斷周敦頤可能受張詠的啓發，得之於心，遂作〈太極圖〉以闡明天地萬物之理。

就周氏〈太極圖〉的流變而言，有朱熹改造之圖、有見於《正統道藏・周易圖》之圖、有見於楊甲《六經圖・大易象數鈎深圖》之圖、有見於朱震《漢上易傳卦圖》之圖。目前較爲通行的是朱熹改定的圖：

〔註17〕「《先天圖》不是伏羲時代的作品，而是邵雍解《易》之作，其中的天尊地卑、太極兩儀四象八卦是對成卦過程的一種解釋，也可以說是對於《易傳》的圖解，我們可以贊成〈先天圖〉對易的解釋，也可以反對，但無須把《周易》和〈先天圖〉混爲一談」李申：《周易與易圖》，(瀋陽：瀋陽出版社)，頁141。

〔註18〕太極圖和邵雍先天圖的差異在於：「太極不如先天之大，先天不如太極之精而約」煩參《宋元學案補遺》卷十二，〈濂溪學案補遺　朱子太極圖解說後記〉，清王梓材、馮雲濠，四明叢書第五集。

〔註19〕煩參陳鼓應：〈論周敦頤《太極圖說》的道家學脈關係——兼論濂溪的道家生活情趣〉《哲學研究》頁28，關於朱子對太極圖及其圖說的編訂，從孝宗乾道六年（1169）至淳熙15年（1188），歷時18年，可見朱子對太極圖的重視，但他對太極圖的來源問題，也歷經過三次的轉變。

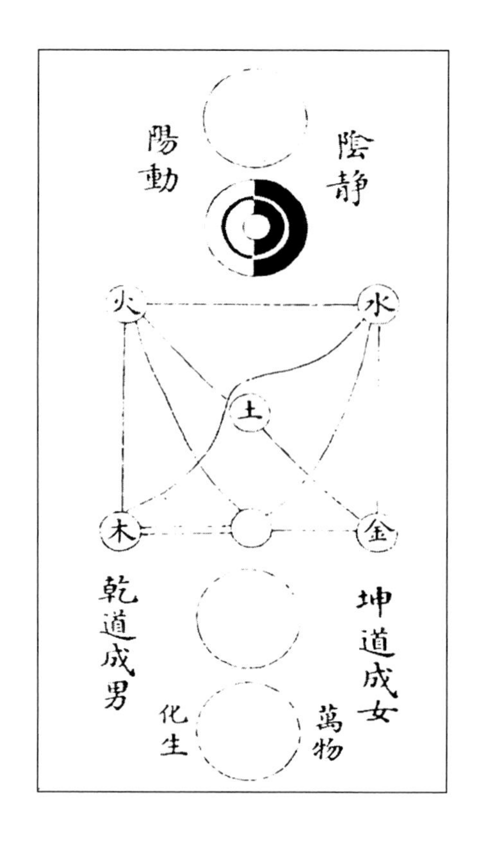

由上而下爲：

一、空心圖

二、水火匡廓圖

三、三五至精圖

四、空白圓圈：乾道成男，坤道成女

五、空白圓圈：萬物化生

朱子在南宋孝宗乾道十年（西元 1171 年）寫給湖南學者胡實（西元 1136～1173）的信「〈太極圖〉舊本，極荷垂示，然其意義終未能曉。如陰靜在上而陽動在下，黑中有白而白中無黑，及五行相生先後次序，皆所未明。……」〔註 20〕，湖湘學者胡實給朱熹看一種古本〈太極圖〉，當時有一種〈太極圖〉舊本，在乾道八年，朱子再度寫信給胡實，並表明自己更動過〈太極圖〉，今日學者所見的〈太極圖〉應是朱子改動後的〈太極圖〉〔註 21〕。但朱子對圖的更動，根據朱子自己的說法：「凡所更動，皆有依據，非出於己意之

〔註 20〕周敦頤：《周敦頤集》（湖南：湖湘出版社），頁 16。

〔註 21〕東景南：〈太易圖與太極圖〉，東南文化月刊社，1994 年第一期，頁 3。

私。」〔註22〕而朱子的知所更動，也是因「舊傳圖說，皆有謬誤」可知朱子認爲自己所更動改定之太極圖才是正確的版本。

另外，還有較早的朱震《漢上易傳卦圖》所附之圖：

〈太極圖〉

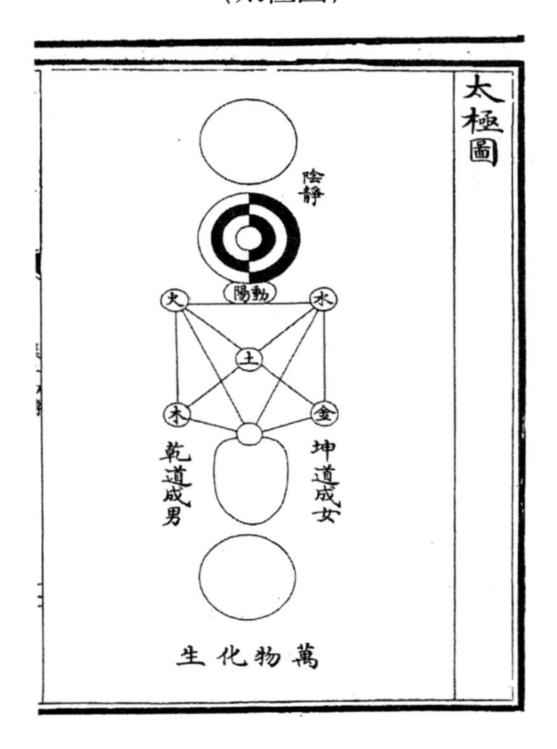

宋・朱震：《易卦圖》，卷上，頁七《通志堂經解》本。

此圖的特點：

1. 陰靜在上，陽動在下（不同於朱子平列式的陰靜陽動）
2. 黑中有白，白中有黑（水火匡廓：坎 ☵　離 ☲二卦）

而朱震這個版本，相信是目前所能看到周濂溪的太極圖最早的版本了。

〔註22〕周敦頤：《周敦頤集》（湖南：湖湘出版社），頁16。

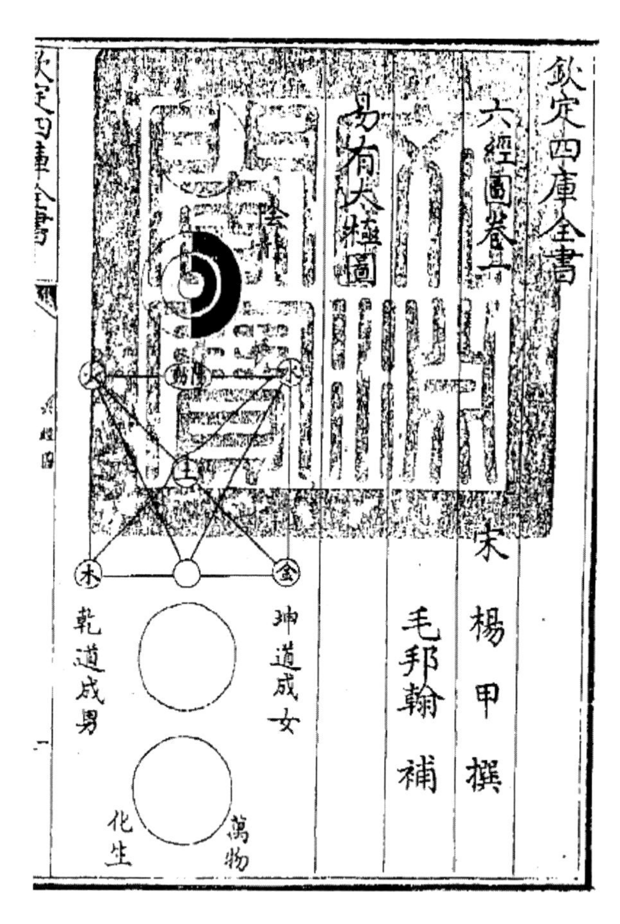

見於楊甲《六經圖・大易象數鈎深圖》之易有〈太極圖〉
（宋・楊甲撰，毛邦翰補：《六經圖》。《四庫全書》本，卷一，頁一）

楊甲編纂《六經圖》命名曰：《大易象數鈎深圖》有系統地整理北宋及北宋以前之易圖，《大易象數鈎深圖》主要有周敦頤的〈太極圖〉、劉牧河圖洛書、邵雍先天圖、京房、李之才、邵雍卦變圖〔註23〕，本圖之圖式特色爲「陰靜在上，陽動在下」而且「黑中有白，白中無黑」，所以很可能是朱子所言太極之舊圖。

濂溪〈太極圖〉，有些人認爲是周氏自作，如度正、朱熹、張栻等理學家，他們認爲〈太極圖〉是濂溪本身自創，非直接由某位、某派師承，而是他默契道體，自得於心而來，眞得于聖以來不傳之秘的道統聖人〔註24〕，《宋

〔註23〕煩參郭彧：《易圖講座・第十六講宋代的易圖——楊甲的六經圖》來源網頁：http://www.confucius2000.com/zhouyi/yjdljtdyxsgst.htm。

〔註24〕周子的友人潘興嗣寫作《濂溪先生墓誌銘》中有寫道：「周敦頤尤善談名理，

史》亦肯定周敦頤曾作〈太極圖〉及《太極圖說》（元・脫脫撰《宋史・周敦頤傳》）〔註 25〕；有些則學者則認爲來源於道士陳摶或僧壽涯，如朱震、陸九淵等認爲〈太極圖〉上有所承，朱震更列出〈太極圖〉的授受譜系，說〈太極圖〉出於道士陳摶之手。明末的黃宗炎《圖學辨惑》，清朝毛奇齡（《太極圖說遺議》）、胡渭（《易圖明辨》）、朱彝尊（《太極圖授受考》），是本唐明皇《上方大洞眞元妙經》所作之序，皆認爲〈太極圖〉非出自儒家，而出自於道圖。

在討論〈太極圖〉時，我們援引中國大陸當代學者如李申、郭彧等人，他們多以漢代象數易的方式，以圖式的結構入手，來解決歷代以來，包括朱子、黃宗炎、毛奇齡……以至民國以來的陳鍾凡、束景南、馮友蘭等人，關於〈太極圖〉是否出於道教或道士陳摶之手的問題，也就是他們主張周敦頤是自創此圖；另一方面我們也會根據清代毛奇齡、黃宗炎、胡渭、以及民國以來束景南的說法，來反證〈太極圖〉是出於道圖，最後我們從〈太極圖〉儒和道的歸屬中，做出整理，並顯示目前研究的取向和西方解釋學的若干觀點。

第三節　試論〈太極圖〉來源於道家或道教

〈太極圖〉是周濂溪自己創造，還是抄襲道教，一直是學術史上爭論不休的問題，要澄清此一問題，首先需要對宋以來關於〈太極圖〉來源於道家、道教的觀點作一番考辨。

首先提出〈太極圖〉授受關係並將其歸之於道士陳摶的是南宋初年學者朱震，他列出一個有關圖書之學的授受譜系：

> 陳摶以〈太極圖〉傳种放，放傳穆修，修傳李之才，之才傳邵雍。放以《河圖》、《洛書》傳李溉，溉傳許堅，許堅傳范諤昌，諤昌傳劉牧。穆修以〈太極圖〉傳周敦頤，敦頤傳程顥、程頤。〔註 26〕

深于易學，作《太極圖易說》、《易通》數十篇，詩十卷，今藏於家。」度正寫作《周敦頤年譜》，他肯定〈太極圖〉〈太極圖說〉均爲周氏的自作。煩參周敦頤：《周敦頤集》（湖南：湖湘出版社）。

〔註 25〕「周敦頤出於舂陵，乃得聖賢不傳之學，作《太極圖說》及通書」元・脫脫等撰《宋史・道學傳》列傳第 168，上海：古籍出版社，頁 1440。

〔註 26〕煩參梁紹輝：《周敦頤評傳》（南京：南京大學出版社），1994 年，頁 104。另請參明・黃宗羲撰：《宋元學案　濂溪學案》（台北：世界書局），頁 299。

附圖一　太極先天之圖〔註 27〕

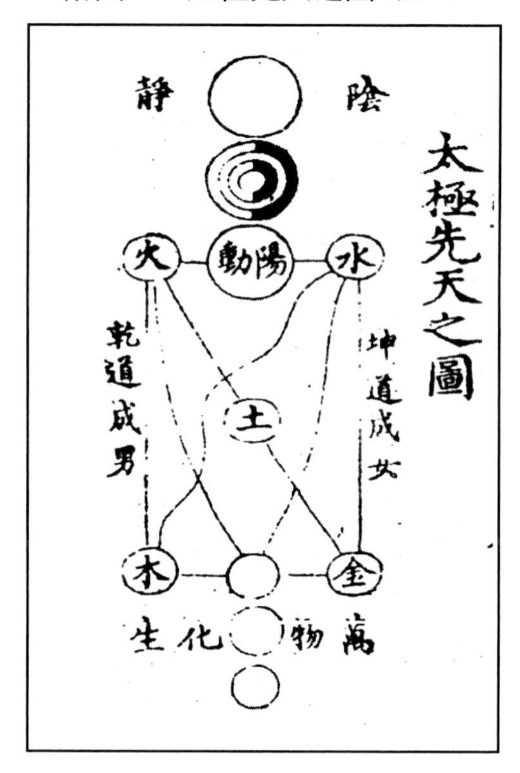

（《上方大洞眞元妙經圖》。《正統道藏》本）
請參正統道藏電子文字資料庫，洞玄部靈圖類（CH0204）

根據朱震的說法，〈太極圖〉並非周敦頤「自得於心」，而是通過「陳摶——种放——穆修——周敦頤」的授受譜系而來。朱震的說法在當時以及後世的影響很大，但是，這種說法很快就受到懷疑，因爲穆修、周敦頤之間授受〈太極圖〉的說法遇到了一些疑問，朱震認爲〈太極圖〉傳之於穆修，並由穆修上溯到陳摶，但「穆死於明道元年，而周子時年十四矣」〔註 28〕，在

〔註 27〕本圖之圖說「粵有太易之神，太始之氣，太初之精，太素之形，太極之道。無古無今，無始無終也。故易有太極，是生兩儀，兩儀生四象，四象生八卦，八卦定吉凶，吉凶生大業。」也因此束景南根據此一圖說，判太極先天圖爲周氏太極圖之來源：「粵有太易之神，太始之氣，太初之精，太素之形，太極之道……。這種獨特的宇宙生化說是描述宇宙從太易（未見氣）到太極（形質之具，即物之成）的演化過程，它不是以『太極』爲本原，而是以太易爲始基。」請參束景南：〈太易圖與太極圖〉，東南文化，1994 年，第一期，頁 6。

〔註 28〕明・黃宗羲撰：《宋元學案　濂溪學案》（台北：世界書局），頁 299。

此沒有任何文獻的可證明周子得到陳摶傳授的此一觀點；南宋陸九淵和他哥哥梭山也相信〈太極圖〉來源於道家，進入清代之後，朱彝尊作《太極圖授受考》，也跟隨著陸象山與陸梭山，認爲周敦頤的〈太極圖〉出於唐代就有的《上方大洞眞元妙經》，他並且認定，太極圖來源於認爲《上方大洞眞元妙經》之〈太極先天圖〉：

> 自漢以來，諸儒言易，莫有及〈太極圖〉者。惟道家者流，有《上方大洞眞元妙經》，著太極、三五之說，唐開元中明皇爲制序。〔註 29〕

清儒中對太極圖用力甚深的毛奇齡、朱彝尊等通過對道教典籍的考證，證明周敦頤〈太極圖〉來源於道家。〔註 30〕

黃宗炎認爲〈太極圖〉來源於道圖，而且「亂其先後、義亦畔矣」〔註 31〕，在其批判宋代圖學的大作《圖學辨惑》〔註 32〕一書中，他認爲周敦頤的〈太極圖〉來源於陳摶之無極圖，只是「顚倒其序，更易其名」；道教內丹煉養的過程，是由下而上，從提煉身體下部的祖氣開始，上行貫通五臟，結爲聖胎，最後的目標是在煉神還虛、復歸無極。（煩參附圖二）

〔註 29〕朱彝尊《太極圖授受考》曝書亭集下，卷 58，（台灣商務印書館），頁 925。

〔註 30〕朱震以下，包括胡宏、陸九淵、清代毛奇齡、黃宗炎、朱彝尊，和民國的學者馮友蘭都認爲〈太極圖〉是來源於道教的煉丹圖；毛奇齡認爲陳摶取了《上方大洞眞元妙經品》的圖，改爲太極圖，傳給周濂溪；黃宗炎認爲太極圖是河上公煉丹之術，考河上公本圖名無極圖，魏伯陽得之以著參同契，陳摶傳爲無極圖，再傳至北宋的周敦頤；朱彝尊在《太極圖授受考》中說：「自漢以來，諸儒言易，莫有及太極圖者，惟道家者流，有《上方大洞眞元妙經》著太極三五之說，唐開元中明皇爲制序；而東蜀魏琪注《玉清無極洞仙經》衍有無極太極諸圖。」清・朱彝尊《太極圖授受考》《曝書亭集》卷 58，台灣商務印書館，頁 925。

〔註 31〕「方士之五氣朝元，言化氣化神之後，墮肢體、黜聰明，搜一身之五臟，悉守其神氣，然後能坎離交媾，火不能炎之、山不潤下，而金丹聖胎成矣，茂叔於此二圖先有條理，吾不知氣質未露，條理安託？亂其先後。義亦畔矣。」黃宗羲：《宋元學案　濂溪學案》，（台北：河洛出版社），民 64 年，頁 126。

〔註 32〕【周易象辭二十一卷附尋門餘論二卷圖書辨惑一卷】，國朝黃宗炎撰，宗炎字晦木，餘姚人，宗羲之弟也，其說易力闢陳摶之學，故其解釋爻象，一以義理爲主，圖書辨惑一卷，宗旨大略相同。圖書辨惑謂陳摶之圖書乃道家養生之術，與元陳應潤之說合。謂周子太極圖說，圖雜以仙眞，說冒以易道，亦與朱彝尊毛奇齡所考略同。

附圖二　「陳圖南本圖」

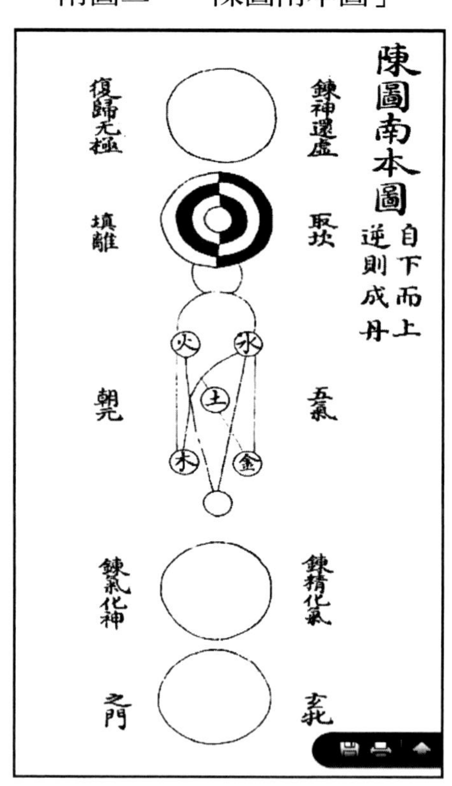

清・黃宗炎、黃宗炎，《圖學辨惑・圖學辨惑》

就黃宗炎的意見看來，周子〈太極圖〉乃是化用內丹家〈無極圖〉圖式結構進行化生萬物之道。他在《太極圖辨》中詳敘這張道圖說：「其圖自下而上，以明逆則成丹之法。」內丹修練的方法爲五氣朝元、三花貫頂：「煉精化氣、煉氣化神、煉神還虛，復歸於無極。」〔註33〕，所以黃宗炎說：「周子之

〔註33〕「其重在水火，火性炎上，逆之使下，則火不熛烈，惟溫養而和煥；水性潤下，逆之使上，則水不卑溼，惟滋養而光澤。滋養之至，接續而不已，溫養之至，堅固而不敗，其最下圈名爲元牝之門，元牝即谷神。牝者，竅也，谷者，虛也，指人身命門兩腎空隙之處，氣之所由以生，是爲祖氣。凡人五官百骸之運用知覺，皆根於此，於是提其祖氣上升爲稍上一圈，名爲煉精化氣，煉氣化神。煉有形之氣，化爲微芒之氣，煉依希呼吸之氣，化爲出有入無之神，使貫徹於五臟六腑，而爲中層之左木火、右金水、中土相聯絡之一圈，名爲五氣朝元。……又其上之中分白黑而相間雜之一圈，名爲取坎填離。……又使復還於無始而爲最上之一圈，名爲煉神還虛，復歸無極。……蓋始於得竅，次於煉己，次於和合，次於得藥，終於脫胎求仙。眞長生之秘訣也。」

〈太極圖〉，創自河上公，乃方士修練之術也，實爲老莊之長生久視，又屬旁門。」〔註34〕

束景南在〈周敦頤太極圖說新考〉及〈太極圖與太易圖〉中再根據黃宗炎的說法，提出順逆之說〔註35〕：內丹修煉之法是逆則成丹，而太極圖乃顚倒其序，言順則生人，太極圖說的首句：「無極而太極」就是順而生人、逆則成丹的「無極←→太極」的可順可逆的說法，順著束景南，我們可以得出：道教逆施成丹的〈無極圖〉與順行造化的〈太極圖〉是一圖的二用，從這裡可找到周敦頤《太極圖說》中首句「無極而太極」思想的源頭，束景南並認爲這樣已經解決了北宋朱陸無極與太極的長期爭論，以及太極圖到底是來源於道圖還是周氏自己自創的問題。

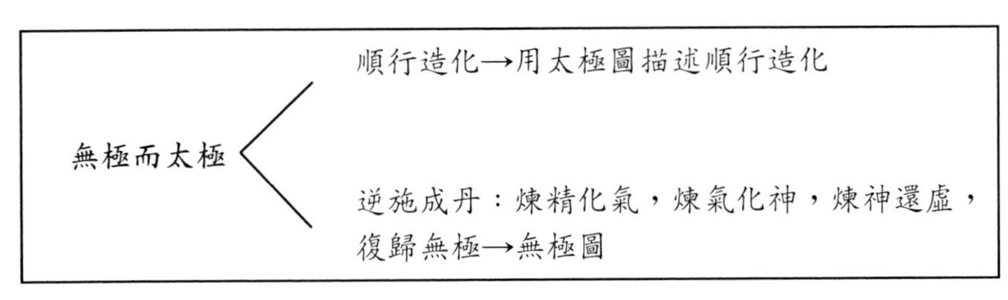

毛奇齡在《太極圖說遺議》一書中，考證〈太極圖〉來源於隋唐之時道家著作，當時名稱爲《太極先天之圖》，他認爲《道藏》中的《上方大洞眞元妙經品》中即載有此圖，他並根據其中的《唐明皇御制序》，肯定這個《太極先天之圖》爲隋唐時期作品，並認爲此圖爲陳摶所竊取而傳至周敦頤。從圖形上比較，〈太極先天圖〉與〈太極圖〉十分相似，因此毛奇齡也作出〈太極圖〉來源於這幅〈太極先天圖〉的結論。〔註36〕

毛奇齡在《太極圖說遺議》中所錄的圖，是採用他所見的《道藏》中的〈太極先天圖〉（請參附圖），但今人發現到毛奇齡所引的圖與今本道藏的〈太

黃宗羲：《宋元學案　濂溪學案》，（台北：河洛出版社），民64年，頁127。

〔註34〕黃宗羲：《宋元學案　濂溪學案》，（台北：河洛出版社），民64年，頁127。

〔註35〕「道教關於無極與太極的道圖，有逆則成丹的無極圖、順行造化的〈太極圖〉。順行造化的圖式可以《道藏》第一百九十六冊《上方大洞眞元妙經圖》中的《太極先天之圖》爲代表（見附圖一），據說，在隋唐之間，有道士作《眞元品》者，先竊其圖入品中，爲《太極先天之圖》。該圖最上圈爲『陰靜』，這是道教的宇宙生化圖式。」束景南：〈周敦頤《太極圖說》新考〉《中國社會科學1998第2期》，頁87～97。

〔註36〕煩參李申著：《易圖考》（北京，北京大學出版社，2001年2月），頁22第一章第五節〈毛奇齡論周氏太極圖淵源〉。

極先天圖〉不同，但竟與南宋朱震所進的〈太極圖〉是一致的。〔註 37〕

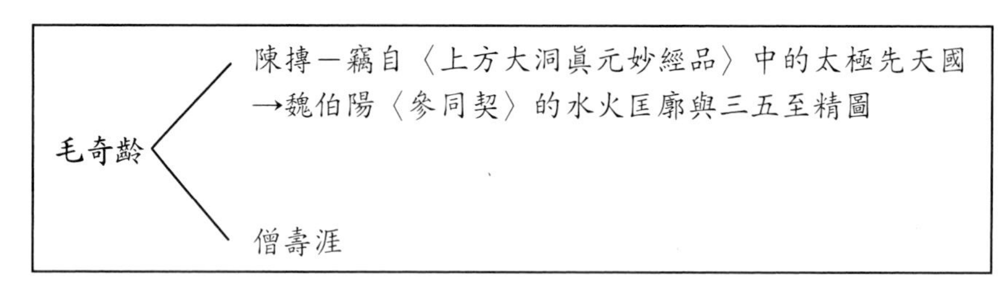

毛奇齡在《太極圖說遺議》中解釋〈太極圖〉之來源：「太極無所爲圖也。況其所爲圖者，雖出自周子濂溪，爲趙宋儒門之首，而實本之二氏之所傳。」〔註 38〕二氏乃佛道二氏，在道教方面合魏伯陽《參同契》中〈水火匡廓圖〉與〈三五至精圖〉兩圖爲一圖，在佛家方面則傳自僧壽涯；但如此傳授的方式，如前之述，是有時間方面的疑問，因陳摶死宋太宗端拱二年（公元 989 年）比周敦頤出生的宋眞宗天禧元年（西元 1017 年）早了 28 年，壽涯是潤州鶴林寺的僧人，而周敦頤去鶴林寺是在景祐四年（年 21），但陳摶也曾師麻衣，麻衣即壽涯也，這樣就成了「壽涯 80 年前是陳摶的老師，80 年後又成了周敦頤的老師」，難怪連毛奇齡自己也要說：「時稍相去，濂溪或不能從學。」〔註 39〕

毛奇齡後來做了〈復馮山公論太極圖說一文〉，修正其於《太極圖說遺議》裏頭某些未盡完善的意見。在〈太極圖〉的淵源上，補充了先前淵源於道圖

〔註 37〕總結毛奇齡論說，可歸爲以下三點：「1. 周氏《太極圖》一面來自道教，一面來自佛教　2. 道教《周易參同契》有〈水火匡廓圖〉與〈三五至精圖〉，保存於彭曉注本中，隋唐間道士將二圖合爲《太極先天圖》載入《上方大洞眞元妙經品》，唐玄宗親自制序，編入道藏，陳摶竊其圖，一分爲二，一爲〈先天圖〉，一爲〈太極圖〉，〈太極圖〉傳給周敦頤 3.周氏〈太極圖的佛教淵源，一爲他曾師事壽涯，一爲唐圭峰宗密〈十重圖〉。」李申：《易圖考》，北京：北京大學出版社，2001 年 2 月。

〔註 38〕周敦頤：《周敦頤集‧附錄》（北京：中華書局，1990 年點校本），頁 140～148。

〔註 39〕梁紹輝：《周敦頤評傳》，（南京南京大學出版社），1994 年，頁 113。另請參陳家鈴：《北宋時期對釋道思想的融合：以周濂溪爲考察》，元智大學中文研究所碩士論文，2014 年 6 月，頁 25：「在宋元學案記載中，曾提及壽涯禪師精通太極圖的部份：陳又得先天圖於麻衣道者，皆已授种放，放以授穆修與僧壽涯，修以先天圖受李挺之，挺之以授邵天叟，天叟以授子堯夫。修以無籍圖授周子，周子又得先天地之偈于壽涯。」從陳摶死到周濂溪與壽涯相遇，中間已長達 49 年，外加上陳摶師麻衣的時間點，應當也二三十歲了，所以才說「時稍相去，濂溪或不能從學。」但麻衣是否就是僧壽涯，在這裡，仍需要考據。

的看法，進而認為禪宗〈十重圖〉可能也是〈太極圖〉的來源之一〔註40〕。

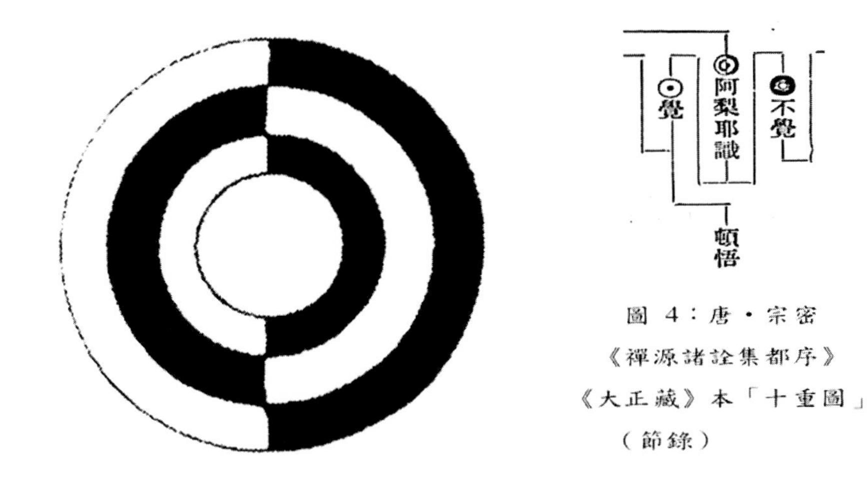

圖 4：唐・宗密
《禪源諸詮集都序》
《大正藏》本「十重圖」
（節錄）

我們可將〈太極圖〉的授受用以下之方式來表達：

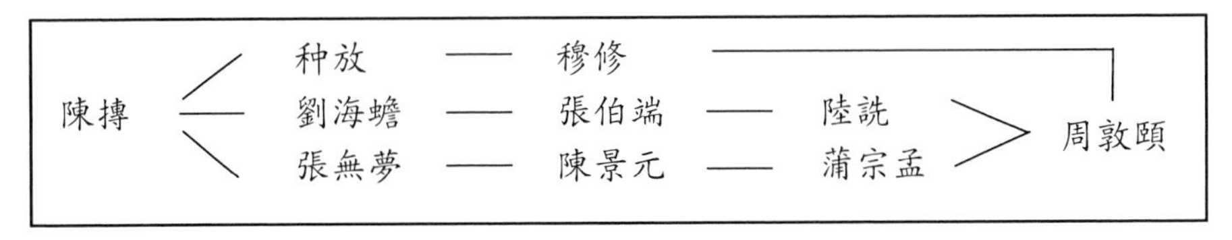

（煩參束景南：〈周敦頤太極圖說新考〉）

周敦頤〈太極圖〉為了形象化、具體化其學說《太極圖說》的內容，而選擇類似道圖中的坎離圖式（陰陽）、五行圖式，並非僅是一味抄襲。我們會發現雖然周敦頤太極圖的第二三層圖式雖有取自坎離匡廓及三五至精圖的部份，但是他賦與此圖不同於道圖的嶄新涵義〔註41〕，這層的新的涵義，並非

〔註40〕『乃其所傳者，則又竊取魏伯陽《參同契》中《水火匡廓》與《三五至精》兩圖，而合為一圖』，「水火匡廓圖」是道教用來描述鉛汞交媾的外丹燒煉與坎離交媾的周天修練功法，「坎離匡廓圖」又稱「水火匡廓圖」，圖之左半為「離」卦（☲）之象，二白為陽爻，中間一黑為陰爻；右半為「坎」卦（☵）之象，二黑為陰爻，中間一白為陽爻，它本於《周易參同契》中說的「坎離匡廓，運轂正軸」。請參楊雅妃：〈周敦頤太極圖圖式結構試探〉國立高雄師範大學第六南區五校中研所論文研討會 www.ncku.edu.tw/~chinese/journal/southern-colleges/6th/08.doc。

〔註41〕若與太極圖說一起參看，會發現太極圖與太極圖說無法相合，故而有學者主張（如曹樹明、田智忠）：太極圖與圖說並非出自一人之手，煩參曹樹明、田智忠：〈太極圖與太極圖說五行說比較研究〉《周易研究》，2003 年第 4 期。

是如束景南或清儒所認定的五行系統，而是漢儒的象數易以及「播四時於五行」和「分土王四季」等漢代律曆的概念，關於此一問題，會在下一節再做處理。

底下，我們將從圖式結構的方式入手，來論證〈太極圖〉出於道教和道圖。

第四節　從圖式結構來看太極圖來源於道圖

從圖式結構來解明太極圖，其第一位是○：

第一位，畫一圈作「無極而太極」

「無極」此詞來自《老子》的「復歸於無極」，所以「無極」這個詞最早見於道家典籍，就儒家經典而言，無「無極」之說，就算是「太極」，亦是見於《易傳》「易有太極」，而道家常用「極」字，如《老子》:「致虛極，守靜篤」(十六章)、「禍兮福之所倚，福兮禍之所伏，孰知其極」(《老子》第五十八章)、「無不克則莫知其極」(《老子》第五十九章)、「常德不德，復歸於無極」,《莊子》:「猶河漢而無極」(〈逍遙遊〉)、「以遊無極之野」(〈在宥〉)、「澹然無極」(〈刻意〉)、莊子所謂無極即無窮。

「太極」之說，道家方面亦見於〈大宗師〉:

> 夫道有情有信，無爲無形，可傳而不可受，可得而不可見，自本自根，未有天地，自古以固存。神鬼神帝，生天生地。在太極之先而不爲高，在六極之下而不爲深。先天地生而不爲久，長於上古而不爲老。〔註42〕

這段乃形容太極，莊子的「道」是在太極之先、六極之下，這裡太極代表著宇宙始源，所以道比宇宙的始源還要久長；這裡莊子所言的太極與周濂溪的太極不同，周氏的太極即是道體，太極圖說的劈頭第一句話就是說:「無極而太極」；從字詞來看:「極」爲老莊所習，而非儒家常見，另外「無」亦是道家的名詞而罕見於儒，周濂溪借用了道家的名詞但賦予了一種不同的概念。

但關於無極而太極的說法，很多的主張也認爲不僅是無極一詞來源於道家，無極更爲煉丹之丹法，如朱彝尊在《太極圖授受考》中便提到：

〔註42〕《莊子今註今釋》陳鼓應註釋，北京：商務印書館，2007年，頁213。

『陳摶居華山，曾以《無極圖》刊諸石，為圖者四，位五行其中，自下而上。初一曰玄牝之門；次二曰煉精化氣，煉氣化神，次三五行定位，曰五氣朝元；次四陰陽配合，曰取坎塡離；最上曰煉神還虛，復歸無極，故謂之《無極圖》。乃方士修煉之術。〔註 43〕』

無極而太極的問題，是周濂溪儒道爭訟的焦點所在，我們還會再做更仔細的審定，在此先行從略。

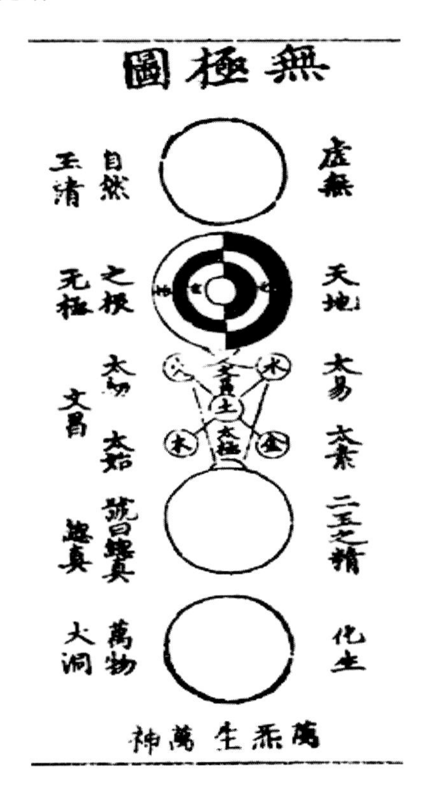

第二位：白中有黑、黑中有白，取自道教「坎離匡廓圖」：

這個第二位圖式，在各個版本稍有不同，但白色代表陽，黑色代表陰卻不會改變，在個版本的圖式中有些白色的線很細，細到快要成為沒有，使得坎離成為乾坎，一般認為本圖式來源於道教之水火匡廓，朱熹在《周易參同契考異》中所解釋的「坎離匡廓，運轂正軸」：

凡言易者皆陰陽變化而言，在人身所謂金丹大藥者也，然則乾坤其爐鼎歟？乾坤位乎上下，而坎離升降於其間，如車軸之貫轂以運軸，

〔註 43〕朱彝尊《太極圖授受考》曝書亭集下卷五十八，商務印書館。

一下而一上也……。〔註44〕

太極圖的第二層圖式很明顯地在模仿坎離匡廓〔註45〕，而坎離匡廓爲道教之道圖。

胡渭在《易圖明辨》中對此水火匡廓有如此之解釋，坎離是水火，而匡廓指大的容器：

> 何謂坎離匡廓？蓋陽承陰則〈乾〉中虛而爲離，陰承陽則〈坤〉腹實而爲〈坎〉，故〈坎〉〈離〉繼〈乾〉〈坤〉之體而爲陰陽之匡廓，比〈乾〉〈坤〉之於〈坎〉〈離〉，猶車輻於轂軸，〈乾〉〈坤〉正〈坎〉〈離〉之輻，〈坎〉〈離〉輳〈乾〉〈坤〉之轂。〔註46〕

在此都是將人的身體當作煉丹之大熔爐，丹道以乾坤爲爐鼎，就像人道是以父母二氣交感化生男女一般；煉丹的丹法是將人的祖氣由下往上提起，但太極圖的描繪方式則是由上往下，走的是順而生人的道路。

第三位：五行各一性，取自道教「三五至精圖」

三五指五行之合，中央土是一五，爲天五生土，左火與木共爲一五，爲地二生火，天三生木，右水與金共爲一五爲天一生水、地四生金，此三五之合歸於一元。

《三五至精》圖在於說明五行化爲一氣的過程，此爲周敦頤〈太極圖〉第三圖式以水、火、金、土呈現五行交錯之象的淵源，只是周敦頤在《圖說》中將「三五之精」改爲「二五之精」，「二」指一陰一陽，「五」指五行之氣，由第二、第三圖式進而說明萬物生成的演化歷程，此其獨到創見之處。〈太極圖〉不符合此前儒家易學之傳統，所以應當由《周易參同契》丹道在唐及五代的發展來理解周敦頤〈太極圖〉。

〔註44〕朱子：《周易參同契考異》中國哲學書電子化計劃（欽定四庫全書）煩參網頁。

〔註45〕「乾坤者，易之門户，眾卦之父母。坎離匡廓，運轂正軸，牝牡四卦，以爲橐籥。覆冒陰陽之道，尤工御者，准繩墨，執御轡，正規距，隨軌轍，處中以制外，數在律歷紀。」《參同契箋注直指上篇》請參中國哲學書電子化計劃 http://ctext.org/wiki.pl？if=gb&chapter=156633 中間也寫到此一煉丹之丹法：「金丹之道，一《易》道也。《易》道以乾坤爲父母，丹道以乾坤爲爐鼎。有父母，然後有男女。有男女，則陰陽交感，造化於中，生生不息」同前。

〔註46〕請參楊雅妃：〈周敦頤太極圖圖式結構試探〉，國立高雄師範大學第六南區五校中研所論文研討會，www.ncku.edu.tw/~chinese/journal/southern-colleges/6th/08.doc。

五行

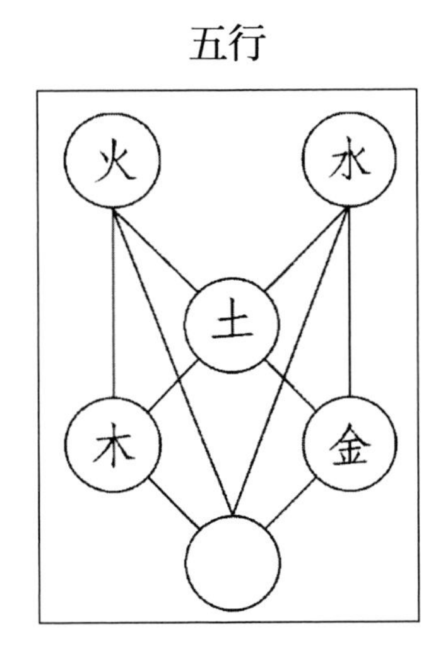

這裡描述完了學者對於太極圖來源道家與道教的解釋後，下一節將提出對此的反駁，而主張太極圖應爲濂溪之自製與創造。

第五節　關於〈太極圖〉來源於道教、道家的反駁

雖然從濂溪一生對道家與道教的交涉與他作爲思想家的生平事蹟，在在都可看出道家與道教的影響，而從太極圖的外觀和太極圖與道圖的意義來比附，從朱震到清儒，幾乎一口咬定太極圖就是道圖，或抄襲自道圖，但歷代以來從潘興嗣到郭彧、李申均持反對意見，茲將反對之意見羅列於下：

一、現今最早的〈無極圖〉出現於南宋寧宗年間，時間晚於濂溪〈太極圖〉

黃宗炎認爲：〈太極圖〉來源於道教的無極圖〔註47〕，並將陳摶的〈無極圖〉與周敦頤的〈太極圖〉作了比較，以證明〈太極圖〉源於〈無極圖〉。從外觀來看，兩圖的確非常相似，但是，哪一個圖在先呢？黃宗炎卻並沒有提供有力或確實證據，他談到陳摶曾刻〈無極圖〉於華山石壁，但任誰都沒有看過此一石壁〔註48〕，而且，目前能夠找到的〈無極圖〉，並不在陳摶那裡，

〔註47〕黃宗義：《宋元學案　濂溪學案》，(台北：河洛出版社)，民64年，同註207。

〔註48〕雖然並沒有任何證據能證明陳摶曾在華山壁上刻過這幅無極圖，但也無法全盤否認得了道教有這樣的順逆之說，而且其起源也未必在太極圖之後，這樣的說法見於鄭吉雄：「黃宗炎關於順逆的看法，亦非無中生有之想，他可能是

而是在南宋道士白玉蟾（1194～1229年）的書中。〔註49〕

白玉蟾係南宋寧宗時人，屬道教南宗〔註50〕，其《海瓊玉蟾先生文集》〔註51〕有《無極圖說》，分「順生人」和「逆成丹」兩層，其思想觀點和黃宗炎所說陳搏的〈無極圖〉十分類似〔註52〕，但很明顯地，從時間上看來，白玉蟾晚於周濂溪，那又有什麼理由來說〈太極圖〉源於〈無極圖〉呢？而南宋度正認爲〈太極圖〉爲濂溪所自創，而且〈太極圖〉與圖說都必須出自周濂溪之手：

> 先生稟生知之異質，加以汲汲於學，所謂不由師傳，默契道體者……今觀《太極圖說》精妙微密，與《易大傳》相類，蓋非爲此圖者不能爲此說，非爲此說者不能爲此圖，義理混然，出于一人之手，絕非前人創圖，後人從而爲之說也。〔註53〕

以濂溪的學思及生命化境，他也不可能繪出以抄襲爲樂、作毫無意義價值的太極圖，所以多位學者如鄭吉雄、郭彧、李申……等等學者主張：是道圖抄襲了太極圖。

二、儒家文獻較道教經典的可信度爲高

道教經典即引錄儒家文獻，並進而改頭換面將道教以外的學說轉易以後，據爲己有的情況，這類例證其實很多，主要在於道教之旨在於修煉，修道者對於思想的傳達，並不似歷代儒家學者必須將自深思想建立在文獻的詮釋上，文獻對他們而言是次要的。〔註54〕

觀察過元代道士陳致虛《上陽子今丹大藥圖》中的太極順逆之圖或類似之圖，而對於相關之圖形有此一理解。」鄭吉雄：《易圖象與易銓釋》（台北：台大出版中心），2004年6月，頁254、頁170。

〔註49〕煩參朱漢民：〈周敦頤《太極圖》與道教〉2004-10-15 http://webcache.googleusercontent.com/search？q=cache：etxJs9byH-

〔註50〕白玉蟾（1194年～1229年），字如晦、紫清，號海瓊子、武夷散人。本姓葛名長庚。後來母親改嫁，繼爲白氏子，遂易姓白，又名白玉蟾。南宋人，祖籍福建閩清，生於瓊州瓊山。爲道教金丹派南五祖之一，是內丹理論家。一般認爲，白玉蟾組織了金丹派南宗的教團組織，爲南宗的實際建立者。

〔註51〕（宋）葛長庚撰明新安劉懋賢刻本卷三。

〔註52〕煩參朱漢民：〈周敦頤《太極圖》與道教〉2004-10- 來源：網頁15 http://webcache.googleusercontent.com/search？q=cache：etxJs9byH-

〔註53〕周敦頤：《周敦頤集》梁紹輝點校，（湖南：湖湘出版社）。

〔註54〕鄭吉雄：《易圖象與易銓釋》，台大出版中心，2004年6月，頁155。

即使有證據能夠證明，在周敦頤以前，的確存在有類似〈太極先天圖〉和〈無極圖〉一類的圖式，實在也不能證明什麼，如果〈太極圖〉的確出於周氏本人所創發的理念，雖然他也曾或多或少受到道圖的啓示或影響，我們仍應將〈太極圖〉的著作版權歸屬在周子名下，而非道教的陳摶、壽涯乃至宗密等等。圖的有趣和易圖的奧妙在這裡，在一個簡單的圖象之內，包羅整個宇宙創化的藍圖，鋪天蓋地的搭建起宇宙創生的大廟，雖然外觀看來很神似一間道觀，試以基督教的十字架和太極圖來做對比，例如以「十」字以交叉旋轉不就是一幅太極圖嗎？太極圖與十字架，其實是兩種東西方文化宗教的圖騰符號，但它們卻有著基本抽象的符號，象徵著東西方文化的不同特色，太極圖思維：內向、封閉、直觀、平衡、思辯，而十字架思維：外向、開放、理性、擴張、機械：以抽象的幾何圖行來談宇宙創生，其實是有其相同性的。

三、道教徒將〈太極圖〉改爲道教修煉圖〔註 55〕

不是周敦頤抄襲道家修煉圖而作〈太極圖〉，而是道家將周敦頤的〈太極圖〉改成了各式各樣的修煉圖，我們從圖象內涵的模式方面與〈太極先天之圖〉相比較即可知〈太極先天之圖〉是周氏〈太極圖〉之衍圖〔註 56〕，因爲〈太極先天之圖〉比〈太極圖〉粗糙得太多了，這是肉眼就可以辨明的，例如名畫的贋品，不管外觀看來有多相似，在細節方面總會顯得破綻百出，但如果就算是贋品，卻出於名家之手，像張大千與敦煌壁畫，那可能就要另當別論了。

另一則證據出現在《上方大洞眞元妙經圖》的《道妙惚恍之圖》：

> 其中云「眞君在武當山中」，武當修行神本號玄武神，至宋眞宗時始改玄武神爲眞武神，其後又稱眞聖、眞君。又：「山谷云：吾欲亡言，觀道微妙」。山谷係北宋黃庭堅之號。由此可見，其圖説爲北宋以後作品無疑。此外，其《上方大洞眞元妙經圖》中有《唐明皇御制序》唐朝避諱很嚴，對太宗名諱更甚，故而這個御制序顯然是僞作。〔註 57〕

〔註 55〕李申著：《易圖考》，（北京：北京大學出版社），2001 年 2 月，頁 58。請參第一章十九道士將《周氏太極圖》改造成《太極先天圖》。

〔註 56〕其中很簡單的一種作法就是：從圖形上來看，太極先天之圖比太極圖粗糙太多了，其第二層的圖式甚至讓人搞不清楚是坎離還是乾坎二卦。

〔註 57〕李申著：《易圖考》，（北京：北京大學出版社），2001 年 2 月，頁 32、35～36。

從圖的說中，我們可以猜想圖所出現的年代，應當不可能早於宋代黃庭堅的生年（1045 年～1105 年）所以，從以上的證據，我們不能說周濂溪的〈太極圖〉抄襲或來源於道教的道圖。

據清學者毛奇齡考證，東漢魏伯陽作《周易參同契》，曾繪有《水火匡廓圖》、《三五至精圖》等圖，但包括彭曉所注的本子均沒有毛奇齡所說的《水火匡廓圖》與《三五至精圖》，可見，毛奇齡的考據同樣不能證明太極圖源於道家、道教。〔註 58〕

底下我們將從象數易的方式，從圖式的結構著手，來證明太極圖應爲周濂溪所自創的圖。

第六節　從圖式結構來看〈太極圖〉爲濂溪之自創

從圖式結構來解明〈太極圖〉，是中國大陸現在學者像像李申、郭彧、林忠軍、任俊華……等當代學者十分流行的作法，周濂溪對宇宙創生的解釋，乃是從○→○＋●－，是一分爲二，○+●－二分爲四（推衍出四象），然後再從四象導出八卦：○○＋＋、●●－－、○＋●－、●－○＋，乃至兩兩相重成爲六十四卦（天地萬物），而此種「母包子」(「太極」——「兩儀」——「四象」——「八卦」）和「一分爲二」乃是周濂溪繪製太極圖的基本思維模式（較接近象數易），而這五個圖層應「會五於一」來看。試將圖層的思維方式繪圖如下：

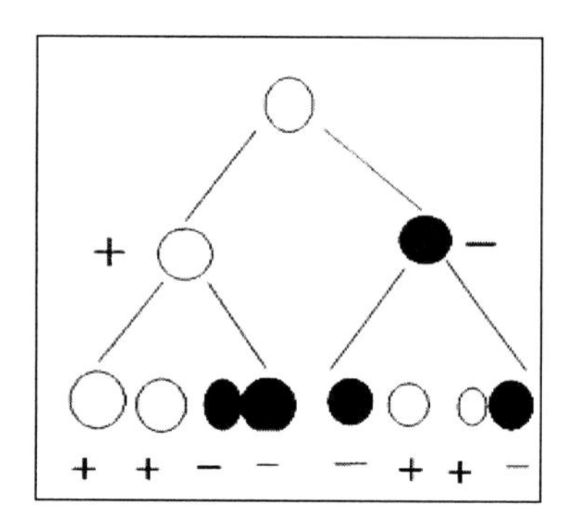

無極－太極－兩儀－四象－（八卦）

〔註 58〕「然查正統道藏，彭曉注《周易參同契》名《周易參同契分章通眞義》，其中並無《水火匡廓圖》與《三五至精圖》」李申著：《易圖考》，（北京：北京大學出版社），2001 年 2 月，頁 36。

掌握住此圖所繪製的基本鷹架之後，我們可以來看看歷代以來，主張太極圖是濂溪自創與來源於道圖這兩派爭議之焦點：即第二與第三圖層，從外觀來看，這兩圖層與道教的「三五至精」與「水火匡廓」也眞得很相似，可能是周濂溪在繪圖時，腦海中不由自主地浮現了這兩幅道圖的影像，然而，就該因此而斷定他在作抄襲的工作嗎？當然不是也不會，相信他的簡單幾筆或言簡意賅的幾條線，卻道出了儒與道的終極超越境界，在此無須嚴分儒道也無語言或任何教相需做分判的。道圖所言的「三五至精」和太極圖所說的「二五至精」是不同的，外加上第三層的圖式與「五行相生」的順序不合，用五行來看，太極圖所展開的順序是：水（冬）→火（夏）→木（春）→金（秋）→土（季夏），其中水火相剋木火也相剋，也難說四時順佈，馮友蘭很早便發現太極圖中的五行和四季並不相符：

> 按照次序，每年四季，應先冬（水）、次夏（火）、次春（木）、次秋（金）爲什麼五行的次序示四時次序不合，關乎此，他們沒有解釋。

〔註 59〕

所以會出現這樣的矛盾，乃是因主張太極圖來源於道圖的學者們，以五行（相生）的方式來審視此圖層〔註 60〕，所以會產生矛盾，但換一個方式，用數字的角度，本圖層就可以和合：北（1）→南（2）→東（3）→西（4）→中（土），而本圖層的四時順佈非本於五行相生而是「分土王四季」〔註 61〕

〔註 59〕〈曹樹明、田智忠〈太極圖與《太極圖說》之五行說比較研究〉，周易研究，2003 年第 2 期。

〔註 60〕五行；一曰水，二曰火，三曰木，四曰金，五曰土，水曰潤下，火曰炎上，木曰曲直，金曰從革，土爰稼穡，潤下作鹹，炎上作苦，苗直作酸，稼穡作甘。從漢之鄒衍以來，五行便被神秘化了，鄒衍說：「稱引天地剖判以來，五德轉稱，治各有宜，而符應若茲。」《史記・孟子荀卿列傳》，五德終始即意指金、木、水、火、土在人世間的位置是輪流轉換的，金德旺後有水德，水德之後有木德；反過來說，即有五德相剋之說，如金剋木，水剋火、木剋土、火剋金等，五德終始是歷史理論，但所依據的卻是神秘的宇宙相生相剋的法則。

〔註 61〕分土王四季：土分主四時，《管子・四時》云：「中央曰土，土德實輔四時」，首先提出土分主四時的觀點；《白虎通義・五行》則明確提出「土王四季各十八日」之說，認爲其原因乃在於：「木非土不生，火非土不榮，金非土不成，水無土不高。土扶弱助衰，歷成其道。故五行……」河圖之數最早可溯源至《尚書・洪範》所論五行之序，即：「五行，一曰水、二曰火、三曰木、四曰金、五曰土」對此次序的形成，孔穎達說：「三月，春之季，四季土位也，五陽已生，故五爲土數，此爲生數之由也……中宮而統乎四維，五爲數中，故土曰王。」此即爲「分土王四季。」煩參邢玉瑞：《黃帝内經理論與方法》，（陝

與「播五行於四時」〔註 62〕，底下將再作解釋。

分土王四季

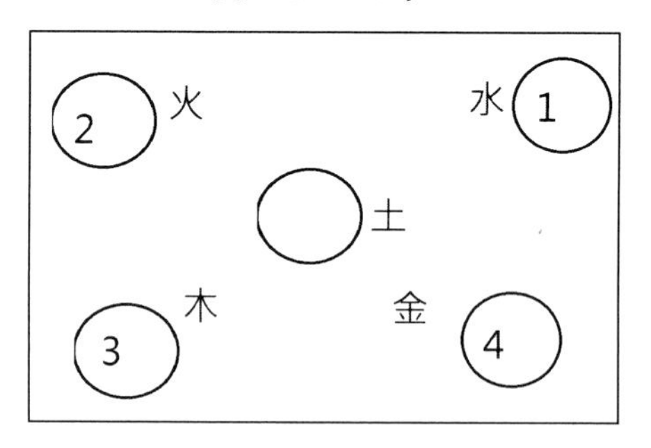

以數看

木數 3

王土數 5 則爲八

火數 2

王土數 5 則爲七

金數 4

王土數 5 則爲九

水數 1

王土數 5 則爲六

西：陝西出版社）第 159 頁。

〔註 62〕古代曆法的計算，土分王四季，較爲複雜，先求出土在各季用事之首日，四行所主之日不求可知，所以元嘉曆只求「土用事」。雖然，由於四立（立春、立夏、立秋、立冬）後日爲四行所主，四立之前日爲土王用事日，求土用事法便如《律曆志》所說：「置立春大小餘，小分之數，減大於 18，若右端第二項分子大於 8，則分式值大於 0.5，用四捨五入法，取爲 1 分，五行分土王四季的方法是以木、火、金、水、土所王，四季各有 18.4246 日，歸土所王，土王總日數亦有 73.4246 日，因木、火、金、水四行所主都是自相應季節的開端始，即二十四氣中的四雜推（工）求土王。皇極曆用五行中的土行」分王四季的辦法：土王日既明，其餘四行所王日不推可知，……土、火、金、水四行分主四季，都自四立始（木始立春，火始立夏，金始立秋，火始立冬），由於每行只主四個多節氣，每季實有六個節氣，剩餘的就由土行播「五行於四時」。《禮運》云：「播五行於四時，故五時謂之五辰」宋・沈括《夢溪筆談》卷七裡也說：「五行之時謂之五辰，書曰：擾於五辰是也」。對五行之義，孫星衍在《尚書・洪範》疏中引鄭康成話說：「行者，順天行氣。」又引《白虎通義・五行》篇云：「言行者，欲言爲天行氣之義也」劉洪濤：《古代：曆法計算法》南開大學出版社，2003 年，第 641 頁。

根據易緯乾鑿度：陽變七之九，陰變六之八〔註 63〕，故爲「分土王四季」。

播四時於五行

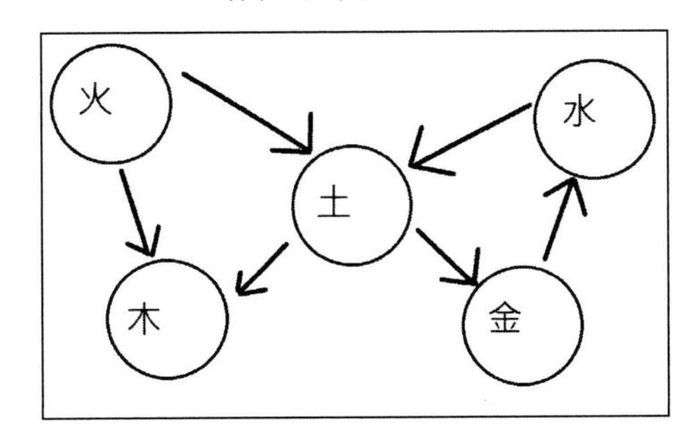

土→木→火→土→金→水→土，中和之氣→春氣→夏氣→中和之氣→秋氣→冬氣→中和之氣（四時行焉），此則爲五氣順佈。

二五至精

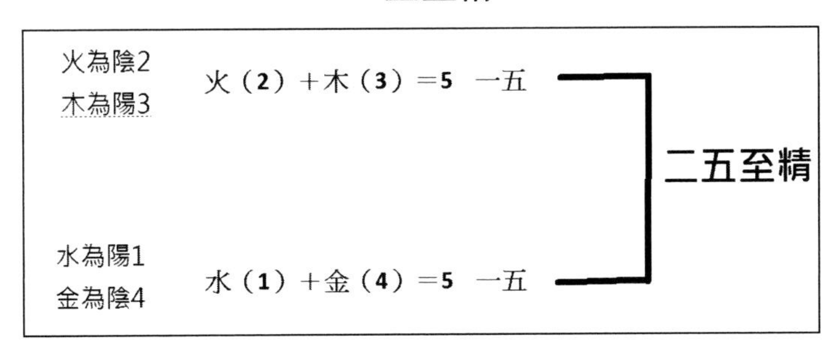

這種四時搭配五行的節氣，朱子也很早就注意到了，所以他在《語類》中說：「天地統是一個大陰陽，一年又有一年之陰陽，一日又有一日之陰陽，一日一時皆然。」〔註 64〕，雖然朱子所認定太極是理，但朱子用象數易的方式來理解太極圖，數是算氣之節候：天地統是一箇大陰陽，一年又有一年之陰陽，一月又有一月之陰陽；天一自是生水，地二自是生火，木者，土之精華也：「土無定位，故今曆家以四季之月十八日爲土，分得七十二日。若說播

〔註 63〕漢人所作的《易緯乾鑿度》也有：「太極分而爲二，故生天地，天地有春秋冬夏之節，故生四時。」又曰：「木德也主春生，金德也主秋成，火德也主夏長，山德也主冬藏。」，秦漢學者以天地爲兩儀、四季爲四象，因而有「播五行於四時」或「分土王四季」之說。

〔註 64〕煩參見《朱子語類》卷第一〈太極天地上〉http://www.guoxue123.com/zhibu/0101/01zzylf/004.htm

五行於四時，以十幹推之，亦得七十二日。」所以天有春夏秋冬，地有金木水火，人有仁義禮智，皆以四者相爲用。

對於太極圖來源於濂溪自創之反駁

但從朱子與度正以來的說法，同樣也受到許多太極圖來源於道家及道教學者的批評，當代許多學者如自李申、郭彧、任俊華、林忠軍等人發表太極圖爲濂溪自創之圖後，亦引起視太極圖來源於道圖的學者，如束景南、張其成……等人之反駁，本人簡單的將其批評之點歸納如後：

1. 《太極圖》來源於道圖，是《太極圖》沿襲了道圖而非反之

道圖有著淵遠流長的傳統，雖說大部份卻是都是沒有文獻流傳下來的，但也不能否認道圖的傳統中有著《太極圖》的影子，唐五代、宋有大量散佚的易書、道書、術書，無法單從我們現在所見的文獻作依據，也不能簡單地從圖說的文字就來推定圖的年代，宋以後的道教徒與易方家均可使用現成之圖來作圖說（也包括周敦頤），但並不等於此圖或圖說的就是完全一致：「道圖完全可以早於對它的文字解釋，而且周敦頤也可能從大量現今已不可得的文獻中看到相關圖式。」〔註65〕

2.《太極圖》圖式和它背後的觀念以及周濂溪的一生與道教相關，這是不可否認

周濂溪的確接受了某些道家的觀念如「至靜」、「無欲」……等等。太極圖其第二層與第三層圖式是受到周易參同契如「三五至精」、「水火匡廓」之影響，也是完全可能的（從圖式看來，二者的確十分相似）。

3.「三五至精圖」的前身是太易圖，而太易圖曾在隋唐五代流行。

三五至精圖乃是把五行加以鍛煉，交會歸於一元而，這一內煉思想早在盛唐就已經出現；而《道藏》中的「太極先天之圖」正是說明《太易圖》與「乾坎交媾」的道圖，可見它是一張更爲原始的圖稿，比「坎離交媾」的《太極圖》還要更早。〔註66〕

4. 順行造化與逆施成丹是一個方向正負相反的過程，道教的本體論與修煉法在這裡實現了對立統一

所謂《太極圖》或《無極圖》，就是以象明義，用圖式把順行造化與逆施

〔註65〕張其成《易圖探秘》，北京：中國書店，1993年，頁183～185。
〔註66〕請參束景南：〈太易圖與太極圖〉，東南文化月刊社，1994年第一期。

成丹的過程分別描述出來：同一張圖，當描述道生萬物、無中生有時，便是《道藏》中的《太極先天之圖》；當描述逆施成丹、返本還無時，便是黃宗炎所見的《無極圖》。〔註 67〕

第七節　太極圖來源之平議

在本章中，我們以太極圖及太極圖說來做爲原點，先後討論了太極圖做爲易圖出於其自創或源於道圖的種種可能，此外我們也討論了〈太極圖〉和《太極圖說》有所齟齬之處，如圖說「五氣順佈、四時行焉」，但第三圖式所顯示出來的是五行相剋而非五行相生，第二層圖式分明是坎離，但《圖說》卻是陰陽（需以坎塡離），雖然周濂溪吸收而且也眞的是有部份〈太極圖〉來源於道圖，但他並非是一昧的抄襲，而是再詮釋的創新，他以象數易「母包子」、「一分爲二」、「會五於一」的方式，重新整理排列，賦予〈太極圖〉異乎道圖的儒家創生義涵。所以我們應將〈太極圖〉也列入儒門的作品，並如同朱子一般將周濂溪視爲宋明理學開山祖師的一代醇儒。

事實上，雖然周濂溪〈太極圖〉的來源說法不一，但《太極圖說》與《易傳》的關聯，是大家都能首肯的：

> 易學進入漢代以後，形成了儒家易、道家易、道教易三個流派。基本上說，漢唐時代儒道兩家易學在論及萬物生成問題時，大致脱離不了由《老子》「道生之德畜之」及《象傳》「乾元生物」、「坤元成物」這一思路，而道教易則側重養生而擴及宇宙論。周敦頤的思想由《圖》而《圖說》乃至於《通書》，流露出道教易、道家易與儒家易的思維，正反映了三家易的交融與會通。〔註 68〕

《太極圖說》有很多道家的影子，但並非全然都是，而濂溪的學脈並非簡單地來源於哪一個或哪一家，這是可以肯定的〔註 69〕，方東美先生認爲周濂溪的《太極圖說》是一個透過描述方式來闡發宇宙開闢的歷程：

〔註 67〕束景南：〈周敦頤太極圖說新考〉《中國社會科學 1998 年第 2 期》，頁 3。

〔註 68〕陳鼓應：〈論周敦頤《太極圖說》的道家學脈關係〉《哲學研究》，頁 31。

〔註 69〕如前的所述，在中國哲學史上，關於宇宙形成之形上學，有兩大系統：1. 來源於老子的道家，如《老子》：「道生一，一生二，二生三，三生萬物。」2.《周易》，即後來易學家多所闡釋的太極兩儀之說，《太極圖說》中太極和無極的解釋，可說是一種關鍵點，太極此詞，有時可被解釋爲道：「太極」化身爲道，「太極」溝通道家和理學。

《太極圖說》在詮釋《易傳》的同時，也繼而詮釋五行化生，這時的五行與《易傳》所談論到的五行，已經不是相同概念，透過時代變遷而轉化與創造，表現出不同時代的觀點，因此，濂溪著作中摻雜《易傳》思想已受到改良，成爲周氏版本的《易傳》思想，周氏所呈現的是儒道融合的境界。〔註70〕

周濂溪作《太極圖說》是站在《易傳》的基礎上，來解決宇宙生成的問題〔註71〕，《太極圖說》和《易傳》的太極，均爲陰陽同源之處，《太極圖說》比〈太極圖〉多了儒家成分，而且也受到道家之影響，尤其是聖人之主靜與無極生太極之理論，當《易傳》說「易有太極，是生兩儀」，而《太極圖說》則曰：「太極動而生陽、靜而生陰」，《易傳》有「分陰分陽、迭用柔剛」，《太極圖說》則曰：「分陰分陽，兩儀立焉」，《易傳》曰：「乾道成男、坤道成女」而《太極圖說》則曰：「無極之眞，二五之精，妙合而凝，乾道成男，坤道成女，二氣交感，化生萬物」；《易傳》：「夫大人者與天地合其德，與日月合其明，與四時合其序，與鬼神合其吉凶」，《太極圖說》則曰：「故聖人與天地合其德，日月合其明，四時合其序，鬼神合其吉凶」；其中《太極圖說》曰：「聖人定之以中正仁義」，「中正」此詞即來源於易乾文言〔註72〕。

以下將由下列數點來論述太極圖及其圖說是儒道同源及儒道互補下的產物：

1. 一順一逆的方向，不僅出現在道圖中，易圖中也常有的

黃宗炎在《圖學辨惑》中認爲周敦頤所採用的自上而下「順而生人」的太極圖，乃「方士之圖本道，茂叔強爲之順」，但「太極－無極」順逆的概念，《周易》也常見並非道教所持有，例如剝、復、否、泰……等，儒家的經典《周易》強調循環往復，因此一順一逆的方向，不僅出現在道圖中，易圖中也常有的，而且道教鍊養之術，不完全是「逆施成丹」即由下往上，其實也可以由上而下：

過去學者之所以視周敦頤〈太極圖〉和道教丹圖相似，主要是因爲對道教丹圖認識不夠的緣故，看了上引許多引錄，抄襲〈太極圖〉

〔註70〕陳家鈴：《北宋時期儒者對釋道思想的融合》，元智大學中研所碩士論文，民103年6月，頁71。

〔註71〕陳家鈴：《北宋時期儒者對釋道思想的融合》，元智大學中研所碩士論文，民103年6月，頁44

〔註72〕煩參王開府：〈太極圖與圖說考辨〉，《教學與研究》，頁60。

> 甚至將它改頭換面以遷就己說的道教《易圖》後，不難看出敦頤圖式影響道教思想之大〔註73〕
>
> 涵括儒家及道教的易圖，從經典詮釋的觀點看，儒家《易》圖固然吸納了部份道教和象數的思想，但其主要精神是在闡發儒學理念；相對的，道教《易》圖固然吸納了部份周易和儒學思想，但其主要精神卻在於闡發內丹修煉之旨，我們當不致於因爲道教《易》圖中有儒《易》的成份，就誤認其爲儒學，同樣地，也不可因爲儒家《易》圖中稍有道教的成份，就斥爲道教產物。〔註74〕

我們透過對太極圖來源之討論和詮釋演變之過程，等於經歷了一次思想史上之儒道之辨，在本圖及圖說作者周敦頤的身上，我們可以看見這種儒道奇妙的綜合，周濂溪作爲儒門人物，吸收了一部份道家易圖的精華，而繪製出一幅宇宙創生之太極圖，而太極圖又反過來影響了其後無數的道圖的製作與發展，這種儒道辯證的軌迹，我們可以思想的進程，亦即正－反－合來解釋。

2.《太極圖說》與《通書》的思想是一貫的

太極圖的圖式及其背後的觀念，都與道教有著不可分的關係，這是不能否認的，但是我們也應該以像朱子或牟宗三先生「內證」方法，將《太極圖說》與《通書》相互對看，則太極圖說所歸向的義理依然是儒家式的，而且是「天道性命相貫通」的，這其實也就是周敦頤思想最具特色的地方，他接受了道家某部份本體論的思想，或採納了某種道教據以表達宇宙創生的圖式，加以嶄新詮釋，使之回歸於儒門，而成爲儒學重要的理論，他最主要的思想來源：即《易傳》，不也就是這樣亦儒亦道、非儒非道，儒道同源和儒道互補的代表之作嗎？

對此，張祥龍先生也作出了合理的解釋：

> 太極圖說的眞正源頭是超出儒道分裂，且爲儒道所共尊的《周易》〔註75〕
>
> 說周敦頤的太極圖「源於方外」，比如傳自陳摶，並不等於說周的學

〔註73〕請參鄭吉雄：《易圖象與易詮釋》，（台北：台大出版社），2004年，頁172。

〔註74〕請參鄭吉雄：《易圖象與易詮釋》，（台北：台大出版社），2004年。

〔註75〕張祥龍：〈周敦頤的太極圖說與易象數〉，《當代大陸新儒家文叢》，東方出版社，2014年。

說性質本身是方外的或道家的〔註76〕

周濂溪深通易象數學，所以他以易傳的宇宙化成結合了儒學本有的仁義禮智，最後創造出了他所想像出來的宇宙生化圖式，而這樣的圖式既能說是儒家傳承，也可以說是道家或道家的作品，就太極圖本身而言，它已超越儒道的辯證，進入一不易即是變異的易理精隨，這是我們在看周濂溪的作品時所應具備的心態。

3. 不管道圖或易圖，都可視為一種宗教的象徵、圖式

不論儒家的儒教或道家的道教，無論是周子的太極圖或是道家的太易圖、太極先天圖、水火匡廓或三五至精圖，相信都是對一個終極的道之展演，而對此道的象徵或指涉，這是所有宗教象徵所有的共法：基督教的象徵是十字架、佛教的象徵卐字，……宗教圖式賦予的神秘意涵，往往超越過一些簡單的線條、幾何圖形，像是圓、直線……等，是語言文字指涉之外的，如同禪宗所說的「心形處滅、言語道斷」；但圖形就其爲一種象徵，其實是具有高度相似性的，而我們強以之來區分儒道，這樣的詮解不免爲一種遮蔽，所以儒和道在此真的只是一線之隔：

> 周敦頤把無極圖由下而上的逆而成丹的修煉歷程，直接轉爲儒家以中正仁義上合天地的倫理精神。這樣的轉化，是將道教的道成肉身的宗教信仰與終極理想，直接轉化成儒學的人文化成。〔註77〕

太極圖及圖說在思想上可能吸收道家的一些因素，但不能據此否認太極圖爲周濂溪的作品，劉述先說得很好：「朱子並非不知道太極圖與道家有關，只是他斷定太極圖說的思想是儒家式的思想，而不是道家式思想」〔註78〕

4.「有生於無」並非老子的專利

劉牧、邵雍、張載和周敦頤的太極觀，皆是本漢儒之說而來。「有生於無」並非老子的專利，只要漢儒或宋儒用「有生於無」，來闡明宇宙創生，就認定是道家或道教，是太過甚其詞了，北宋初年是三教合流的時代，周敦頤用「無極」來詮釋「太極」，正說明了他對世界的解釋是與老子相同的，

〔註76〕張祥龍：〈周敦頤的太極圖說與易象數〉，《當代大陸新儒家文叢》，東方出版社，2014年。

〔註77〕劉昌佳：〈周敦頤的太極圖說的順化與逆化說〉，興大人文學報第三十六期，民95年3月，頁363～404。

〔註78〕劉述先：《朱子哲學思想的發展與完成》，(台灣：學生書局)，民71年2月，頁289。

這可說是「東海有聖人出焉，此心同，此理同，西海有聖人出焉，如心同此理同也」，無需嚴分儒道。

而周濂溪作品中儒道消長的情形，一直是一個極有趣的課題，如同我們在本論第二章所述：周氏《太極圖說》為儒家的作品，但〈太極圖〉作為易圖，卻是周濂溪深諳象數易學之後，所自己創造出來的圖，八卦本身的陰陽爻就是符號、象徵，則周濂溪所作的〈太極圖〉，也就是一種宗教象徵、符號，易是儒道同源及儒道互補的作品，因此周濂溪這幅〈太極圖〉正好印證了這種原創性的宗教原始象徵、符號，作為一種宇宙創生的象徵圖式，我們可以說，〈太極圖〉已超越或跨越過儒道的分界。

保羅・利科在〈象徵符號的詮釋學與哲學反思〉一文中，曾區分二種符號：原初的象徵符號以及其所指向的宗教性的終極意義（第二層）〔註 79〕，茲將利科的敘述，繪製成如下的草圖：

原初符號 Sign

|

象徵符號 Symbol　　第一層：約定的字面意義

第二層：人在神聖中的境遇

可見所有的符號（在此指象徵符號），除了第一層字面約定俗成的意義外，還指向一種神聖（宗教）的界域，而此種神聖界域，通常也只能意會而無法具體言說，它是超乎語言文字與象徵符號之外的，就像禪宗所說：「言語道斷，心行處滅」，所有的經典詮釋文本或象徵符號，都是對此一絕對之超越界做出其可能的展演或詮釋，如〈太極圖〉做為一種「易象」，就是一種象徵的符號，儒家對此一符號的解釋是「仁義禮智」，而道家則以「無」和「道」來目之，文明的起源與解釋的開端，均來自於這樣的原初象徵符號

〔註 79〕「這些原初的象徵符號，清楚地表明象徵符號的意向結構，在這裡，象徵是一種符號，就像所有符號一樣，它意指著某物以外，對這個某物有價值的意義；但並不是任何符號都是象徵符號，象徵符號在其意指之中隱藏了雙重的意向性一樣，假定了約定符號戰勝了自然符號……就在這第一種意向性上，建造了第二種意向性……而指向人在神聖之中的某種境遇……象徵符號是不透明的，因為第一層字面，顯明的意義，類比地意指著第二層的意義，而後者只有在第一層意義中才能被給予，這不透明性符號正是象徵符號的深刻性，誠如我們將要說的，它是無法窮盡的。」（保囉・利科：《解釋的衝突》莫偉民譯：商務印書館，2008、北京，頁 358。

〔註 80〕，所以就其終極的意義而言，儒道是一體之平觀，無所謂的論辯、抗爭，而〈太極圖〉作爲對此終極意涵的象徵符號圖形，它所指向的是此一超越絕對的境界，就像禪宗的指月，手指和月亮中的關係一般，所以〈太極圖〉不管是做爲道圖或儒家的象徵，在此無須對辯，也不需要分析地或存在式（beings）地開展。

老學與易學是相關的，同樣的，《太極圖》亦與道家有其關聯性，《易》的作者，把陰陽二性的相生相剋認爲是變化之所以發生的宇宙根本原理，完全地綜合了老子和孔子的思想，而《太極圖》用其具體的形象很精深微妙地表達出了此一見解，我們有理由相信，濂溪的《太極圖》和《太極圖說》讓儒道兩家得以和平共存。

第八節　小　結

太極是一個迷人的意象，而濂溪本人是一個視覺型態的哲學家，所以研究太極圖說，並需先從太極圖來著手；從易繫辭「形而上者謂之道，形而下者謂之器」開始，「形」有時亦可指稱爲事作爲中國哲學內在的分子結構，貫穿中國哲學「天人合一，物我同體」的思維型態，莊子曰「物成生理謂之形」，所謂在天成象，在地成形，物「形」之而後有「形」之體，再到統體之「理」天理、道理、事理、物理，淮南子《天文訓》中所說的：「經，元一以統始」，太極就是此一動態發展結構中的本質或始源，此種動態發展的結構，以易經而言，是「天行健，君子以自強不息」：即簡易、變易、不易，這是中國文化不管儒到二家所共有的眞理。

我們在本章中就濂溪太極圖來源於道家、道教，提出正反兩造的說法，視太極圖來源於道家、道教的學者，大多主張濂溪的思想有所師承且太極圖來源於佛道，尤其是陳摶；而反對太極圖是因襲道圖，且據宋明儒力闢佛老的內部主張，多主濂溪的思想爲純粹之儒家且太極圖爲濂溪之自創；在此我無意反駁二者，因爲這兩家爭訟的歷史淵源已久，除非能再有新出土的最新資料，否則再做太多的爭議，是沒有意義的，在這裡，我所想要討論的是，思想史中所謂影響的問題，思想史不同於學術史，當我們說某甲的思想影響

〔註 80〕煩參謝大寧：〈言與意的辯證：先秦漢魏《易經》詮釋的幾種類型〉，《中國經典詮釋傳統》儒學篇，台北：喜瑪拉雅拉雅研究發展基金會，李明輝編，民 91.2，頁 69。

到某乙，這樣的影響是指廣義的影響，如同第三章我們所討論過的，《易傳》是一部亦儒亦道、非儒非道的作品，所以，作爲濂溪思想之源的易傳，基本上已難辨儒道、更可說是儒道雜混，在這裡非要從濂溪仿《易傳》的所作的太極圖來區分儒道，好像並不需要也沒有意義的，思想史中的傳承與流變，往往都有跡可尋，很少能是一兩位天才哲學家憑空臆說或完全置傳統於不顧的。〔註 81〕

當然，我們也可以從本論的第二章濂溪的生平中看出，濂溪少年時代築室於月岩洞中，月岩的意象就是他日後圖畫太極圖的原始意象，濂溪做爲宋明理學的開端，絕非浪得虛名，絕對有其學術之原創力及開創新儒學之功力，更身體力行著內丹順而生人的創化原則，而非盡如清儒所言之抄襲或因循。

總而言之，本章從北宋時期的圖書學派開始整理起，在論及太極圖來源於道家及道教及其反論，最後，我們的結論仍將是平議此二者，而平議之處，在本章的第七節中，已作過敘述，在此茲不贅述。

〔註 81〕在北宋三教合一的氛圍底下，就算是排斥佛道的宋明理學家們如伊川、朱子，從某種意義來說，我們都可以說他們承受了北宋初年三教合一的文化形態，而後才能排佛拒道，這裡可以有一個逆說的反證可資參看，雖然宋明儒者普遍排斥佛道，但佛道並沒有排斥宋明理學，類似在佛教的作品〈佛法金湯篇〉以及〈居士分燈錄〉中都載有周濂溪之條目，可見一斑，思想史中所言的廣義之影響，即令沒有文獻典籍之根據，我們也可承認影響之所在。伊川及朱子等人雖然排斥佛道，但他們不自不覺中都受到佛道之影響。

第五章　周濂溪的《太極圖說》

第一節　《太極圖說》的版本校勘問題

關於周敦頤著作情況的最早記載，應是潘興嗣所撰《濂溪先生墓誌銘》，潘是周敦頤的生前好友，周敦頤病逝九江後，周壽、周燾兄弟〔註 1〕請潘撰寫了此墓誌銘，文中寫道：周敦頤「尤善談名理，深於《易》學，作《太極圖易說》、《易通》數十篇，詩十卷，今藏於家。」〔註 2〕，在《宋史・周敦頤傳》中，也說他「著《太極圖》，明天理之根源，究萬物之終始」〔註 3〕；祁寬和張栻曾分別作《「通書」后跋》，在這兩篇跋文中，他們均是將《太極圖說》簡稱爲《太極圖》，而他們所講的《太極圖》均是指《太極圖》的「圖」與「說」：南軒《太極圖解》序：

> 二程先生道學之傳，發於濂溪周子，而太極圖乃濂溪自得之妙，蓋以手授二程先生者，或曰濂溪傳太極圖於穆修，修之學出於陳摶，豈其然乎？此非諸子所傳而知也。

此處張南軒對太極圖來源於道教是抱持著疑而不論的心境，不過他對濂溪的學術十分的佩服，而且認爲其學「自得於心，其妙乃在太極一圖」而且

〔註 1〕周敦頤：《周敦頤集》度正：濂溪先生周元公世家，梁紹輝點校，湖南：湖鄉出版社，頁 1。

〔註 2〕《濂溪先生墓誌銘》周敦頤：《周敦頤集》，湖鄉出版社，頁 166。

〔註 3〕元・脫脫等撰，《宋史道學傳》列傳第 168，道學 1，(上海：上海古籍出版社，頁 1440。另煩參朱漢民：〈周敦頤《太極圖說》闡義〉哲學與文化月刊 28 卷第 12 期，2001 年 12 月。

「自秦漢以來，未有臻於斯也。」(《宋元學案補遺》朱子太極圖解)

祁寬：《通書》后跋中亦曰：

> 《通書》即其所著也。始出於程門侯師聖，傳至荊門高元舉、朱子發（震），寬初得於高，後得於朱，又後得和靖尹先生所藏，所云得之程氏，今之傳者是也。逮卜居九江，得舊本於其家，比前所見，無《太極圖》，或云：《圖》乃手授二程，故程本附之卷末也。校正舛錯，三十有六字，疑則闕之……〔註4〕《祁寬：《通書》后跋》

從這段文字我們能讀出，祁寬從林和靖手中得到了據說程門傳本的《通書》，這本《通書》中是收錄有太極圖的，而據說是周敦頤用手授的方式傳授給二程兄弟的〔註 5〕。周敦頤教二程的時間點約莫爲慶曆六年到慶曆八年（1046 年～1048 年）當時的明道大約是十七、八歲左右的少年，而濂溪大約是三十歲左右的壯年，可能當時是沒有作《太極圖》及《圖說》，所以濂溪是以手授的方式來教二程，這也就是爲什麼程門傳本會有《太極圖》，而較爲晚出的長沙本卻無《太極圖》，依時間來做推測，則濂溪寫作《太極圖》及太極圖說很可能是出現於他生命及思想的圓熟的中晚期，雖然現在是無任何確切證據，可證明他何時寫作《太極圖》及《太極圖說》的。

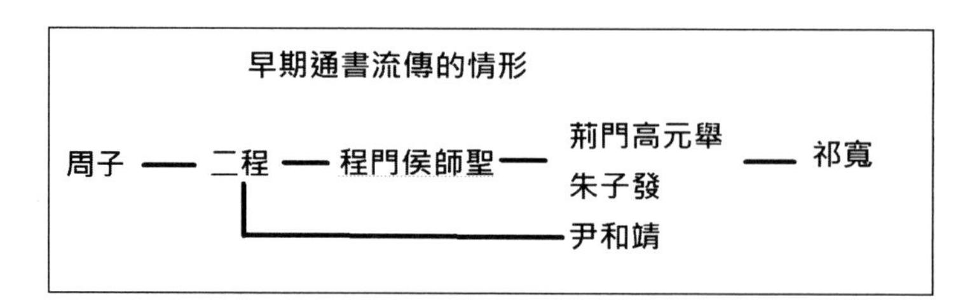

周敦頤去世後不久，他的著作便被編定成書，逐步流傳開來，當時流傳有幾種不同版本，且編次、校刊等互有不同，朱熹在編輯、整理周敦頤的著作時，就曾見到幾種不同版本，他說：

〔註 4〕 周敦頤：《周敦頤集》梁紹輝點校，(湖湘出版社) 頁 87。

〔註 5〕 「此前有學者根據祁寬的《通書後跋》提出，《通書》早期流傳的版本大致分兩個系列，其差距是：程門傳本系列中收錄有《太極圖》，而『故家舊本』系列則沒有。一般認爲，年僅三十歲左右的周敦頤將《太極圖》『手授』給了尚在十七八歲的二程兄弟。這是只有《通書》的『程門傳本』才收錄有《太極圖》，而通書的『故家舊本』沒有收錄《太極圖》的原因所在。這也被認爲是二程曾經師事周敦頤的一個極爲堅強的證據。」田智忠：〈從「春陵本」《通書》論《通書》的早期流傳〉《周易研究》，2013 年第 01 期，頁 49。

右周子文書一編，今春陵、零陵、九江皆有本，而互有異同，長沙本最後出，乃熹所編定，視他本最詳密矣，然猶有所未盡也。〔註6〕

朱熹除了見到春陵本、零陵本、九江本（其實朱子在這段文字中「九江本」的確所指，乃是林栗於乾道二年（1166年在九江刊刻的《通書》版本，也被稱爲九江本）、長沙本等著作外，還見到了二程本及宋史館所修的《國史》版本。而從朱子的排列的順序，春陵本應是最早之濂溪著作版本〔註7〕。

由於周敦頤的著作已有多種版本流行，而且在著作的編次、校勘方面互有異同，朱熹感到很有必要重新編定刊行〔註8〕：

朱子又先後編訂了《通書》的「建安本」和「南康本」。其中，不獨恢復了胡宏對《通書》舊本的改動，而且還依據潘興嗣爲周敦頤所作的墓誌銘而「置圖篇端」（把《太極圖》放在《通書》之首）〔註9〕

依據田智忠的說法，朱子「大規模地對《通書》原來的附錄內容進行了刪節和整理……而其他版本的《通書》都逐漸在淡出人們的視線。」〔註10〕之後的《太極圖》、《通書》匯編在一起之後，宋代開始若干集結周敦頤全集的版本，計有《大成集》、《大全集》、《周子大全集》〔註11〕，但此處，有一

〔註6〕建安本〈太極通書後序〉梁紹輝點校，《周敦頤集》（湖湘出版社）頁87。

〔註7〕「頗能驗證我們上述推測的，是被收入宋刻十二卷本《元公周先生濂溪集》中下面這則材料：『濂溪先生《通書》，傳之者日眾。春陵本最先出，板浸漫滅。……』這則提名爲葉重開《春陵續編序》材料寫於淳熙己酉年末，即公元1189年。它明確地告訴我們，在《通書》的所有版本中，以春陵本爲最早。」田智忠：〈從「春陵本」《通書》論《通書》的早期流傳〉《周易研究》2013年第01期頁49，另見《周敦頤集》：葉重開的《春陵續編序》頁175。

〔註8〕煩參朱漢民：〈周敦頤《太極圖說》闡義〉，哲學與文化月刊28卷第12期，2001年12月。

〔註9〕「並大規模地對《通書》原來的附錄內容進行了刪節和整理，主要針對的就是蒲宗孟爲周敦頤所作的《墓碣銘》。朱子的上述整理，徹底改變了此前人們重視《通書》而輕視《太極圖》、重視蒲宗孟的《墓碣銘》而忽視潘興嗣的《墓誌銘》的歷史，從而也把《太極圖》置於了周敦頤思想之核心的地位。經過朱子的精心整理，南康本《通書》此後成爲周敦頤《通書》的最流行版本，而其他版本的《通書》都逐漸在淡出人們的視線。」田智忠：〈從「春陵本」《通書》論《通書》的早期流傳〉《周易研究》，2013年第01期，頁49。

〔註10〕田智忠：〈從「春陵本」《通書》論《通書》的早期流傳〉《周易研究》，2013年第01期，頁49。

〔註11〕『淳祐初元，詔從祀於學，封春陵伯。始道守蕭一致刻先生遺文並附錄七卷，名曰《大成集》」，度正在做周敦頤文集時可能取材自這部作品：「據宋刻十

個自《太極圖說》流行以來就有的公案，那就是南宋淳熙十五年（1188 年），朱熹記載了他和洪景廬內翰（1123～1202）借得所修之國史版本，其《太極圖說》首句所載爲：「自無極而爲太極」，於是舊《太極圖說》之首句，除了「無極而太極」（延平本）、「無極而生太極」（九江周敦頤家傳本），又多出了一個版本「自無極而爲太極」（國史本），但朱子並不取其他兩個版本，而採用延平本「無極而太極」的說法，朱子的別有用心，底下我們會再做說明。

茲整理一下《太極圖說》，首句應有三種不同的表述：

（一）「無極而生太極」，這是周敦頤家藏的九江本的表述。朱熹在延平本的校勘附記中說：「其三條九江本誤，而當以此本爲正，如《太極說》云『無極而太極』、『而』下誤多一『生』字。」（《宋元學案・濂溪學案》）

（二）「自無極而爲太極」，這是宋史館所修國史中周敦頤傳所載《太極圖說》的表述。

（三）「無極而太極」，這是延平本周子著作的表述。

朱熹主張第三種表述，並以此說法校正九江本和批評國史的記載，從這裡可以看出，朱子的校改並非是以可通爲標準的，而是以自己解釋周濂溪之書的需要爲標準的，而朱子爲什麼不採用較接近周敦頤時代的家藏舊本「無極而生太極」之說呢？那是因爲朱子恐怕人會將無極視之爲無，把周濂溪作爲理學開山祖師的地位，拉往道家此一路數，就「無極而太極」的表述，朱子的卻是煞費苦心而且胸有成竹。

由無極而產生太極，即在太極之先有個無極，但朱子不承認這樣的講法，他認爲「極」應是道理之極，無極是用來形容太極之無聲無臭：

> 上天之載無聲無臭，而實造化之樞紐，品彙之根柢也。故曰無極而太極，非太極之外，後有無極也。〔註 12〕

二卷本《元公周先生濂溪集》卷八中所收錄的度正所作的《書文集目錄後》（節選）、《書萍鄉大全集後》（節選）和胡安之所作的《書萍鄉大全集後》（節選）這三篇文字可知，度正在嘉定十四年（1221 年）六月間完成了編訂周敦頤文集的工作（未明確卷數），而易統則在紹定元年（1128）初于萍鄉刊刻了《周子大全集》，並且度正和胡安之都爲《大全集》作了後序。』田智忠：〈從「舂陵本」《通書》論《通書》的早期流傳〉《周易研究》，2013 年第 01 期，頁 49。

〔註 12〕 周敦頤：《周敦頤集》梁紹輝點校，（湖南：湖湘出版社），頁 5。

他後來在《邵州特祀先生祠記》中解釋說：「而其所謂『無極而太極』云者，又一圖之綱領，所以明夫道之未始有物，而實爲萬物之根抵也，夫豈以爲太極之上復有所謂無極者哉！近世讀者不足以識此，而或妄議之」〔註 13〕從這裡可以看出，朱子的校改並非是以可通爲標準，而是以自己解釋周子之書的需要爲標準的。

朱子所編定的《周子太極圖通書》以後成爲一個權威的版本，儘管還有其他不同編者、文集，但基本上都按照朱子所作的編次，他將《太極圖說》列爲全書之首，完整了他所謂的周子乃至整個理學的架構（理氣二分、心性情三分……），總而言之，他確立了《太極圖說》在周敦頤思想體系中的綱領地位，同時也確立了《太極圖說》在宋明理學中首出而重要的地位，朱子對周敦頤《太極圖說》的確功不可沒。

周濂溪從一個沒沒無聞的法治小吏，一躍而登上宋明理學開創者之光環寶座，是朱子這個宋明理學集大成者（勞思光先生）的功勞和貢獻，也是朱子，將自己宋明理學的架構置於太極圖此一宇宙創生系統之內，而奠定其理氣二分、體用二元、心性情三分的系統格局，但也因爲這樣，使得濂溪本來的學術風貌以及思想趨向，受到了朱子這種詮釋的籠罩，其作爲三教合一以及天道性命相貫通的學問本質，遂湮滅而不彰，誠如劉榮賢老師所說：

> 周濂溪成爲北宋理學的開山祖師，出於朱子的提倡，此事爲人所共知，然朱子提獎濂溪，先經過一番對濂溪人生意象之改造，則似乎較少受到注意……周濂溪的學術形象顯示的是朱子的視域，這已有八百多年的歷史……〔註 14〕

若起濂溪於地下，相信夫子也會說：「知我者，其朱熹乎！？誤我者，其朱熹乎！？」：

> 朱熹以畢生精力潛心於周子之學，一方面確立了周敦頤作爲理學宗祖的歷史地位，另一方面也使後世學者研讀周敦頤著作時，往往局限於朱熹的視野，出現了雷同附和，千人一面的現象〔註 15〕

〔註 13〕周敦頤：《周敦頤集》梁紹輝點校，（湖南：湖湘出版社），頁 260。

〔註 14〕劉榮賢老師：〈周濂溪學術與生命意象之原型〉，2014 年靜宜大學第一屆漢文化學術研討會，頁 250。

〔註 15〕周建剛〈周敦頤研究著作述要〉，頁 57。

第二節　《太極圖說》的內涵

作爲宋明理學的開山祖師，濂溪最重要的作品《通書》及《太極圖說》，這兩部作品都是爲詮釋《易傳》而作，由於濂溪佔據著宋明理學的先導地位，而朱子更曾針對〈太極圖〉及《太極圖說》來做詮釋，並將《太極圖說》置於《通書》之前，因此讓《太極圖說》的地位大大提高了不少，《太極圖說》全篇共 249 字，在闡明宇宙萬物生化原則，它的重要性，是在於以「人道」合「天道」，將儒家的倫理學系統納入宇宙論的形上體系之中，由無極（太極），而立聖人（人極），濂溪以太極、陰陽、五行加以四時運行爲萬物化生的成因，《繫辭上傳》:「《易》有太極，是生兩儀，兩儀生四象，四象生八卦。」，由混沌之太極，而生天（陽）、地（陰）兩儀，兩儀則生太陽、太陰、少陽、少陰四象，進而畫定八卦（天地雷風水火山澤），這就是整個《太極圖說》的宇宙生成觀點。

茲將《太極圖》原圖及《太極圖說》原文（附分段），分疏如下：

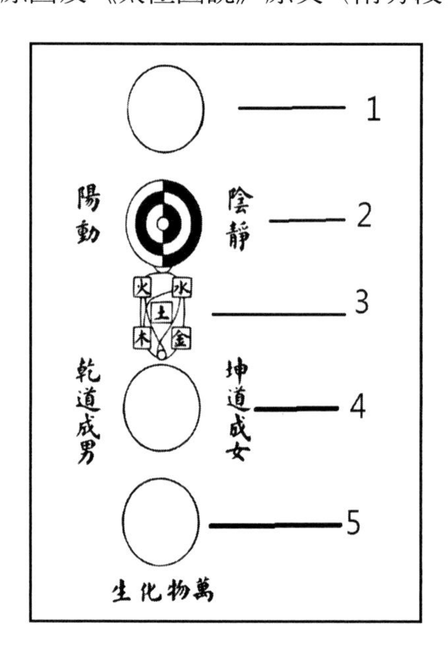

1. 無極而太極。
2. 太極動而生陽，動極而靜，靜而生陰。靜極復動，一動一靜，互爲其根；分陰分陽，兩儀立焉。
3. 陽變陰合，而生水、火、木、金、土。五氣順佈，四時行焉。五行一陰陽也，陰陽一太極也，太極本無極也。五行之生也，各一其性。無極之眞，二五之精，妙合而凝。

4. 乾道成男，坤道成女，二氣交感，化生萬物。萬物生生，而變化無窮焉。
5. 惟人也，得其秀而最靈。形既生矣，神發知矣，五性感動，而善惡分，萬事出矣。聖人定之以中正仁義（自注：聖人之道，仁義中正而已矣）。而主靜（自注：無欲故靜），立人極焉。故聖人與天地合其德，日月合其明，四時合其序，鬼神合其吉凶。君子修之吉，小人悖之凶。故曰：立天之道，曰陰與陽；立地之道，曰柔與剛；立人之道，曰仁與義。又曰：原始反終，故知死生之說。大哉易也，斯其至矣！

以下將分段來闡述《太極圖說》的要旨，主要採用的是朱熹的說法，朱子對〈太極圖〉的解釋，主見於其《遺書》及《晦庵文集》中。

（一）無極而太極

「無極而太極」是周敦頤形上本體論中最深邃的思想，也是歷代以來議論最多，分歧最大的理論，梁紹輝形容它是：

> 《太極圖說》最後完成了道家弟子於數百年來對宇宙本體的探索，提出了「無極而太極」的著名命題，將我國傳統的宇宙本源學說推向一個嶄新的階段。〔註 16〕

乾道年間，朱子在刊刻《太極圖說》，將這句話寫作「無極而太極」，因爲就「無極而太極」，引發了朱陸的論辯，象山認爲「《太極圖說》與通書不類，疑非周子所作，不然是其學所未成時熟時的作品；但朱子認爲「無極」乃是形容「太極」之用，非「太極」之上，又有無極。「太極動而生陽，動極而靜，靜而生陰，靜極復動，一動一靜，互爲其根，分陰分陽，兩儀立焉。」

朱熹是以「無形狀、無方所」來能釋無極，所以無極是用來形容太極的：「上天之載，無聲無臭，而實是萬化之樞紐，品匯之根抵也，故圖：無極而太極，非太極之外，別有無極也。」無極是無形無方體可求，兩儀有象，太極則無象，太極對朱子來說是理：「太極無形象，只是理」、「無極而太極，只是以無形而有理」、「無極是有理而無形，如性何當有形，太極是五行陰陽之理」。

〔註 16〕周敦頤：《周敦頤集》梁紹輝點校，（湖南：湖湘出版社），頁 127。

無極與太極之辯是朱子與陸象山論辯之主題，本論文將於第六章專章再做處理。

（二）太極動而生陽，動極而靜，靜而生陰。靜極復動。一動一靜，互為其根；分陰分陽，兩儀立焉

「太極」爲一切事物的實理，當其活動之時即爲天命流行，動則生陽，動至極至而轉靜，靜則生陰，靜至極至又轉而復動，此一動一靜，互相爲根，在此一動一靜的流轉過程生，生化出了陰與陽兩儀。朱子合《通書》釋曰：「太極之有動靜，是天命流行也，所謂一陰一陽之謂道，誠者聖人之本，物之終始而命之道也。其動也，誠之通也，繼之者善，萬物之所資以始也。其靜也，誠之復也，成之者性，萬物個正其命也，動極而靜，靜極復動，一動一靜，互爲其根，命之所以流行而不已也。」〔註17〕

唐君毅在此提出他的看法：

> 韓康伯註易經，於易有太極註下曰「夫有必生於無，故生兩儀」，又謂太極爲無稱之稱，此乃以陰陽以下爲有，而以「無」「無稱」目太極，易傳言無思無爲，寂然不動，亦未嘗以言無爲諱，以道家之無釋儒家之易，古已有之。〔註18〕

周子之言太極，乃止於言其爲一萬物之生生及聖人之道之本原，眞實存在之天道之誠，濂溪由無極太極而陰陽五行，而化生萬物之世界，爲一上下貫通之世界。朱子以濂溪《通書》之所提出之「誠」，用以解釋「太極」之活動，並強調「誠」爲聖人之本，繼之者善也，在此處之「誠」與「太極」爲同義詞，以「誠」體之動靜流轉來解釋萬物的活動，而聖人之所以爲聖，就是因爲順應著這樣的道，所以爲聖。所謂「太極」生陰陽，「太極」是一切萬物之理，而生陰陽，就是理生氣，而「太極」又在陰陽之中，就是「理在氣中」。

朱子解太極有理，理可謂物理，亦爲事物之「極致」，太極者，本然之妙，動靜者，所乘之機，朱子的太極即在陰陽動靜中，所以朱子說：「太極者，本然之妙也，動靜者，所乘之機也。」朱子認爲太極即在陰陽動靜之中：「太極自是涵動靜之理，卻不可以動靜分體用。蓋靜即太極之體也，動即太極之用也。」（語類九十四）

〔註17〕周敦頤：《周敦頤集》梁紹輝點校，（湖湘出版社），頁172。
〔註18〕唐君毅《中國哲學原論，導論篇》，台灣：學生書局，民75年9月，頁438。

太極行乎動靜之中，惟是就動靜爲太極所乘之機，至於就太極爲本然之妙而說，則太極亦應超乎動靜之上。太極乘動靜，既涵太極行乎靜動之氣中，與氣不離。關於太極動靜之說，將會再做討論。〔註19〕

（三）陽變陰合，而生水、火、木、金、土……二五之精，妙合而凝

此段言陰陽生化之過程，陽動而陰靜，陽變而陰合，而生水火，後生木金，最後生土，有了這五氣，就生化了四時。這是濂溪說明宇宙生化的過程。朱子云：

> 有太極，則一動一靜而兩儀分，有陰陽，則一變一合而五行具。然五行者，質具於地，而氣行於天者也，以質而語其行之序，則曰木火土金水，而木火陽也，金水陰也，又統而言之，則氣陽而質陰也，又錯而言之，則動陽而靜陰也，蓋五行之變，至於不可窮，然無適而非陰陽之道，至其所以爲陰陽者，則又無適而非太極之本然也，夫豈有所虧欠間隔哉。〔註20〕

由太極此一渾沌未分之元氣，從無極、太極到萬物化生，須經陰陽五行的演變程序，陰陽兩觀念來自周易，太極動而生陽、靜而生陰，陽動在先，陰動於後：「陽變陰合，而生水火木金土，五氣順佈，四時行焉。」陽動而陰靜、陽變而陰合，而生水火、木金，最後生土（太極圖說五行順序是水→火→木→金→土），有了五氣，就生化四時。

> 《通書　動靜第十六》則云：「動而無靜，靜而無動，物也；動而無動，靜而無靜，神也，動而無動，靜而無靜，非不動不靜也，物則不通，神妙萬物。」

朱熹解釋《太極圖》中說：「水陰盛，故居右；火陽盛，故居左；木陽稚，故次火，金陰稚，故次水；土衝氣，故居中。……水而木，木而火、火而土，土而金，金而變水，如環無端，五氣佈，四時行也。」〔註21〕在「三五至精

〔註19〕《朱子語類》載：「先生〈太極圖〉解言，動靜者所乘之機。蔡季通聰明，謂先生下此語最精，蓋太極是理，形而上者，陰陽是氣，形而下者，然理無形，而氣卻有迹。氣既有動靜，則所載之哩，亦安得謂之無動靜？又舉通書動靜篇云：動而無靜，靜而無動，物也。動而無動，靜而無靜，神也。動而無動，靜而無靜，非不動不靜也。物則不通，神妙萬物。水陰根陽，火陽根陰，五行陰陽，陰陽……動靜者，所乘之機也。」

〔註20〕周敦頤：《周敦頤集》，梁紹輝點校，（湖湘出版社），頁172。

〔註21〕周敦頤：《周敦頤集》，梁紹輝點校，（湖湘出版社），頁4。

圖」下方，有一小圈與金、水、火、木相連，代表陰陽、五行的交合，即朱熹所說：「此無極二五所以混融而無間也，所謂妙合者也」〔註22〕

陰陽五行爲化生萬物之原理，又「五行——陰陽、陰陽——太極」以太極爲萬物——五行——陰陽之統攝，萬物各自秉受並？定其性，是以能品物流行，庶物並作，以「天道」爲萬物性命之根源。

（四）乾道成男，坤道成女，二氣交感，化生萬物。萬物生生，而變化無窮焉。

最後，周敦頤在論述「萬物化生」時，提出「乾道成男，坤道成女，二氣交感，化生萬物。」關於乾道、坤道的思想，來自《周易・繫辭傳》：「乾道成男，坤道成女。乾知大始，坤作成物。」可見，周敦頤引用《易傳》，其男、女非指人的性別，而是指陰陽五行所交合化生的萬物，均具有陽性和陰性。

（五）惟人也，得其秀而最靈。形既生矣……大哉易也，斯其至矣！

這部份，則主要論述了人產生之後，如何通過「人道」的追求，最終達到與「太極」爲一的最高境界，即實現「立人極」。太極圖說認爲萬物皆由陰陽五行之氣凝合，惟人所得的氣最靈秀，故體察性命所受之天道，則知天道實內在於人性之中。

宋儒熱衷於講天道，但他們講天道的目的在講人道。周敦頤即是如此。他論述無極、太極的宇宙本原，其目的就在於確立人道的原則。他認爲人和萬物均是稟五行之氣而生，因人稟秀氣而生故最靈。人不僅具有形體，更重要的是具有精神活動，故而人能夠從宇宙法則中體認出道德規範，確立「人極」的目標。故太極圖說屢言：「與天地合其德」、「立天之道曰陰與陽，立地之道曰柔與剛，立人之道曰仁與義，兼三才而兩之。」強調修仁道以達天道：「修道之謂教」（天道性命相貫通）。周敦頤之說是根據《周易・文言》中「大哉乾乎，剛健中正純粹精也」之語而來，在《周易》中，「中正」體現出天道的合宜、正當等「中正」的特點，它又是爻辭用以定吉凶的重要原則，故而，「中正」又是人的行爲合乎天道、掌握吉凶的人道準則。《太極圖說》中所謂「君子修之吉，小人悖之凶」的言論中，就可看出周敦頤的「中正仁義」具有從天道法則中引伸出人道準則的特點。〔註23〕

〔註22〕周敦頤：《周敦頤集》，梁紹輝點校，（湖湘出版社），頁6。
〔註23〕煩參朱漢民：〈周敦頤《太極圖說》闡義〉，哲學與文化月刊28卷第12期，2001.12月。

第三節　太極釋義

太極此詞之原義是在描述時間空間，時間上指的是最早，空間上指的是最原始的地方，用以表述事物最始源之處，萬物從此處開始發展。

「太極」這個詞語首見《莊子、大宗師》:「神鬼神帝，生天生地，在太極之先而不爲高，在六極之下而不爲深」〔註 24〕必先有《繫辭上傳》的太極，而後才有《莊子》的太極；另外《墨子·非攻下》:「禹既已克有三苗，焉磨爲山川，別物上下，卿制大極，而神明不違，天下乃靜。」〔註 25〕這裡的大極，即是太極。

《淮南子》《覽冥訓》:「太極，天地始形之時也」〔註 26〕；班固《漢書.律曆志》:「太極元氣、函三爲一（孟康：元氣始於子、未分之時，天地人混而爲一）。」「經元一以統始，《易》太極之首」〔註 27〕，太極爲中央元氣，比處的極爲「中」，《洪範》的「建用皇極」，太極即是大中。

孔穎達《周易正義》對「太極」的解釋:「天地未分之前，元氣混合爲一，即是太初、太一也，故老子云：道生一，即此太極也，又謂混元既分即有天地，故曰：太極生兩儀，即《老子》云：一生二也。」〔註 28〕孔氏的《周義正義》將天地未分以氣的混沌之氣稱爲「太初」、「太一」，用《老子》的「道生一」來比喻太極，在「大衍之數五十，其用四十有九」則以「太一虛無」來解釋「其一不用」的「太極」，四十九根蓍草混而未分的狀態極是太極；魏晉韓康伯承王弼注「易有太極」〔註 29〕，又曰:「夫有必生於無，故

〔註 24〕《莊子今註今釋》，陳鼓應註釋，北京：商務印書館，頁 213。

〔註 25〕《墨子校注》，吳毓江撰，中華書局，1993 年 10 月，頁 220。

〔註 26〕「引類於太極之上（註：太極，天地始之時，上猶初也……俞樾云：高氏注太極之上，言天之上也。上文曰『夫陽隧取火於日，方諸取露於月』。此云『引類於太極之上，而水火可立至』。即以取火於日、取露於月而言、日月麗乎天，故曰：太極之上也。」何寧撰，《淮南子集釋》，北京：中華書局，1998 年，頁 456。

〔註 27〕班固撰、顏師古注，《漢書·律曆志》，中華書局，頁 964。

〔註 28〕「大衍之數五十，其用四十有九」《周易正義》魏·王弼注，孔穎達疏，北京大學出版社，2003 年 12 月第一版，頁 328。王弼曰:「演天地之數，所賴者五十也。其用四十有九，則其一不用也。不用而用以之通，非數而數以之成，斯易之太極也。四十有九，數之極也。夫無不可以無明，必因於有，故常於有物之極，而必明其所由之宗也。」

〔註 29〕是「易有太極　是生兩儀」韓康伯注:「夫有必始於無，故太極生兩儀也。太極者，無稱之稱，不可得而名，取有之所極，況之太極者也。」孔穎達疏:「天

太極生兩儀」又謂太極爲無稱之稱，此乃以陰陽以下爲有，而以「無」、「無稱」目太極，易傳言無思無爲，是以爲道之無釋儒家之易。

漢人質實，習以氣化之觀點釋太極，而魏晉人空靈，則以玄學尤其是《老子》的無來註解太極。〔註 30〕

朱子謂太極爲理，極者至也、至極，象山則極訓爲中，中之所指即是心，太極乃扣在心上解析，周子所言太極乃是萬物之生化與聖人之大本，即是眞實存在的天道誠體，濂溪由無極而太極，而陰陽五行，而萬物化生。〔註 31〕

明儒劉蕺山：「太極者，天地萬物之總名，非與物爲君也」〔註 32〕、「一陰一陽之謂道，即太極耳也，天地之間，一氣而已，非有理而後有氣。」天地萬物生於一氣，此爲太初之混沌，太極爲元氣或氣。蕺山沿襲著主氣理論的太極元氣之說，而他的氣是作爲萬化之根本，所以太極亦爲萬化之根本。

曹端在《太極圖說述解》中以：「太極，理之別名也……孔子而後，論太極者皆以氣言……微周子啓千載不傳之秘，則熟知太極之爲理而非氣也哉。」曹端主張是太極是理而非氣，他所宗者爲朱子之一路。

濂溪建構出了一套宇宙發生論的系統，將傳統儒道兩家的宇宙論合構，將儒家的德性宇宙論與道家的生成論相結合，而建立起儒學本位的宇宙論知識。

一、從朱子的太極到陽明的心極

王陽明將《太極圖說》由朱熹注解的理氣二元論而轉化成爲一種內在的心性論，陽明視太極爲良知，從《中庸》誠意進行立說，陽明曰：

地未分之前，元氣混合爲一，即是太初、太一也，故老子云：道生一，即此太極也，又謂混元既分即有天地，故曰：太極生兩儀，即《老子》云：一生二也。」《周易正義》魏．王弼注，孔穎達疏，北京大學出版社，2003 年 12 月第一版，頁 328。

〔註 30〕請參唐君毅《中國哲學原論，導論篇》，台灣：學生書局，頁 438。

〔註 31〕「……朱子之謂太極爲理，無極謂無形，即其一路，吾人亦可沿漢儒重氣之思想，而謂此氣爲天地萬物之本，此氣爲形而上，無形而至虛乃以太極即氣之太極，如張橫渠王船山之說，此又是一路，邵康節、胡致道，皆嘗謂心爲太極，陸象山更謂太極皇極之極，只是中，中之所指即理，而理不外心，緣此而如明末劉宗周、李二曲等將此周子之無極、太極之言，純扣在一心之解釋，亦有可道，以心之虛靈不昧，原亦兼通有理與無形二義」唐君毅《中國哲學原論，導論篇》，台灣：學生書局，頁 412。

〔註 32〕《宋元學案　濂溪學案》，台北：河洛出版社，頁 109。

> 太極生生之理，妙用無息，而常體不易。太極之生生，即陰陽之生生。就其生生之中，指其妙用無息者而謂之動，謂之陽之生，非謂動而後生陽也。就其生生之中，指其常體不易者而謂之靜，謂之陽之生，非謂靜而從生陽也。(《傳習錄》卷中《答陸原靜》)

陽明的唯心主義，使他將太極如同「良知」一般，作爲本體論存在的基礎：

> 陽明心學立足於心物不二、內外合一的哲學觀，把周敦頤的「太極」直接解釋爲「心極」，認爲《太極圖》所描述的宇宙衍生的方式，就是指萬物在人的心靈中的顯現，無極而太極、太極又復歸於無極，是一個創造與消化的生生不息的永遠循環的過程。〔註33〕

從於朱子的「太極」觀念，穿越陽明與龍溪的「心極」，再會通至晚明三教中易禪合一，不落兩邊的「太極不落有無說」：「氣也，理也，太極也，自然也，心宗也，一也，皆不待已而立之名字也。」方以智將「太極」視爲不可言詮與不落二邊的東西合均，勉強有一些文字的稱名：說是氣、理、自然或心，其實是一，對終極道體遮詮之顯示：

> 孔子闢天荒而創其號曰太極，太極者，猶言太無也，太無者，言不落有無，後天卦爻已佈，是曰有極；先天卦爻未闡，是曰無極。二極相待，而絕待之太極，是曰中天
>
> 謂之落有，不可也；謂之落無，不可也，故號之曰：太極。

方以智以「太極」來貫通有極、無極，而朱陸以來的「無極與太極」之辯，至陽明之心極與方以智的「太極不落有無」此問題似乎已獲得弭平，而其平議之法，就是取消問題，本來無極、太極即是人以其「名字」文身的方式界定而落入二邊的爭議，因此，回歸原點——「執兩用中」，即能遮撥掉此一問題。〔註34〕

二、三教合一的視域下論太極

明末清初方以智（1611～1671 年），《易餘》、《東西均》等作品，他與其父方孔炤合編作《周易時論合編》，對太極的理解如下：「氣也、理也、太極

〔註33〕傅秋濤：《太極與心極——心學對太極圖說的解讀》，湖南科技學院學報，第33卷第2期，2012年2月，頁21。

〔註34〕明・方以智著、張昭煒點校，《易餘、太極不落有無說》，北京：九州出版社，2013年11月，頁27。

也、自然也、心宗也、一也，皆不得已而立之名字也。」

方以智的一切皆氣，虛實皆氣及一氣兩行的觀點是對宋明時期一元論的繼承和發展，在方以智的哲學中，水火二行實質上都是氣，都是一氣的不同型態，在周敦頤的〈太極圖〉中第二圖即取坎塡離，而山火表示陰陽，方以智的一氣二行說正是用氣的一元論補充了宋儒，五殊二實、二本則一的學說：

方以智認爲世界的究竟本源是太極，太極是先天地萬物，後天地萬物，而終之始之的，太極被方以智視爲窮極，而且超越一切對立，不落有無而又貫通有極、無極，即流行即發展：

> 不落有無，又莫妙於《易》矣……太極者，先天地萬物後天地萬物，終之始之，自古及今，無時不存……太極者，猶言太無，太無者，言不落有無（東西均，三徵）

方以智一方面認爲無在有先，另一方面又企圖超越有無，而以超越的太極爲世界之究竟本源，然而爲何用「太無」而非「太有」呢？這是從邏輯上言，無在有先，世界之理凡相因者皆極相反，相因相反，而公因就在反因中，即他所說的圓伊三點，上一點和下兩點，三而一、一而三，是動態辨證上發展，方以智合《易經》與《中庸》以執兩用中來談太極，故仁義即殺奪、聖人體無，而老子是有也者，莊子亦爲孔門之托孤，以無而空其有，以有而空其無，以不茫而雙空，以法位而空其不落。

第四節　當代學者論〈太極圖〉與《太極圖說》

周敦頤〈太極圖〉與《太極圖說》的問題，爭訟百年，至今仍尚未有定論，一些舊有的證據，已被反覆地討論過，目前尚未有新的證據出現，關於周敦頤思想體系的問題，許多專精中國思想的專家學者均有精闢的創見，而者些論著也多爲 20 世紀 70 年代以前所發表的，在這裏，我們從唐君毅、牟宗三先生、蔡仁厚老師、錢穆先生、方東美先生、馮友蘭先生及勞思光先生爲對象，來比對他們對於〈太極圖〉與《太極圖說》的看法和意見。

一、唐君毅先生不排斥〈太極圖〉源於道教，也不排斥無極出於道家

唐君毅先生在其《中國哲學原論，導論篇》中說：大率凡關於〈太極圖〉之淵源、《太極圖說》與周子思想之關係、及《太極圖說》中之名辭概念，如

太極、無極、陰陽之淵源，皆屬歷史性問題；他從道德心靈感應的文化意識來考慮，因此把濂溪之學的出現，和當時文化背景相關的問題一起討論：

> 朱陸之辯《太極圖說》，乃以《太極圖說》在周子著述及思想中地位問題發其端。畢竟周子是否嘗作《太極圖說》，此亦是一歷史事實問題。而象山梭山之疑有此事實，則又以通書所言之理論內容，與《太極圖說》之內容不類而言。此不類，是否即可證成其非周子所著，或爲周子早年所著？如此不類，只是所言之方面不同，而非相矛盾，則明不能以此證其非周子所著。〔註35〕

唐先生乃肯定周子其說：「吾人本哲學觀點以論宋明儒之學者，宜以周濂溪爲始，其故在濂溪乃以立人極爲宗。」他也依照黃宗炎之《太極圖辨》認爲：「此圖源自道教，不容否認」〔註36〕

唐君毅先生認爲，歷代學者所爭論的問題中，有許多是歷史性的問題：

> 徒就《太極圖說》之先無極而後太極，實不足以證明圖說整個思想內容，即同於道家，圖說之言無極與易之言無極，同條共貫，亦無礙於無極之一名乃初源自道家。〔註37〕

唐先生圓融，不排斥〈太極圖〉源於道教，也不排斥無極出於道家。

唐先生論「無極而太極」，先從歷史來上溯太極之名，從莊子的大宗師再到《易傳》，孔穎達的疏解：「易有太極」，太極即是元氣或氣（兩漢大體上以氣爲萬物之本源），所以漢儒較爲質實；直到魏晉，王弼注易有太極：「夫有必生於無，故太極生兩儀」，魏晉人較爲空靈，是以無來視「太極」，而後到宋代，朱子謂理爲太極，無極爲無形；沿漢儒重氣思想，橫渠船山皆以氣爲太極，而邵康節、胡致道，皆謂心爲太極，陸象山的太極，極只是中，中所指即爲理，但理不外心，故亦爲「心極」的系統〔註38〕。

周濂溪扣緊通書之誠與神來說濂溪的「無極而太極」，誠相當於太極，通書以無思無爲，寂然不動來說誠，而太極之用，則爲動有，「至太極圖說言一動一靜而動靜互爲其根，以至言萬物生生之變化不窮，皆本於太極，亦即言其本於太極之眞」〔註39〕太極並非不能動的，誠即是太極，是一眞實存在之

〔註35〕唐君毅：《中國哲學原論　導論篇》，台灣：學生書局，民69年，頁402。
〔註36〕唐君毅：《中國哲學原論　導論篇》，台灣：學生書局，民69年，頁403。
〔註37〕唐君毅：《中國哲學原論　導論篇》，台灣：學生書局，民75年9月，頁419。
〔註38〕唐君毅：《中國哲學原論　導論篇》，台灣：學生書局，民75年9月，頁412。
〔註39〕唐君毅：《中國哲學原論　導論篇》，台灣：學生書局，民75年9月，頁416。

至善，由於人類的思爲，皆有極至極限，而無思無爲者，皆爲無極〔註40〕。

唐先生對朱子的以太極爲理或以形訓極這兩種不同的訓解，回到《通書》中以誠的眞實無妄和無思無爲，誠即是太極，而無極即是遮詮，如此則獲得了貫通。

二、牟先生認爲〈太極圖〉說，屬於「天道性命相貫通」儒家的綜攝系統

牟先生在《心體與性體》一書中，忠實地把握濂溪一生的學術思想，視《論孟》、《易傳》、《中庸》爲「天道性命相貫通」的綜攝系統：

> 濂溪開端，雖於孔子之仁，孟子之心性了解極少，然客觀地自本體宇宙論面言道體，彼卻是將此道體體會爲即存有即活動者，而且很能提得住。〔註41〕

牟宗三先生認爲周敦頤屬宇宙論縱貫形上學，以誠體爲主之道德意義之形上學，他也認爲周濂溪的思理直接契接《中庸》、《易傳》，而《中庸》、《易傳》這二部書又是將孔子之「人」與孟子之「心性」，通徹至「於穆不已」的天道的重要關鍵，由此則可達到「天道性命相貫通」〔註42〕的境界。但牟先生也認爲《中庸》、《易傳》有孔孟盡心之主體實踐之前提，但周敦頤直接從《中庸》、《易傳》談儒家形上學時，卻稍有忽略這個主體實踐的重點〔註43〕。

牟先生認爲周敦頤的學問，可稱之爲「默契道妙、得千古不傳之秘」：「宋明儒六七百年之發展以及學派分立之關鍵（亦可說癥結）亦於此開端而得展示。」〔註44〕，「默契道妙」是元朝理學家吳澄稱讚周敦頤的一句話，牟先生對周敦頤的學說有如此地讚美：「對於天體誠體之神、寂感眞幾有極深的體悟。所謂默契道妙者，即在此面有積極的意義。」〔註45〕

牟先生是以《太極圖說》和《通書》來做參考對照，且周敦頤思想的理解應以《通書》爲主，先由《通書》的觀念做理解乃足以有效掌握其《太極

〔註40〕唐君毅：《中國哲學原論　導論篇》，台灣：學生書局，民75年9月，頁416。
〔註41〕牟宗三：《心體與性體（一）》（台北：正中書局，1991年），頁410。
〔註42〕牟宗三：《心體與性體（一）》，（台北：正中書局，1991年），頁322。
〔註43〕杜保瑞：〈對牟宗三詮釋周敦頤言誠體形上學之方法論的反省〉《哲學與文化月刊》，第36卷第11期，2009.11，頁78。
〔註44〕牟宗三：《心體與性體（一）》，（台北：正中書局，1968年），頁323。
〔註45〕牟宗三：《心體與性體（一）》，（台北：正中書局，2006年），頁356。

圖說》之義理，圖說必須與《通書》互爲參看，這其實也是朱熹所用的內證方法，除了《通書》沒有講到無極、動而生陽外，其他《太極圖說》的概念在《通書》中皆可以找到，〈太極圖〉並不重要，而《太極圖說》可獨立自成一體系，不必依附於〈太極圖〉，牟先生也認爲〈太極圖〉有可能借用道教的圖來說明儒家的道理；《通書》的寫作應是先於《太極圖說》。

對於爭議最大的《太極圖說》的第一句：「自無極而太極」，牟先生認爲：「太極」是實體詞，「無極」是狀詞，實只是無聲無臭、無形無狀、無方所（神無方）、無定體（易無體）、一無所有之「寂然不動感而遂通」，即是寂感一如之誠體本身，而此即是極至之理，故曰「無極與太極」，「無極」之詞雖然首見於《老子》，但卻不礙周濂溪思理之爲儒學體系。此即表示

> 此圖對於圖說義理並無抒意上之必然關係，亦無理解上之必然關係。〔註 46〕

> 周濂溪從先秦儒家發展所達致的高峰《中庸》、《易傳》開始，他了解的道體就是以《中庸》的誠合釋乾元，拿誠體解釋元創生的過程。《中庸》、《易傳》的簡單文句，兩漢四百年、魏晉南北朝、隋唐，長期以來沒有人懂，周濂溪一出來就講明白了。〔註 47〕

牟先生所認定的周敦頤是直承儒家天道性命相貫通的立場，而且他雖然他常批朱子爲繼別爲宗，但就朱子視周子爲儒家正統，而且將《通書》與〈太極圖〉書作一合看，牟先生是應贊成朱熹而採取肯定立場的。

這樣的思路也影想到了牟先生的大弟子蔡仁厚老師。蔡老師在《宋明理學》中說：「〈太極圖〉雖可能源自道教，而《太極圖說》則斷然是濂溪自己的思想，自儒家義理而言，不必說道教之圖，即使濂溪之〈太極圖〉亦無多大價値，沒有此圖，圖說之義理，依然可以獨立理解。」〔註 48〕

三、錢穆認爲濂溪的義理性格，雜有佛道成份，但仍屬儒門人物

錢穆先生在中國學術思想史論叢中說：

> 明清以來，駁擊圖象之說益烈，遂謂濂溪〈太極圖〉康節〈先天圖〉皆源出於方外，因謂宋儒即和尚道士之變相，其說至今，更爲時流

〔註 46〕牟宗三：《心體與性體（一）》，（台北：中正書局，1991 年），頁 408～409。
〔註 47〕牟宗三：《宋明儒學的問題與發展》（台北：聯經出版社，2003 年）12 月，頁 171。
〔註 48〕蔡仁厚老師：《宋明理學北宋篇》，（台北：學生書局，2002 年 8 月），頁 57～58。

> 所信，余曾謂宋學淵源，大本決非出於方外。〔註 49〕

> 濂溪《太極圖說》，乃把先秦儒道陰陽三派融合，而始完成其自創的宇宙論。〔註 50〕

> 朱子以敬義夾持格物窮理來代替禪家之參話頭，又以濂溪橫渠窮究宇宙萬象一路來替代法眼一派。〔註 51〕

但他對太極圖的來源，亦認爲來自道教：

> 濂溪太極圖，遠則淵源於易繫辭，近則傳授自陳摶，易經與道家，本屬相通。〔註 52〕

> 敦頤的大貢獻，正在他開始闡發了心性義理之精微。就中國思想史而言，孔孟儒者一切理論根據，端在心性精微之處。嚴格言之，這方面眞可謂兩漢以來無傳人……直要到敦頤，才入虎穴，得虎子；拔趙幟，立漢幟〔註 53〕

四、方東美先生認爲〈太極圖〉源出於道教，而且《太極圖說》的價值遠遜於《通書》

方東美先生則認爲，周濂溪的學說思理駁雜，僅《通書》較具價值〔註 54〕，而〈太極圖〉與《圖說》則是抄襲自道教的思想，方先生對〈太極圖〉及《太極圖說》更是十分不以爲然，《通書》它只能算是得孔孟眞傳的一半，《通書》另有得自荀子「無爲而自成」之自然天及《禮記．樂記》「人生而靜，天之性也」等概念思想者。

周敦頤的〈太極圖〉出於道教乃是歷史的鐵證，從工夫論而言，他認爲周子將將儒家的學問引進消極清靜的「無」處：

> 〈太極圖〉及《太極圖說》不是出自他（周子）思想的創造，而是抄襲與附會道教道藏中之〈上方大洞眞元妙經品〉圖中之太極先天

〔註 49〕錢穆：〈論太極圖與先天圖之傳授〉《中國學術思想史論叢（五）》，（台北東大圖書公司，1978 年），頁 73。

〔註 50〕錢穆：《中國學術思想史論叢》，1984，頁 57。

〔註 51〕錢穆：《朱子新學案》，（台北學生書局），頁 150。

〔註 52〕錢穆：《朱子新學案》，（台北學生書局），頁 44。

〔註 53〕錢穆《宋明理學概述》（台北：中國文化大學出版部，1980 年 12 月），頁 23。

〔註 54〕「周濂溪本身學術創作能力，可說並不是第一流的，甚至可以說只是第二流」方東美：《新儒家哲學十九講》，黎明文化出版社，民 74 年，頁 107。

> 圖。〔註 55〕
>
> 〈太極圖〉不能算是哲學文獻，充其量只是健身之術，與哲學無關。〔註 56〕

方先生並且認爲太極圖及太極圖說，並不是一種本體論：「充其量，它也只是個宇宙開闢論。」〔註 57〕，方先生推崇的是《通書》：「《易通》是一部重要的哲學文獻」〔註 58〕、「濂溪通書本旨深得易庸之傳，而朱子之理卻是荀子之學。」〔註 59〕

五、馮友蘭先生也認爲太極圖說來源於道家

馮友蘭先生也認爲周濂溪援引了道教的思理，但〈太極圖〉也是濂溪思想下的產物，用來解釋天地萬物之生化：

> 周濂溪取道士所用以講修鍊之〈太極圖〉，而與之以新解釋、新意義。其解釋此圖之《太極圖說》爲宋明道學家中有系統著作之一。宋明道學講宇宙發生論者，多就其說推衍。〔註 60〕
>
> 有些道教的人畫了許多神秘的圖，以圖式描繪秘傳的道，他們相信得此秘傳的人便可成仙，據說周敦頤得到了一張這樣的圖，他予以重新解釋，並修改成自己的圖，已表示宇宙演化的過程。〔註 61〕

此外，馮友蘭先生亦認爲周濂溪之「無極而太極」一話，實則受到道家的影響，其如此說到：「濂溪之無極而太極，實近老子：天地萬物生於有，有生於無之說。」〔註 62〕馮友蘭認爲，濂溪的〈太極圖〉源自道教，但《太極圖說》的內容還是儒家的方向，而濂溪藉此〈太極圖〉以說明宇宙生化的過程，其所依據的基礎就是《易傳》。

〔註 55〕方東美：《新儒家哲學十八講》，(台北：黎明文化出版社)，民 74 年，頁 120。
〔註 56〕方東美：《新儒家哲學十八講》，(台北：黎明文化出版社)，民 74 年，頁 120。
〔註 57〕方東美：《新儒家哲學十八講》，(台北：黎明文化出版社)，民 74 年，頁 107。
〔註 58〕方東美：《新儒家哲學十八講》，(台北：黎明文化出版社)，民 74 年，頁 126。
〔註 59〕方東美：《新儒家哲學十八講》，(台北：黎明文化出版社)，民 74 年，頁 134。
〔註 60〕馮友蘭：《中國哲學史》，1994，頁 824。
〔註 61〕馮友蘭《中國哲學簡史》，台北：蘭燈文化，1993 年 10 月，頁 262。
〔註 62〕馮友蘭：《中國哲學史》，北京市：人民出版社，1994，頁 907。

六、勞思光先生：〈太極圖〉和《太極圖說》可以分開處理，〈太極圖〉來自道教，《太極圖說》則是儒家義理，但是受道家影響

勞思光肯定周敦頤爲宋明理學之首出：「北宋儒者之治學，其初亦皆以解經爲主，雖對道德文化問題已漸加重視，然尚無建立理論系統者，哲學理論之正式建立，始於周濂溪，故論宋明之儒學，莫不以周氏爲首出代表者。」〔註63〕

但周子做爲北宋初前前三家其所宗的儒學，乃是的混合義之「宇宙論中心之儒學」，而非純粹孔孟義之從內在自覺心以論人倫德教的「心性論中心之儒學」，周敦頤的〈太極圖〉非其所創而應出自道教內丹派丹訣，且極可能出自道士陳摶，故與《參同契》之〈水火匡郭圖〉、〈三五至精圖〉無關。〔註64〕又〈太極圖〉與《太極圖說》理當分來看，若研究濂溪之學以此二者而言理當是在《太極圖說》而不在〈太極圖〉，周敦頤之學不但有取於道教圖書，且其思想亦受南方道家之影響，例如《太極圖說》中首句之「無極而太極」即是提出以「無」爲本之形上觀念：

> 周氏本在理論上，強調無及靜，二者皆盡道家學說，若就歷史淵源考之，則道家形上學觀念，在《易傳》中已與儒學觀念混合，《禮記》〈樂記〉中所謂人生而靜，亦是此一混合狀態思想下之產物，周氏雖被後人認作宋代最早立說之儒者，但前所據之前人成績，亦偏在此。〔註65〕

就以上諸家的學說，雖然其說非常相異，但基本上都有一個共同處，那就是：周敦頤的思想特色或貢獻乃是依據《中庸》、《易傳》以建構一套形上學或宇宙論的體系，並藉此安立人在宇宙中的地位以及人間之德行價值。

第五節　小　結

本章從《太極圖說》的版本校勘做爲入手之處，經過朱熹對編訂《通書》及太極圖時的版本校勘時所發現的諸家版本，進而論及《太極圖說》的義理內容，從《太極圖說》的義理內容可以看出周濂溪做爲宋明理學創始者，其

〔註63〕勞思光《新編中國哲學史》，第三冊上，（台北：三民出版社），頁62。

〔註64〕煩參陳德和：〈周敦頤思想性格的詮釋諍議及其省察——以方東美、牟宗三、勞思光爲例〉靜宜中文學報第二期，2012年12月，頁31～48。

〔註65〕勞思光《新編中國哲學史》，第三冊上，台北：三民書局，頁62。

不容抹煞的歷史地位。

緊接著我們進行了太極之義的探究，從《莊子》、《淮南子》到孔穎達的《周易正義》，最後則是落於陽明之心極與方以智之〈太極不落有無〉。

第四節則是探討當代學者論太極圖及太極圖說之相關問題。

第六章　儒家內部思想之爭——理學與心學之辯

第一節　由儒道的對辯到儒學內部之分化

儒道二家的論辯經過兩漢魏晉、隋唐，而至北宋之後，開始變得調和折衷或說互補會通，儒道分歧開始成爲儒家內部（理學和心學）的分歧，由於士大夫是政治和社會文化之主體：「宋代士階層不但是文化主體，而且也是一定程度的政治主體，至少他們在政治上所表現的主動性超過了以前的漢、唐和後面的元、明、清。這是宋代在中國史上的一個非常顯著的特色。」〔註1〕，而宋代的新儒家學者們，更是個個以天下興亡爲己任：「在士大夫作爲政治主體的共同意識方面，范仲淹倡導的士大夫當『以天下爲己任』的呼聲獲得了普遍而熱烈的回響。」〔註2〕宋代是一個平民化的社會，在這個「天道小格局」的時代中，士人們所抒發的是個人人生懷抱的實現，因此，我們所看到的宋明理學家們，像伊川、明道、張載、邵雍、朱子、象山……，均希望能在政治上施展其自身的抱負，但在政教合一的宋代，君王大多提倡佛教：

> 趙宋皇室可以說是以佛教世其家，歷代皇帝除眞、徽二宗外多是佛教徒。太宗相信「浮屠氏之教有裨政治」〔註3〕

〔註1〕　余英時：《朱熹的歷史世界》，生活・讀書・新知三聯書店，2004年11月，頁1。
〔註2〕　余英時：《朱熹的歷史世界》，生活・讀書・新知三聯書店，2004年11月，頁8。
〔註3〕　余英時：《朱熹的歷史世界》，生活・讀書・新知三聯書店，2004年11月，頁67。

這對宋明理學家們眞的是情何以堪，皇帝崇信佛老、以虛無清淨爲能事，對天下蒼生黎民百姓而言，如果佛教能讓國家興隆也就罷了，偏偏信仰佛教的這些皇帝，除了太宗外，各個都軟弱無能，而不僅皇帝迷信佛老，甚至連高級的知識份子也有不少的佛老信徒：「皇帝崇信釋氏，士大夫好禪，這是宋代政治文化的一個基本特徵」〔註4〕類似有名的文人，像蘇軾、歐陽修……等等，均修禪好道、崇尚老莊，傾向於藝術精神之觀照與內心世界之寂靜空靈，缺乏對人間世與現實之熱情與積極，以及改造現實社會的行動實踐能力，爲了矯正此一弊端，理學家們便走上排斥佛老一途，而由於宋明理學家們著重討論的是心性道德，所以從內聖走向外王，即《大學》所說的格、致、誠、正、修、、齊、治、平，便是他們落實功夫涵養的途徑：「即以最有代表性的理學家如朱子和陸九淵而言，他們對儒學的不朽貢獻雖然毫無疑問是在『內聖』方面，但是他們生前念茲在茲的仍然是追求『外王』的實現。」〔註5〕。

雖然，宋明儒以心性爲主的道和佛道所言的道，是截然二分的：

> 神宗心中的「道」確是「竊取釋氏之近似者」，恰如張栻所言，他在和王安石的一次對話中曾明白地說：「道必有法，有妙道斯有妙法。如釋氏所談，妙道也；則禪者，其妙法也」更巧合的是理學家如朱、張、陸諸人所曾寄予厚望的孝宗，也繼承了神宗的衣缽。他在淳熙（1174～1189）中期曾撰《原道辨》，駁韓愈之說，主張「以佛治心，以道養生，以儒治世」。後來因臣下苦諫，他才勉強改名爲《三教論》〔註6〕。
>
> 而神宗恰恰以釋氏爲「妙道」，以禪爲「妙法」，理學的成熟階段則在南宋孝宗之世，但事有湊巧，孝宗在個人信仰方面也是一位禪宗信徒。他在淳熙八年（1181）撰《原道論》，專爲駁斥韓愈《原道》而作。〔註7〕

神宗和孝宗均有佛教的信仰，他們主張以佛之明心見性做爲立國治世的主張，這對宋明理學家而言，是將國祚帶往衰亡的一大警訊；雖然同樣是一個道字，但以內聖爲中心的宋明理學家們，在此可說是嚴分儒道，他們不僅

〔註4〕 余英時：《朱熹的歷史世界》，生活・讀書・新知三聯書店，2004年11月，頁67。
〔註5〕 余英時：《朱熹的歷史世界》，生活・讀書・新知三聯書店，2004年11月，頁11。
〔註6〕 余英時：《朱熹的歷史世界》，生活・讀書・新知三聯書店，2004年11月，頁12。
〔註7〕 余英時：《朱熹的歷史世界》，生活・讀書・新知三聯書店，2004年11月，頁67。

是對外闢佛老，在士的階層之內，他們也反對士大夫習禪成風的時尚，這裡不得不說是作爲儒者的他們：內在的緊張和道德理性的過度嚴肅，雖然陽明也可談「無善無惡心之體」，但與道家所言生命本然的「道」是有一段差距的，他們離道家所言的「自然」與「自由」十分遙遠，相對於先秦，更缺乏文明開端的大格局或思想的原始渾樸性，也沒有孔子的那種聖人氣象的偉大和「從心所欲不逾矩」，他們對於「道」的看法，均內化於生命中的「學」，去談個人生命和理想之實踐，所以他們多談「心性」、「性理」……，而少提自然無爲，如同朱子所強調「學以復其初」、而王船山則主張「性日生日成」。

雖然他們是口徑一致的反對佛老，然而在他們反對的聲浪背後，卻看見太多太多的佛道的影子和勢力，連朱子自己也認爲：「佛家有一首偈云：『有物先天地，無形本寂寥，能爲萬物主，不逐四時凋」……認爲這是『佛教之學與吾儒有甚相似處。』」〔註 8〕。其實，宋明理學並不反對佛老其說，而是從應用方面以排斥佛老，他們表面上雖爲排斥佛老：「將欲取之，必固與之，此老子之體用」〔註 9〕、「老子之術，須自家占得十分穩便方肯做，才有一毫於己不便，便不肯做」〔註 10〕，但耽讀於佛典與道家典籍者其實不少，他們對佛老的排斥恐懼很多是出於迴護己見的前提，更多是因爲儒學復興背後的政治勢力：反對消極性和對「無」的恐懼，他們認爲的「無」就是倫理的吊銷和入世思想的解構：「先儒論老子，多爲之出脫云，老子乃矯時之說，以某觀之，不是矯時，只是不見實理，故不知禮樂刑政之所出，而欲去之曰，渠若是識得寂然不動，感而遂通天下之故，自不應如此」〔註11〕

我們以朱陸的「無極和太極」之辯來作爲儒道對辯的第二個場次，在這個場次當中，承接道家或老莊眞精神者，說來應該是唐宋古文八大家那些有名的文人，像蘇東坡、歐陽修，黃庭堅……，而作爲用世實踐、開拓外王的明道之士，則爲二程、張載……朱子、象山等明道之士，儒道對辯的格局已深化至宋明理學內聖外王的分歧中，更下轉爲理學與心學之對峙，表現在無極與太極之辯中，即其顯著之一例，「無極和太極之辯」是一場本體論形上

〔註 8〕 余英時：《朱熹的歷史世界》，生活・讀書・新知三聯書店，2004 年 11 月，頁 24。

〔註 9〕 宋・黎靖德編：《朱子語類卷第一百二十五》，正中書局，民 71 年 6 月，四版，4785。

〔註10〕 宋・黎靖德編：《朱子語類卷第一百二十五》，正中書局，民 71 年 6 月，四版，4785。

〔註11〕 宋・黎靖德編：《朱子語類卷第一百二十五》，正中書局，民 71 年 6 月，四版，4791。

學的抽象之辯，只可惜在這個場域中，朱陸雙方都沒有好好聆聽對方辯友的聲音，迷失在很多爲學次第以及功夫概念的名相之中，用海德格的語言來說，朱陸在急於說服對方的歷程中，忽略了傾聽「存有」（Being Sein）的眞實聲音，那就是——「沉默」，莊子說得好：「大言炎炎，小言詹詹。」在這場十分有名而重要的論辯中，我們所看的都像是在打太極拳一般的「無與有」、是「無極還是太極」……，從後設觀點來看，這種論辯的最大目的，就是確立而且加速了理學和心學之分歧，使得儒道對辯成爲儒學內部最大的分化，奇妙倏地得將儒道對辯的形式，很完美地結合在有宋代一批被標誌爲儒林傳與道學傳的文人和士大夫身上，在他們的生命和作品內，寫下了無數儒家與道家高度結合的藝術作品；更反映在宋明一代多元的宗教氛圍內，將儒釋道合龕於一爐，造就了宋明豐富而多元的庶民文化型態。

因此「無極而太極之辯」，不僅應如黃宗羲所言：「不過仁者見仁，智者見智」，而是應回返於原初的大道、回返於無遮蔽的開顯（cover up），是「道」在弘人（而非「人能弘道」），新儒家的出現與演變，從歷史與存有的角度，原也應是「一大世因緣」，儒道之間的相靡相盪、遮撥開顯，正說明了「存有」作爲眞理 aletheia 的開顯性，眞理就是這種不斷「遮蔽——開顯」、「開顯——遮蔽」過程中，那是一場語言的遊戲，更是歷史與存有大往大來之敞域。

朱陸無極與太極之辯中的意義與詮釋

朱陸不管是鵝湖或是無極太極圖之辯中，最大的分歧就是朱陸對經典（學）的疑議－是道問學優先還是尊德行優位？朱子主張先泛觀博覽而後歸之於約，而象山則反之，主張先立其大；朱子與象山對經典的態度是十分不同的，朱子的態度是「我註六經」，而象山則爲「六經註我」；若以我爲世界之中軸，則「我註六經」的立場可謂詮釋學境域融合之縱軸，而以經典作爲橫軸，逆說的「六經註我」時，六經形成了禮樂文化世界的中心點，而我生存其間並含詠於其中，當然，不管我或是六經，我們均是生活在世界之中，我們在寫註六經，而六經又反過來註解我們，「我註六經」且「六經註我」，便形成了我們詩書禮樂的文化世界觀，在此可以說是「境遇融合」。

朱陸的對辯開啓了儒學價値的自立（倫理自主），而作爲這樣經典詮釋境遇融合的詩書禮樂文化的世界觀，是落於文化中兩股的勢力，也可以說是直覺主義（象山）與經驗主義（朱子）的分界，也可以說是知識論中客觀論者與主觀論者的分野，而眞理在越辯越明當中，不斷地開顯或隱藏，這就是作爲歷史理解中的詮釋。

第二節　鵝湖之會的朱陸同異

鵝湖之會的論辯始於淳熙二年，原爲朱子的好友呂祖謙，希望朱、陸二人的哲學觀點會歸於一，沒想到事與願違，更加深了其之分裂。〔註12〕

象山主張宇宙即吾心、吾心即宇宙，其工夫的路數乃先立其大，而朱子則主張性即理、心外有物、心外有理，涵養本心與格物窮理必須同時並進、主張格物致知，陸九淵其實也講格物致知、格物窮理，但他的格物窮理是立足於心，他認爲，「心即理」——「東海有聖人出焉，此心同此理同，西海有聖人出焉，此心同此理同也」，又何須向外檢索；而朱子這種格物窮理的方式，在象山看來就是「支離」：「易簡工夫終久大、支離事業竟浮沈」，也因爲這樣的關係，當他們在論辯太極圖的時候，象山就說得很不客氣：「今閱來書，但見文辭繳繞，氣象偏迫，其致辨處，類皆遷就牽合。」（《宋元學案》）

二大思想家在淳熙二年的春天，展開了中國哲學史上最著名也最影響深遠的論辯，其中不免有些意氣的夾雜，類似象山對朱子之批：「求勝不求益」、

〔註12〕「淳熙二年（1175 年）六月五日，在信州（今江西上饒）鵝湖寺，舉行了一次規模不大、但影響深遠的哲學討論會，這就是中國哲學史上著名的「鵝湖之會」，是宋明理學中最有名的理學和心學的爭論，朱子的好友呂東萊（祖謙）爲會通當時儒家的兩大顯學而召開；參加會議的主要人物是朱熹和陸九淵，還有朱、陸、呂的門人以及有關學者約二十餘人。議題主要是圍繞理和爲學的功夫，朱熹主張先泛觀博覽而後歸之簡約，二陸則主張先發明人之本心、而後博覽群書。朱熹責二陸教人過簡、二陸責朱熹教人過於支離，會議召集人呂祖謙本意是調和朱陸，但事與願違，雙方各不相讓，結果是鬧得不歡而散，不僅沒有使雙方哲學觀點『會歸於一』，反而更明確了『理學』與『心學』的分歧。」解光宇：〈鵝湖之會與朱陸分歧〉，2015 年，7 月 21～22 日發表於江西上饒師範大學朱子研究所「尊德性與道問學：紀念朱陸鵝湖之會 840 周年學術研討會」，頁 93。
陳來認爲：「鵝湖之會的論辯，並沒有留下詳細的紀錄，此誠爲憾事，從現在所能掌握到的材料看，鵝湖之會所表現出來的分歧，集中圍繞在爲學功夫上面，而未能深入到爲學分歧的根本理論上」陳來，《朱熹哲學研究》，臺北市：文津出版社，民 79（1990 年），頁 332。
陸王的學者以體現本心爲主：「和程朱傳統相較，陸王學者對經書相當忽視，陸王本人幾乎沒有清儒傳統意義的經學可言，學苟知本，六經皆我註腳，此何有於經學哉。」（楊儒賓：《水月與記籍》《中國經典詮釋傳統》，李明輝編，喜馬拉雅研究發展基金會，民 91 年 2 月，頁 192）

「莫是曾學禪宗，所得如此。」如朱子對象山的勸告：「但於匆遽急迫之中，肆支蔓躁率之詞，以逞其忿懟不平之氣……」(《宋元學案》)，這樣的論辯並無勝敗輸贏或是非對錯，只是彼此之間的友誼不免有些過節，然而「理學與心學的對立並非是絕對的」〔註 13〕，淳熙己亥（朱熹赴南康軍，1179 年）行至信州鉛山，陸九齡來訪，朱熹追和鵝湖相會，有詩云：「德義風流夙所欽，別離三載更關心。偶扶藜杖出寒谷，又枉籃輿度遠岑。舊學商量加邃密，新知培養轉深沉。卻愁說到無言處，不信人間有古今。」

事實上，朱熹對於陸九淵之批，也有其感謝和共感的，所以「矧乎晚年又志同道合」，甚至還寫信給象山直承學問之弊：「爾來日用功夫，頗覺有力，無復向來支離之病，甚恨未得從容面論。未知異時相見，尚復有異同否耳！」〔註 14〕，理學和心學的分歧、道問學和尊德性的爭論、無極與太極的擷抗，終於消弭在生命的體悟以及道學的堅持之中，因此，黃宗羲說得很好：「二先生之虛懷從善，始雖有意見之參差，終歸於一致而無間，更何煩有餘論之紛紛乎……二先生同植綱常、同扶名教、同宗孔孟、即使意見終於不合，亦不過仁者見仁，智者見智而已。」〔註 15〕，杜保瑞甚至認為：「千年以來朱陸之爭便只是兩位儒者的相處問題，而不是哲學問題，歷來學者將朱陸之爭上升為理論之爭而持續爭訟的歷史，固然是歷史上的眞實事件，但卻是哲學上的新問題，而不是朱陸本人的問題。說朱陸只是為個人風格的意氣之爭的意見」〔註 16〕，黃和杜二人，分別是從理學和心學的異中求同，來調和朱陸。

第三節　朱陸的無極太極之辯

朱陸的無極太極之辯在鵝湖（西元 1175 年）之會後的十三年，即淳熙

〔註 13〕解光宇：〈鵝湖之會與朱陸分歧〉，2015 年 7 月 21～22 日發表於江西上饒師範大學朱子研究所「尊德性與道問學：紀念朱陸鵝湖之會 840 周年學術研討會」，頁 90。

〔註 14〕解光宇：答陸九淵書之二，〈鵝湖之會與朱陸分歧〉，2015 年 7 月 21-22 日發表於江西上饒師範大學朱子研究所「尊德性與道問學：紀念朱陸鵝湖之會 840 周年學術研討會」，頁 93。

〔註 15〕蔡家和：〈朱陸有關周濂溪太極圖說辯論的書信〉，2015 年 7 月 21～22 日，〈朱子與象山關於〈太極圖說〉的論辯〉發表於江西上饒師範大學朱子研究所「尊德性與道問學：紀念朱陸鵝湖之會 840 周年學術研討會」，頁 1-15。

〔註 16〕杜保瑞：〈朱陸鵝湖之會的倫理意涵〉杜保瑞教學網 http://homepage.ntu.edu.tw/~duhbauruei/4pap/1con/4901.htm

十五年（西元 1188 年），象山時年五十，而朱子六十五歲了，自從他們鵝湖之會爲「道問學」、「尊德性」和「心即理」、「性即理」，「心外有物」、「心外無物」這樣的論題爭執不下，雙方仍有一些往來，而就在 1188 年，當朱子編定完延平本〈太極通書後序〉之後，雙方又爲了〈太極圖說〉的詮釋產生論爭。

從西元 1169 年開始，朱子對濂溪的《通書》及〈太極圖〉之編訂：分別是南宋孝宗乾道己丑六月（1169 年）的建安本，在這個版本中，朱子將通書改名爲《太極通書》，也對圖的來源提出說明：「熹又嘗讀朱內翰震《進易說表》，謂此圖之傳，自陳摶、种放、穆修而來，而五峰胡公仁仲作《通書序》，又謂先生非止爲种、穆之學者，『此特其學之一師耳，非其至者也』。夫以先生之學之妙，不出此圖，以爲得之於人，則絕非种、穆所及；以爲『非其至者』，則學生之學，又何以加于此圖哉？是以嘗竊疑之，及得志文考之，然後知果先生之所自作，而非有所受於人也。」〔註 17〕；朱子認爲圖爲周子之自制，又經過十年，朱子覺得「猶頗有所未盡」，故於淳熙己亥年（西元 1179）年夏五月，再次編定南康本，之後朱子可能從臨汀楊方「得九江故家傳本」又重新校對南康本：「校此本不同者十有九處，然亦互有得失……其三條，九江本誤，而當以此本爲正。如《太極說》云：無極而太極，而下誤多一生字，《誠章》云：誠斯立焉，立誤作生，家人、睽、復、無妄章云：誠心復其不善之動而已矣，心誤作以，凡十有九條，今附見於此，學者得以考焉」〔註 18〕。從朱子延平本的序言中，我們可以得知，他看到的「九江故家傳本」其中的《太極圖說》是被寫作《太極說》的；從最早他認爲圖來自濂溪創造，漸漸地覺得濂溪應有所師承；戊申六月，他在玉山邂逅洪景廬內翰，借得所修國史，上面的記載是：「自無極而太極」朱子刪去自、爲二字，就怕人懷疑太極圖說是道教的作品，從孝宗乾道六年（1169）至淳熙十五年（1188），歷時十八年，從這裡，可以看出朱子對太極圖的重視，而且也深明太極圖對他自己在架構理氣二分、心性情三分的理氣論系統具有的重要地位，是周子的太極圖，讓朱子的「理先氣後」、「所以陰陽是道」有了一個很好的存有論系統架構，而隨著朱子學思歷程的開展，他對太極圖也有著不同的體悟。

〔註 17〕周敦頤：《周敦頤集》梁紹輝點校，（湖湘出版社），頁 88。
〔註 18〕周敦頤：《周敦頤集》梁紹輝點校，（湖湘出版社），頁 91。

朱子對〈太極圖〉來源的看法，根據許維萍〈歷代論辨太極圖之研究〉〔註19〕的看法，共經歷過三次轉變：

1. 孝宗乾道己丑〈太極圖通書後序〉建安版的時期（1169），朱子認爲，周敦頤的學問應不出於穆修、种放、太極圖爲周氏之自作，而非授受於人。
2. 淳熙六年（1179）〈再定太極通書後序〉（南康本），朱熹說〈太極圖〉講述的道理應該是有其淵源的，周敦頤因爲受到啓發，於是創立此圖，但爲何會有這樣的改變，是因爲讀了張咏（西元946～1015）的《語錄》，從這時候起，朱子已不再堅持〈太極圖〉完全是周敦頤自己的發明：「淳熙六年（1179），朱熹做〈再定太極通書後序〉其中說道：『又讀張鍾定公語，而知所論希夷、种、穆之傳，亦有爲進曲折者』張忠定攻擊張咏，字號乖崖……朱熹在〈再定太極通書後序〉中，認爲周敦頤大約通過張咏，接受了陳摶某些思想影響。」〔註20〕
3. 淳熙八年（西元1187年）〈周子通書後記〉（延平本）：「莫或知其師傳之所自」，是朱子對於周敦頤師承的最後答案，但基本上肯定其爲「孔孟之正統」。〔註21〕

隨著朱子對〈太極圖〉理解之變遷，其實我們也可以漸漸感受到，朱子對佛道兩家的看法，也慢慢有所不同。

淳熙五年，朱子以言詞得罪當權之韓侂胄，而在此之前，朱子也和兵部侍郎林栗發生齟齬，經過慶元學禁之後，朱子的政治生涯也就完全結束了，朱子的一生和《太極圖說》的密切相關，由以下數點可見：

1. 朱熹在臨終前五日，還替學生講解〈太極圖〉至半夜〔註22〕

〔註19〕許維萍：《歷代論辨太極圖之研究》，東吳大學中研所碩士論文，民84，頁93～95。

〔註20〕李申：《易圖考》，北京市：北京大學，2001，頁11。

〔註21〕煩參許維萍：《歷代論辨太極圖之研究》，東吳大學中研所碩士論文，民84，頁97：「通書者，濂溪夫子之所作也。夫子性周氏，名敦頤，字茂叔。自少即以學行有聞於世，而莫或知其師傳之所自。獨以河南兩程夫子嘗受學焉，而得孔、孟不傳之正統，則其淵源因可概見。然所以指夫仲尼、顏子之樂，而發其吟風弄月之趣者，亦不可得而悉聞矣。所著之書，又多散失。獨此一篇，本號《易通》，與《太極圖說》並出程氏，以傳於世。

〔註22〕唐君毅：《中國哲學原論　導論篇》「根據周海門聖學宗傳王懋宏朱子年譜，謂朱子臨終前數日，猶與學生講太極圖說。」台北：台灣學生書局，民69年9月，頁401。

2. 朱子和陸氏兄弟的論辯因〈太極圖說〉而起
3. 朱子和林栗因意見不合而招致彈劾，起因亦爲《太極圖說》
4. 慶元學禁發生時，一名叫做張貴謨的人，因批評《太極圖說》而得到賞擢，朱子也從此避居他方，結束其政治生命〔註 23〕

朱子是影響《太極圖說》最大的人，但反過來說，對《太極圖說》的詮釋也關連到了朱子的政治生命以及學術生涯的發展。〔註 24〕

淳熙十五年朱陸的無極與太極之辯，雙方往返的書信共計九封，朱子給梭山的信件兩封，梭山的回信二封（今已不存），朱子寫給象山兩封信，而象山寫給朱子三封信（第三封信爲問候之信〔註 25〕），在這場論辯中，象山梭山認爲太極圖雜有道家思想，可能是周子早年不成熟之作，或是他人不小心收入周子的作品中，而朱熹則認爲是周子的代表作品，另外朱子以形訓極、而象山以中訓極，象山認爲一陰一陽是道、而朱子則認爲所以陰陽是道：

> 朱子大致是以理氣論詮釋之，太極與無極是等同的，太極是理、陰陽是氣，這是朱子的理學建構，運用在太極圖説上，並認爲無極只是形容詞，形容太極的無聲無臭，並無不妥，並不因道家言之，儒家就該避諱；而梭山卻認爲這不是周子的作品，因爲與通書不類，或是早年不成熟之作，或是受了道家影響下的作品。〔註 26〕

朱子在寫給梭山的第一信中，認爲太極的意思是舉天下之至極：「殊不知不言無極，則太極同於一物，而不足爲萬化根本。不言太極，則無極淪于空寂，而不能爲萬化根本。」

〔註 23〕許維萍：《歷代論辨太極圖之研究》，東吳大學中研所碩士論文，民 84，頁 100。

〔註 24〕李申：《易圖考》，北京市：北京大學，2001，頁 21：「朱熹之學被指僞學，導致諸多朝臣被罷免，蔡元定被流放，這就是著名的慶元黨禁，無極而太極説，無疑是被指僞學的重要理論根據」。

〔註 25〕蔡家和：〈有關朱陸無極太極之辯〉「據歷史資料所載，一共涉及陸象山兄長梭山給朱子二書，朱子給梭山二書，以及象山給朱子三書和朱子給象山二書，梭山的二書原文已佚，部分文字則見於《周濂溪集》卷二。另外，黃宗羲原著，全祖望補修的《宋元學案》卷 57 梭山復齋學案及卷 58 象山學案中，全文收錄了朱子給梭山的二書，以及象山與朱子辯論的五封書信」蔡家和，2015 年，7 月 21～22 日〈朱子與象山關於〈太極圖說〉的論辯〉發表於江西上饒師範大學朱子研究所「尊德性與道問學：紀念朱陸鵝湖之會 840 周年學術研討會」，頁 1～15。

〔註 26〕蔡家和，2015 年，7 月 21～22 日〈朱子與象山關於〈太極圖說〉的論辯〉發表於江西上饒師範大學朱子研究所「尊德性與道問學：紀念朱陸鵝湖之會 840 周年學術研討會」，頁 1～15。

朱子在寫給梭山的信中，強調無極有其存在之必要，「無極而太極」是《太極圖說》通篇靈魂，周子既以太極爲萬化根本之後，還要再有一個「無極」以作爲萬化的本體論基礎，因爲朱子認爲：濂溪這樣做是認爲，單單一個太極，是不足以爲「萬化之根本」的。

但梭山回信時說（淳熙十四年，西元 1187 年）：「『太極』二字，聖人發明道之本源，微妙中正，豈有下同一物之理。左右之言過矣。今於上又加『無極』二字，是頭上安頭，過爲虛無好高之論也。」

顯然梭山並不接受朱子的說法，他以爲在太極之上還要安立無極，明顯地是「頭上安頭」，太極出自聖人之上，再加上無極便是畫蛇添足；因此朱子又再寫了第二封，其間他以「無極只是無形，太極只是有理」來強調何以太極已是「萬化根本」，爲何還要再加上一個無極：「且如太極之說，熹謂周先生之意，恐學者錯認太極別爲一物，故著無極二字以明之。」〔註 27〕，朱子認爲他是以周子寫作的原意作爲考量，所以要加無極，乃因想學者將太極視爲一物。仔細讀過朱子的答覆之後，可以發現朱子的以形訓極和「無極而太極」好像兩個「極」前後的意思不盡相同、有些矛盾。

論辯並沒有結束，後續梭山的弟弟象山又提出了幾點理由來作反駁：

1. 就在象山寫給朱子的第一書中，象山提到他懷疑《太極圖說》爲周敦頤其學未成之作，也有可能是他人作品而不小心收入周子之作中的：「朱子發謂濂溪得《太極圖》于穆伯長，伯長之傳，出于陳希夷，其必有考。希夷之學，老氏之學也。無極二字，出于老子《知其雄章》」象山和朱震均認爲太極圖受有道教影響，而爲老氏之學。

2. 象山以中訓極：

> 一陰一陽已是形而上，況太極乎！……極字亦不可以形字釋之，蓋極者，中也，言無極猶言無中也，是奚可哉！

3. 太極圖說以無極二字冠首，而《通書》終篇未嘗一及無極字：「無極而太極是老氏之學，與周子通書不類」〔註 28〕儒家經典未見無極兩字，但可以言「無」，如子絕四：「無意、必、固、我」，所以談無極，是儒家可以允許的嗎？關乎此，本章的第四節會再做處理，在此先行從略。

〔註 27〕朱熹：〈答陸子美〉二，《朱文公文集》，卷三六，頁 5，中國哲學電子計畫書 http://ctext.org/wiki.pl？if=gb&res=315560

〔註 28〕陸九淵：〈與陶贊仲〉；《象山全集》，卷 15，頁 1 待查。

朱子答象山的第一書

1. 周子所以言無極，是先聖後聖，同條一貫：「文王演易，自乾元以下，未嘗言太極，而孔子言之。孔子贊《易》，自太極以下，未嘗言無極，而周子言之，夫先聖後聖，豈不同條而共貫哉？」

2. 朱子以至極訓極：「北極之極、屋極之極、皇極之極、民極之極，諸儒雖有解爲中者，蓋以此物之極，常在此物之中，非指極字而訓之以中也，極者，至極而已」

3. 一陰一陽屬形器，所以陰陽爲道體，周子謂之無極，正以其無方所、無形狀，以爲在無物之前：

> 不言無極，則太極同於一物，而不足爲萬化根本。不言太極，則無極淪於空寂，而不能爲萬化根本。

4. 老子復歸於無極，無極乃無窮之義，如莊生入無窮之門，以遊無極之野云爾，非若周子之言之意者：

> 朱子認爲儒家可以言無，而且此無，與佛老的無是不同的，不可因爲看到周子言無，則認定爲必從佛老而來，無不是佛老的專利。

象山在寫給朱子的第二書，對朱子的回答作出回應：

1. 莫作孟子以下學術

2. 在太極之上安無極，如同屋上架屋：

> 又何必更于上面加無極字也？若謂欲言其無方所，無形狀，則前書固言「宜如《詩》言：上天之載，而于其下贊之曰：無聲無臭可也，豈宜以無極字加之太極之上」
>
> 以常無觀妙，以常有觀竅，直將無字搭在上面，正是老氏之學。

3. 以中訓極，中即至理，何當不兼至義？

> 大學、文言，皆言知至，所謂至者，即此理也。
>
> 曰極、曰中、曰至，其實一也。

4. 一陰一陽已是道了，何須再著無極二字：「易之爲道，一陰一陽而已。……

> 又謂周子恐學者錯認太極，別爲一物，故著無極二字以明之。某于此見得尊兄只是強說來由……亦知一陰一陽即是形而上者，必不至錯認太極別爲一物。

象山說一陰一陽是道，而道是形而上，象山的說法是對的，但這樣的說法不同於朱子的理氣二元及體用二分。朱子是理學而象山是心學，陰陽已是道了，又何須再有所以陰陽是道（理）此一間架？對於象山而言，朱子的學問是不能先立其大、復其本心，象山對朱子的批評是有道理的，朱子以其體用的間架去看待孔孟心傳，所以使得他對周濂溪太極「動而生陽」這種天道性命相貫通之旨，難說有很相應的掌握。

朱子寫給象山的第三書：

1. 反對以中訓極

「熹亦謂老兄正爲未識太極之本，無極而有眞體，故必以中訓極，而又以陰陽爲形而上者之道，虛見與實見，其言果不同。」

2. 極是至極、中是不偏，雖然同是此理，但名義各有攸當：

「極字亦非指所受之中」、「太極固無偏倚，而爲萬化之本，然其得名，自爲至極之極，而兼有標準之義，初不以中而得名也」，通書的中是指氣稟之發用，有「中和」之意，與〈太極圖〉中的極（中）是不同的，但不管「極」是理還是形，朱子只是借用而非正訓。

第四節　朱陸對無極太極意涵之討論

討論完朱陸的無極太極之辯後，我們可以看看在此的論辯中，各方對無極太極之辯的評價，類似牟先生在《心體與性體》中就判朱子爲勝方，因爲朱子的說理較爲圓融，較令人心服口服，而象山不免有意氣之夾雜，劉述先對朱陸的「無極太極」之辯有如下的意見：

> 朱子解濂溪太極圖說是否能夠切合周子原義，這是另一問題，但他本人思路極爲明澈，太極即無極、理氣二元不離不雜之旨發揮得甚爲詳盡……朱子並非不知道太極圖與道家有關，只是他斷定太極圖說的思想是儒家式的思想而非道家式的思想。〔註29〕

朱子在與象山的論辯中，多次就「極」的訓解與「無極」此詞提出說明，「無極」的確不見於儒家，而「無極二字見於老子者一，見於莊子者四。」〔註30〕，見於老子之處爲《知其雄章》:「知其白，守其黑，復歸於無極。」

另外，見於莊子之處，在《莊子》的〈大宗師〉篇：

〔註29〕劉述先:《朱子哲學思想的發展與完成》,台灣學生書局,民71年2月,頁289。
〔註30〕《宋元學案補遺》，清王梓材、馮雲濠，四明叢書第五集。

「神鬼神帝，生天生地。在太極之先而不爲高，在六極之下而不爲深。」把太極和六極對立起來（錢穆謂《莊子》大宗師此段：「此稱必出自易有太極之後」先有《繫辭上傳》的太極，後來才有《莊子》的太極。〔註31〕

「無極」並非儒家的詞彙，而是道家的詞語，在這點上面朱子就不能夠說：「先聖後聖，同條而共貫」，現在的問題：就義理而言，儒家究竟能不能開放到也能夠接受「無極」此一概念？

先來看無極的含義，《莊子・在宥》：「今夫百昌皆生於土而反於土，故余將去汝，入無窮之門，以遊無極之野。」

另外，在《莊子・刻意》篇中：「淡然無極，天地之道也。」，莊子的〈逍遙遊〉也說：「吾驚怖其言，猶河漢而無極也。」，雖然這些的無極也有無窮的含意，但事實上，它們是對「道」所作的指涉，「無極」反映出了道家以「虛無爲本」的理念，是對道的描繪。

在本論的第三章中的第二節中，曾就「易有太極」與「易有大恆」這一對概念，從楚簡中作比對，楚簡以「亙」爲「亟」，另竹簡本《老子》乙本「莫知其恆」當指大恆，而大恆以中同義，常恆即是常道。

從大恆和太極的關聯性，可知道「太極」此詞與道家的關係；另外，見於他書的「太極」，也能見出「太極」與老子的關係，例如：

《淮南子》《覽冥訓》：「太極，天地始形之時也」

班固《漢書・律曆志》：「經元，一以統始，《易》太極之首也。」〔註32〕「太極，中央元氣，故爲黃鐘。」〔註33〕亦以中訓極。

《洪範》述「建用皇極」之旨，陳「大中之道」，極即是中，太極即大中，極之訓中，《周禮》《洪範》皆然。

所以，極並不一定要如朱子一般訓爲「極至」，而無極一詞其來源爲道家，當然，即令「無極」一詞來源於道家，但《太極圖說》仍可以是代表儒家思想的作品：

> 太極二字不見於堯舜禹湯文武之書，不出於皋夔稷契伊傅周召之口，而創見於夫子之大傳，謂易有太極之理，由是而生兩儀，……周子慮學者于有字上求太極，而滯于形器，故曰無極而太極，學者

〔註31〕張岱年：〈初觀帛書《繫辭》〉道家文化研究第三輯，上海古籍出版社，1993年8月（頁12）。

〔註32〕經典文庫，班固《漢書・律曆志》，http://writesprite.com/41864。

〔註33〕經典文庫，班固《漢書・律曆志》，http://writesprite.com/41864。

又以無極二字不見於吾儒之書而見於道家者流，以爲果傳於陳摶也，于是銳然出力而排之，殊不知夫子之所謂有謂有此至極之理，周子之所謂無謂無此太極之形，周子本欲啓後學有字之疑，而不知反啓後學無字之惑。〔註34〕

這裡是從周子寫作《太極圖說》的原意來判斷「無極而太極」，有謂有此至極之理，無謂無此太極之形，這裡的說解甚是，因爲太極並非一物，也不在世界之內，所以這樣一來應該可以解朱震、陸九淵等人的疑惑了。《太極圖說》仍可以是儒家的作品，也像陳鐘凡所說：周濂溪之學是一種「道家化之儒學」〔註35〕、〔註36〕

從圖的觀點來看自無極而太極，所以圖必須在第一圖層畫一空白之圓圈（無極○），乃表示太極之本體、初無形質，而太極所謂無極，即是陰陽互根之太極（一分爲二○→○＋－），這樣來看就很完美地解釋了周敦頤太極圖和太極圖說中○→○＋－無極而太極此一問題了。

在出土的文獻中有太多「易有太極」和「易有大恆」相通以及「大恆即是常道」這樣的證據，所以我們必須要把問題擴大一點，來看看除了「陰陽互根曰太極」、「至極」之外，儒家是否可以再多開放一些，讓代表「無極」此一概念「常道」也能納入儒家的門禁當中，這裡有一個和「無極」一般同爲「道家」表徵的概念，那就是「無爲」，儒家可不可以也談「無爲」？答案是可以的；只是他們「無爲」這一詞所指涉的內含，往往是和道家背反的：「孔子所謂無爲而治的基本精神並不在是否實際有作爲或超越作爲的理念，其無

〔註34〕王梓材、馮雲濠《宋元學案補遺卷十二》濂溪學案補遺下，朱子太極圖說後記。

〔註35〕「平心論之，敦頤能挽回唐、五代之謬說，而返諸周秦之道家，更援道家成說以釋《中庸》《易傳》諸辭，不可不認爲近代學術界之一大轉機，宋學啓蒙思潮中之先導也。質言之，敦頤之學，由道教而返于道家，終形成道家化之儒學也。」（陳少峰：《宋明理學與道家哲學》，上海文化出版社，2001 年 1 月，頁55。

〔註36〕「象山陸氏嘗以無極之字，大易所未有，而老莊嘗有之，遂疑其非周子之眞，今觀圖之第二有，陰陽互根之中，有圈而虛者，即易有太極之體也，其上之一有，即挈取第二有中之圓而虛者，表而出之以明太極之不雜乎陰陽，單言太極之本體也，單出本體於其上，初無形質，故曰無極，而太極所謂無極者，實即陰陽互根中之太極，未嘗拎太極之上，別爲一圖名無極，也恐不必以他書偶有無極二字而疑之，惟洞見太極之理，以自求無愧於人極之立，此則周子所望於學者耳。」王梓材、馮雲濠《宋元學案補遺》卷十二，濂溪學案補遺下，朱子太極圖解注後記。

爲而治之無爲的實際義涵，應由中行而顯。」〔註37〕

儒家的無爲而治是「自然隨順」、「以身作則」、「修己以安百姓」……道家與儒家不同的是道家所提出的是「消極無爲」的要求，道家主張自然無爲與儒家注重「人道」的主張恰成一背反。〔註38〕

既然儒家都能容忍得下以道家思想概念的核心「無爲」了，則「無極」這個概念又如何呢？「無極而太極在理解上分歧的產生，不能責怪後人，周敦頤自己就沒有理解得很清楚。」〔註39〕回到周濂溪寫作的本意去談《太極圖說》爲純粹儒家之作，的確很好，但北宋就是一個儒釋道不分的年代，而周易本身也已是儒道不分了，而在這裡非要做嚴格的區分，實在是沒有太大的意義，當然，退一步想，朱子的恐懼也許是如果承認無極能生太極，則無極也將成爲道家像老子所言的「無名，天地之始，有名，萬物之母」的道家思想，簡言之，朱子的恐懼應是：怕「無」將成爲絕對的虛空，亦即不存在（佛老、道家）。〔註40〕

底下，就來看朱子對佛道二氏的看法。

第五節　朱子與佛道二家

朱子對佛老的態度始終十分晦測高深，但他厭惡老學的虛無空寂及消極無爲的人生態度卻常形之言表：「《老子》一書意思都是如此，它只要退步不與你爭。」〔註41〕、「老氏之學最惡，他閑時似個虛無卑弱底人，莫教緊要處發出來，更教你支梧不住。」〔註42〕、「老子心最毒，其所以不與人爭者，乃所以深爭之也，其設心措意都是如此。閒時他只是如此柔伏，遇著那剛強底

〔註37〕葉坦〈儒家「無爲」說——從郭店竹簡談開去〉《哲學研究》第七期，1999年，頁57～61。

〔註38〕彭華：〈無爲思想發凡——以先秦漢初的儒家和道家考察爲中心〉2006年5月11日，煩參網頁。

〔註39〕孔令宏：〈朱熹陸九淵無極太極之辯與道家道教的關係〉，頁173。

〔註40〕《朱子語類》卷98，孔令宏：《宋代理學與道家、道教》，北京：中華書局，2006年8月，頁463～頁472：「朱熹之所以不同意有生於無的觀點，是因爲他把無理解成了絕對的空、不存在。」

〔註41〕宋・黎靖德編：《朱子語類》，卷137，正中書局，民71年6月，四版，頁3266。

〔註42〕宋・黎靖德編：《朱子語類卷第一百二十五》，正中書局，民71年6月，四版，4785。

人，它便是如此待你。」

朱子認爲老學退步，虛無卑弱、狠毒，更是鄉愿主義的奉行者，他所以要排斥佛老，是爲儒學的復興：「漢魏以後，只是老莊之說」〔註43〕，但同時這也是顯示漢代儒學與老莊有其關連性，即令是朱熹本人也有這樣的佛道傾向：「無者無物，卻有此裡，有此理，則有矣，老氏乃云：『物生於有，有生於無』，和理也無，便錯了。」〔註44〕看來他其實是很精通老學，他本人對於理一分殊、現象與本體的區分，看不出來與禪宗區別。

當然，從朱子對老子的批判我們也可以發現到：「儒家對待老子有雙重化取向，一方面批駁之，另一方面又利用之。」〔註45〕朱子一方面否定象山梭山認爲「無極而太極」是周濂溪受到道教影響下的思想，而他把「無極而太極」等同於理，太極已是萬物之最終根據，而無極是形容太極的「無聲無臭」——無形而有理：「……無極而太極，猶曰莫之爲而爲，莫之致而至，又如曰無爲之爲，皆語勢之當然，非謂別有一物也。」〔註46〕，這「語勢之當然」也表明了周濂溪概念上的用語，是與道家（尤其是老子）的語言有其一致性，是受到了道家的影響，只是這個路數是朱子認爲不可取的。

另外，他也認爲釋老之學猶如坐井觀天：「釋老之學，莫不自成一家，此最害義，如坐井觀天，自以爲所見之盡。及到井上，又卻尋頭不著，寧可理會不得，卻自無病。」〔註47〕而他本人在論述理一分殊、現象與本體的差別時，與禪宗所用的手法其實是一致的，「統體－太極」、「物物－太極」又何不若是「理事無礙」、「事事無礙」〔註48〕時自有其獨特性，所以楊儒賓先生在〈水月與記籍——理學家如何詮釋經典〉中便直陳：「朱子的作品是種特殊的《指月錄》，他遊走在理一與分殊的兩極間，其張力比其他各宗各派

〔註43〕《朱子語類》，卷122，頁3005。

〔註44〕《朱子語類》，卷98，頁2531。

〔註45〕陸建華、孫以楷：〈朱熹視界中的老子〉，哲學與文化月刊，第三十卷第十期，2003.10，頁50。

〔註46〕《朱熹集》，卷36，《答陸子靜》，第1582。

〔註47〕錢穆：《朱子新學案》，台北：學生書局，頁159。

〔註48〕當然朱子的解經不是語義學的詮釋學，而是哲學詮釋學（《水月與記籍》，楊儒賓，《中國經典詮釋傳統》，李明輝編，喜馬拉雅研究發展基金會，民91年2月，頁190，所有現實世界的特殊之意義，朱子的解經雖不合於經書本身的考據和訓詁之意，但他視經書具有獨立價值，所有內在德目均是對於道（太極、同體之理）的反映，如同「月印萬川」、「千江有水千江月」，萬川倒印水月，同時水月也映現著萬川。

論理事圓融的關係要強多了。」〔註49〕朱子晚年更以鄒新作筆名，做《陰符經考異》，朱子不僅是摻雜有佛道的思想，更令人懷疑他有直接走上道教一途的嫌疑。

第六節　小　結

第五章我們從鵝湖之會的分歧討論起，接著論及朱陸的無極與太極之辯，而儒道的對辯形式在北宋三教合一的氛圍底下，已成爲理學與心學的分歧，從士人的生命型態與人生抱負中，較能看見儒道抗衡的張力，類似隸屬於《道學傳》的理學家們與隸屬於《儒林傳》的文人們，他們的人生價值與理想懷抱的分歧，一者爲儒家式的、一者爲道家式的，而這樣的對辯，成爲宋代多元文化與庶民社會的創新力道，更表現在宗教即其倫理價值的理一分殊中。

承襲著太極圖說而來的無極與太極之辯，便是將這種多元文化中的文化價值如：儒家中的道家或道家中的儒家，徹底發揮的一次論辯，朱陸的無極與太極之辯充分發揮了易的基本精神，那就是簡易、變異與不易。從某種意義來說，朱陸的無極與太極之辯，是對儒道之辯的吊銷，更使得宋代多元文化中政治意義上的批佛反道，映現了文學和藝術方面的虛靜觀照，在一個人文豐茂、民生富庶的平民社會中，展現出了眞的素樸與美的風骨，就像是北宋最有名的一幅圖畫：「清明上河圖」，井然有序的市容呈現出一片文化豐饒、人民安和樂利的富足景象，這其實也就是兩宋時代儒道詼諧而有趣的無極與太極之圖景；而儒釋道這三教宋代多元融合的氛圍之下，其實是可以並行不悖的。

〔註49〕楊儒賓：水月與記籍——理學家如何詮釋經典，李明輝編：《中國經典詮釋傳統》：儒學篇，喜瑪拉雅研究發展基金會，民91年2月，頁178。

第七章　儒學內部的學術之爭：清代漢學與宋學之辯

第一節　明末清初的思潮

《雙城記》中迭更斯曾說：「這是一個最好的時代，也是一個最壞的時代。」銜接著唐宋以降的明末清初，是一個改朝換代、天崩地裂的時代；儒道對辯的關係，已由先秦時期《易傳》的天道大格局，轉向至宋代理學內部之分岐——無極與太極之辯，再轉而爲清代經學史上的漢宋之辨；本期儒學的方向，由傳統儒家義務論的主張（宋明時期朱陸之內在心性）悄悄地轉移至目的論亦爲經世致用（功利主義）的大方向；北宋時代，傳統儒家所奉行的義利之辨「由仁義行，非行仁義也」，轉而成爲「經世致用」實踐的性格；傳統的價值「正其誼不謀其利，名其道不計其功」已轉換變成爲儒商的功利主義。

在唐宋以前，儒者所側重的是政治格局（公領域）、所尊的聖人爲周孔、所宗的經典主要爲《春秋》；唐宋以後則轉爲個人心性修養（私領域）、所尊的聖人爲孔孟、所宗的經典爲《論語》；唐宋以前爲周孔並稱、而唐宋以後則爲孔孟並稱；唐宋以前，五經是讀書治經的重點，但在唐宋以後，儒者治學的重點則在《四書》及周易。

宋代典型的儒者像歐陽修、曾鞏、王安石……，都具備了〈儒林傳〉與〈文苑傳〉的文儒性格，都有著思想家和文學家的特質；宋代還有另一批儒者，那就是由宋史〈道學傳〉中組成的理學家們，像是周張、二程、朱子、象山……等明道之士的社群，宋代儒者的群像，就是由這批文思泉湧、詩歌言志的文人與一群道濟天下、以家國興亡為己任之士組合共構而成，所以宋代的儒者，相較於漢代的經學大師像鄭玄、馬融、董仲舒、揚雄……，之所以被稱之為新儒家，是當之無愧的。

曾幾何時，理學家在乾嘉或道咸乃至民國初年的學者心中，由於時代快速變革以及西學的東漸，舊有的理學已不敷時代的使用，儒家的內在本質已悄然發生變革，西元十八、十九世紀之後，宗教與文學、社會的全面交融，道教信仰更加普遍化及民間化；而中國由極盛轉向極衰、列強紛紛叩關，基督教、天主教會士陸續東來，西方之學像嚴復的天演論、林紓的翻譯也紛紛被引介進來，儒者的性格開始由內在心性轉變成為經世致用，更由於商業高度的發展，功利主義的思想也逐漸地瀰漫開來：

> 黃宗羲在《明夷待訪錄・財計篇》中，反駁世儒工商為末之論，並明確提出工商皆本的命題〔註1〕

> 明末清初時期，在明中葉以來商品經濟發展、資本主義萌芽初步成長的基礎上，在天崩地裂、改朝換代的劇烈社會變動中，儒家傳統的重義輕利觀念，特別是宋明理學標榜的存天理、滅人慾的說教，受到普遍的懷疑和尖銳的挑戰。〔註2〕

明清庶民的世情社會，呈現出異乎宋明理學「吃人禮教」、「天理人欲並存」的新時代氣象，倫理思潮的轉換帶來了多元價值的並列，像是專業與專技的突飛猛進、像是女性主義的興起與解放、像是民主自由的開放……，從明末以來，更多的士人棄官從商：儒商（Confucian Entrepreneurs）的勢力的崛起，除了造就許多能與王公貴族、公卿將相比擬的巨賈大富以外，兼具儒者胸襟並能心懷蒼生、道濟天下的儒商，更有時代開拓精神且具有前瞻視野，能與西方迅速交流，並加速了思想的多元開放與傳統封閉社會的瓦解，在《紅樓夢》一書中，薛寶琴就是這樣儒商世家出身的千金大小姐，書中介紹她時說：「她從小兒見的世面倒多，跟她的父母四山五嶽都走遍了……她八歲時跟父親到西海沿子上買洋貨，還接觸過眞眞國的披著黃頭髮、打著聯

〔註1〕余英時：《論戴震與章學誠》，生活・讀書・新知三聯書局，北京，2012 年 4 月，〈從宋明儒學的發展論清代思想史〉，頁 324。

〔註2〕黃愛平著：《樸學與清代社會》，河北人民出版社，2003 年 1 月，頁 107。

垂的洋女子，甚至還藏得有那女子的墨寶……」年紀輕輕後來嫁作翰林人妻的她，甚至能用流利的英語與洋人溝通，深諳西洋的風俗語言習慣。

明末清初是一個承先啓後的時代、也是漢學與宋學角力的勝場，西學的東來，更加速了中國文化面對衝擊之後的深自反省，而呈現融會折衷之風格〔註3〕，由於滿族高壓統治、箝制思想，八股取士的風潮下，朱子學成爲官學：

> 從康熙帝獨尊理學，到雍正、乾隆二帝，尤爲顯著的對儒學綱常名教和倫理觀念的強化，可以清楚地看到清統治者文化選擇的確立及其發展的過程，它標誌著以程朱理學爲代表的儒學，成爲清廷治國安邦的正統思想和官方學術。〔註4〕

清初學者在反對官學之時，也或多或少意味著對朱子學的反動：

> 從清初以至中葉，凡是爲《周易本義》辯護的人都是在哲學立場上，接近或同情朱子的。〔註5〕

清初的治學思想，由理學轉而爲以經史爲主體，兼包天文、曆算、象數、輿地、水利、吏治、禮法、財賦、藝文等博物之學，治學方法由講說、靜觀、體悟的內向之學轉而爲纂輯、考證、訓詁、辨僞、勘察的向外之學：

> 清代漢學之所以稱爲漢學，是指其經學研究與宋學相對而言，主張回溯和尊崇漢代的經說，而又稱之爲樸學，則是指其學術風格，由於漢學以文字音韻、章句訓詁、典章制度爲主要研究對象。〔註6〕

清代學術，可以區分爲三個斷代，亦即乾嘉、道咸和民國初年〔註7〕，清學可說是以樸學始、以樸學終〔註8〕；明代陽明末學將儒學帶入一個「虛玄而

〔註3〕煩參徐聖心著：《青天無處不同霞——明末清初三教會通管窺》，台大出版社，2010年2月。

〔註4〕黃愛平著：《樸學與清代社會》，河北人民出版社，2003年1月，頁168。

〔註5〕余英時：《論戴震與章學誠》，生活・讀書・新知三聯書局，北京，2012年4月，〈從宋明儒學的發展論清代思想史〉，p347

〔註6〕黃愛平著《樸學與清代社會》，河北：人民出版社，2003年1月，頁40。理學是義理之學，而漢學則爲經學，錢穆先生曾云：「清儒的學問，均從抄書功夫而來」，他更認爲：清代的學術是西學的滲透史，而清儒掌握不住太大的問題。請參錢穆：《朱子新學案》，台北市：三民書局印行，民60，頁150。

〔註7〕請參羅志田：〈清季民初經學的邊緣化與史學的走向中心〉《漢學研究》台北，15卷第2期，1997年12月，頁7。

〔註8〕請參羅志田：〈清季民初經學的邊緣化與史學的走向中心〉《漢學研究》台北，15卷第2期，1997年12月，頁7。

蕩，情識而肆」的死巷，清學的興起，乃重返於漢的尊經崇古，但卻又跨越過朱陸所言的「道問學」與「尊德性」，直接由經典的文獻著手，去尋求「文」的眞義：

> 在明清之際朝代更迭、社會動盪的特殊歷史條件下，眾多思想家、學者對明亡原因的反思中，比較深刻地認識到了宋明理學空言心性、誤國誤民的弊害，從而對陸王心學和程朱理學進行了不同程度的修正……，反映出了占據思想學術界統治地位數百年之久的宋明理學，已經無可挽回地走向衰頹，取而代之的是中國學術史上的嶄新學術思潮。〔註9〕

> 理學雖仍高踞廟堂，卻遭到了知識界的普遍唾棄，特別是其虛無縹緲的性理之旨和隨心所欲的解經方式，成爲學者批評的鵠的。〔註10〕

出現在清代《太極圖》的論辯中，清晰可見對朱子視太極圖爲周濂溪自創的一種反動，清初學者如毛奇齡、黃宗炎、朱彝尊、胡渭等人在研究《太極圖》之來源及歸屬之際，均以反朱子爲其主要之易學主張，且大多延續陸象山在「無極——太極之辨」中對周濂溪的見解：「宋儒因性而言理氣，因理氣而言天，因天而言及天之先，輾轉相推，而太極、無極之辨生焉。朱、陸之說既已連篇累牘，衍朱、陸之說者又復充棟汗牛……」〔註11〕，他們認爲太極圖來源於道家與道教（其中胡渭的立場較爲隱晦不明確）。

朱陸之辨的目的，無非是爲了解明心性，所以不管朱陸的早同晚異或晚同早異，朱陸二人對「道問學」及「尊德性」的認知，均不以訓詁、文獻考據爲標的，但清初的易學家，尤其以治《太極圖》的三家而言，其所援用的方法，其實都是文獻的考據：即以民間（邊緣）來包圍官方（朱學）、以道家道教的文獻來取代朱子靜態之本體論，基本上，他們並未乖違清代的學術風潮，那就是以「道問學」做爲首出的「經世致用」之學術氛圍，而且其方向是希冀由邊緣進入中央、由對朱學的批評來彰顯儒家致用的義理，但其易學所側重的側面，乃在於研究當時已逐漸普遍化及世俗化的民間宗教，尤其是道教；而其最終的目的，乃是在廓清儒學的眞實意義，黃宗炎與其兄黃宗羲同爲儒門健將、毛奇齡爲清初易學大師、而胡渭則以精審的考據方法與確鑿

〔註9〕黃愛平著：《樸學與清代社會》，河北：人民出版社，2003年1月，頁15。
〔註10〕黃愛平著：《樸學與清代社會》，河北：人民出版社，2003年1月，頁95。
〔註11〕黃愛平著：《樸學與清代社會》，河北：人民出版社，2003年1月，頁91。

的考辨成果著稱，所以我們在處理清代的《太極圖》詮釋也以這三家爲代表。

（一）從朱陸歧見到漢宋之辨

乾嘉是考據之學，與宋學所言的義理之學，恰成一對反；清代的考證學，其實來源於明代中葉以後對王學末流之反動，但對朱子「求理於外物」的主張而言則是一種繼承；在經學的考據方面，乾嘉的學者批判朱子，但朱子在經學方面的成就，可能非乾嘉的學者所能取代：

> 朱子治經，餘諸經皆分別其特殊性，清儒則似乎平視群經。〔註12〕

> 朱子治經，除經之本文外，必兼羅漢唐以下至於宋代諸家說求會通之，以期歸於一，清儒則重限斷，先限斷以注疏，宋以下皆棄而不顧。〔註13〕

清儒解經的生命力，其實遠不如宋代，而清代的學術總體成就，如果不論其歷史之外緣因素，清儒思想的本質與宋明學術，實爲一承先啓後的整體：

> 關於清代思想與宋明儒學傳統的關係，自來有兩種不同的看法：第一種看法是把它當作對理學的全面反動……第二種看法則是對第一種看法的修正……前者強調清學在歷史上的創新意義，而後者則注重宋學在清代的延續性，從學術思想演變的一般過程來看，後說自較爲近情理。〔註14〕

> 從思想史的觀點說，清代的考據學應遠溯至明代晚期的程朱和陸王兩派的義理之爭，由義理之爭折入文獻考證，即逐漸引導出清代全面整理儒家經典的運動。〔註15〕

「經世致用」是清代儒學內部的迫切需求，而從此一前提下，逐漸發展出整理舊學術的儒學復興運動：「在清代學術史上，先後出現兩個最有名的綱領：即清初顧亭林的『經學即理學』，和乾嘉時代章實齋所提出的『六經皆史』」〔註16〕

〔註12〕錢穆：《朱子新學案》，台北市：三民書局印行，民60，頁150。

〔註13〕錢穆：《朱子新學案》，台北市：三民書局印行，民60，頁150。

〔註14〕余英時：《論戴震與章學誠》，生活・讀書・新知三聯書局，北京，2012年4月，〈從宋明儒學的發展論清代思想史〉，頁290～291。

〔註15〕余英時：《論戴震與章學誠》，生活・讀書・新知三聯書局，北京，2012年4月，〈從宋明儒學的發展論清代思想史〉，頁18。

〔註16〕余英時：《論戴震與章學誠》，生活・讀書・新知三聯書局，北京，2012年4月，〈從宋明儒學的發展論清代思想史〉，頁49

乾隆末年，清王朝開始衰頹，弊端叢生、吏治更加腐敗，貪腐階級對立以及貧富差距加大、政務不彰，人口壓力日趨嚴重，西方列強挾帶著船堅炮利以及資本主義而來，古老的中國社會，充斥著空前巨大的矛盾，惟有深刻的變革才能解決當前的危機；有志之士通過各種途徑希冀救亡圖存，自乾嘉學居主流，學術界的主要風尚「昔之談程朱陸王者，屏息斂足不敢出一語」〔註 17〕，他們通過對經書的訓詁考據，以道問學的方式來對古老的中國社會痛下針貶：「儒學的主流在宋明是心性之學，在清代則是經史實學。」〔註 18〕

自道光咸豐以後，由於西學之東漸，各家學術方興未艾，推崇宋學反成爲學術的基本風氣，因爲宋學所強調的義理和史學，正能符合這個時代的需求，也與章學誠所說的六經皆史相互輝映，所以道咸與民初階段的漢學，也可以說是從宋學中轉化而來：

> 與嚴復、陳寅恪一樣，王國維也視宋代文化爲中國歷代之頂峰，他以爲：在總體的人智活動與文化之多方面，豈止清代不能與宋代相比，就是宋代前後之漢唐元明，亦皆所不逮也。而且近世學術多發端於宋人，比如乾嘉人甚重視的金石學，即爲宋人所創學術之一〔註 19〕

道光咸豐後所延續的宋學，是從史家的歷史意義上所言的宋學，和從乾隆嘉慶的考據學者如顧亭林、閻若璩所反對的宋學，其實不必是一個宋學，

「清代考據學，從思想史的觀點，尚有更深一層的涵義，即儒學由尊德性的層次轉入道問學的層次，我們可稱它作儒家『智識主義』(Confucian Intellectualism) 的興起。」請參余英時：《論戴震與章學誠》，生活・讀書・新知三聯書店，北京 2012.4 月〈從宋明儒學的發展論清代思想史〉，頁 20。

宋明儒與清儒差異的部分乃在於，清儒的學問是落於經典的考據之上，且清儒治經的重點在訓詁考據而不在義理：「近人論清代經學考據之興起往往溯源至顧亭林『經學即理學』一語，十六世紀羅欽順（整庵 1466～1547）已主張義理之是非必須『取證於經書』；方以智（密之，1611～1671）晚年也深以理學之流入『虛掠高玄』爲病，並明白地提出『藏理學於經學』的口號」，請參余英時：《論戴震與章學誠》，生活・讀書・新知三聯書店，北京 2012.4 月〈從宋明儒學的發展論清代思想史〉，頁 20。

〔註 17〕請參羅志田：〈清季民初經學的邊緣化與史學的走向中心〉《漢學研究》，台北，15 卷第 2 期，1997 年 12 月，頁 7。

〔註 18〕余英時：《論戴震與章學誠》，生活・讀書・新知三聯書店，北京 2012.4 月〈從宋明儒學的發展論清代思想史〉，頁 73。

〔註 19〕請參羅志田：〈清季民初經學的邊緣化與史學的走向中心〉《漢學研究》，台北，15 卷第 2 期，1997 年 12 月，頁 16。

因爲在此之前，宋學頂多是明代之心性末學。復興宋學，指的正是程、朱一路，晚清漢宋調和者及後來民初學者常說的清代漢學本是繼承宋學，便多指朱學而言，所以，余英時在論〈從宋明儒學的發展論清代思想史〉中指出：清學有一部份自宋學中化出，而且也是繼宋代以後，中華文化的第三次文藝復興：「清學不能是宋明儒學的反命題，而是近世儒學復興中的第三階段。」〔註20〕

宋代所談的義理：天道性命，即是朱陸所對辯的「尊德性」與「道問學」之義理方向，在清代必須是經過「道問學」的方式才能轉出「尊德性」，而道問學正是清儒，不管是乾嘉、道咸或民初階段的學者所共同遵守的大方向：「清學正是在尊德性與道問學兩派爭執不決的情形下，儒學發展的必然歸趨，即義理的是非取決於經典。」〔註21〕

> 我們不能把明、清之際考據學的興起解釋爲一種孤立的方法論的運動，它實與儒學之由尊德性轉入道問學，有著內在的相應性。〔註22〕

而以這種思路所開拓出來的學問方向，即是即清代樸學的方向，樸學所以名之爲樸學，乃是因其學問性格簡樸，而漢宋之辨的清代樸學也可區分爲兩派，一派以反陸王爲主（顧亭林、閻百詩），另一派以反程朱爲主（陳乾初、毛西河）。〔註23〕

因此清代的漢宋之辨，也可以說是宋代朱陸之辯的翻版，他們基本上乃延續了新儒學傳統中直覺主義（陸王）、知識主義（程朱）的對辯。

（二）清代對周敦頤《太極圖說》研究的方向

清代《易》學兩大特色：一爲沿承宋《易》的發展，再衍爲對宋圖書學的反動，另一則爲樸學《易》，歷代以來，注《易》之書汗牛充棟，清代亦不例外，清代易學，仍不出漢宋兩代的窠臼，但在《易》學的考據，音韻、論述……等方面是超越前代的，清代易學的主流扣緊清代的官學，清代《易》

〔註20〕余英時：《論戴震與章學誠》，生活・讀書・新知三聯書店，北京，2012.4月，〈從宋明儒學的發展論清代思想史〉，頁310。

〔註21〕余英時：《論戴震與章學誠》，生活・讀書・新知三聯書店，北京，2012.4月，〈從宋明儒學的發展論清代思想史〉，頁310。

〔註22〕余英時：《論戴震與章學誠》，生活・讀書・新知三聯書店，北京，2012.4月，〈從宋明儒學的發展論清代思想史〉，頁321。

〔註23〕「顧亭林、閻百詩的考證是反陸王的，陳乾初、毛西河的考證是反程朱的。」，余英時：《論戴震與章學誠》，生活・讀書・新知三聯書店，北京，2012.4 月〈從宋明儒學的發展論清代思想史〉，頁349。

學的發展過程，最初由宋《易》佔主導地位，到漢《易》的開始復興；再由宋《易》與漢《易》對立，到漢《易》佔上風，諸家爭鳴，而至互相融合之境。

清代易學亦如經學一般，反明末心學之空談義理，從考證即辨僞入手，反當時以朱子《周易本義》爲正宗的官學，並批判宋代的圖書學派〔註 24〕；黃宗炎、毛奇齡、胡渭，從太極圖來源於道家即道教，以反對朱子在《周易本義》中的主張；所以清初易學的發展，對當時樸學盛行與漢宋之辨大的環境，有著極大的關聯：

> 易圖問題，根本是朱陸異同的一筆舊帳。〔註 25〕
>
> 毛奇齡，作爲清初王學後勁，他在一定程度上修正改造王學同時，對理學及其代表人物朱熹予以激烈的批評和徹底的清算，他斥責理學家自詡的道學，本於老氏，源於道教，實道家之學而非聖學，並追本溯源，直揭道學的來歷。〔註 26〕

清初的考據學者在研究周敦頤的學說時，對《太極圖說》和《通書》的

〔註 24〕「有清一代的易圖學，既把漢代可能有的易圖復現出來，又從陰陽消息升降的角度進一步研究了漢代的卦變和爻辰說，既從考據學的角度甄別了宋代易圖，又延續發展了其中部份易圖」，郭彧：易圖講座第四十七講 http://www.longyin.net/thread-1626459-1-1.html

〔註 25〕「再舉清初考證《易經》爲例來說明我們的論點，最早從事這個工作的大概要算黃梨洲和黃宗炎弟兄，稍後又有毛西河（奇齡）都是浙東的王學一派，他們的主要目的是要考出宋以後易學中所謂先天、太極諸圖是從道教方面傳來的，跟儒家沒有關係，表面上，好像出於歷史的興起，而暗地裡則是在攻擊朱子，因爲朱子的《周易本義》的開頭，便列了九個圖，我們可以斷言，黃氏兄弟以及毛西河之所以從易圖下手考證是有他們義理動機的，我們應該記得，關於《太極圖》的問題，朱子生前便已和陸梭山、象山兄弟展開了激辯，二陸當時就認爲周敦頤的《太極圖》出於道家，朱子則特別看重周子的《太極圖》，所以易圖問題，根本是朱陸異同的一筆舊帳。」余英時：《論戴震與章學誠》，生活・讀書・新知三聯書店，北京，2012.4 月〈從宋明儒學的發展論清代思想史〉，頁 347。

〔註 26〕黃愛平著《樸學與清代社會》，河北人民出版社，2003 年 1 月，頁 47。

「胡渭：《圖》、《書》之形象，自古無傳，當姑從漢孔、劉之言，而闕其疑，至於宋人所傳，一概難信，爲說明問題，胡渭把宋代以後的《圖》、《書》之說，直接比成畫鬼。」請參黃愛平著《樸學與清代社會》，河北人民出版社，2003 年 1 月，頁 50。

「所謂《河圖》《洛書》，實組織宋學之主要根核，宋儒言理、言氣、言數、言命、言心、言性，無不從此衍出，周敦頤自謂：得不傳之學於遺經，程朱輩祖述之，謂爲道統所攸寄，於是佔領思想界五、六百年，其權威幾與經典相埒。」，請參黃愛平著《樸學與清代社會》，河北人民出版社，2003 年 1 月。

思想多不感興趣，他們主要是從歷史上尋找各種證據，以證明周敦頤的《太極圖》來源於釋、道兩家：「理學開山祖師周敦頤《太極圖說》對高道陳摶之學有所繼承，朱熹注過《參同契》，王守仁讀過《悟眞篇》，世人早有朱子道陸子禪之譏……，全祖望亦云：兩宋諸儒門庭徑路，半出於佛老。」〔註27〕，並進而證明以朱子爲代表的整個宋明理學，都不是純正的儒家思想；清代初年學者對周敦頤學說研究大致就是從這個方向出發的。

第二節　黃宗炎的《圖學辨惑》

黃宗炎的生平，根據《清儒學案》南雷家學之敘述：

> 黃宗炎字晦木，明貢生，與兄南雷，弟澤望，並負異才，有三黃之目，從蕺山游，其學術大略與南雷等，而兀過之。既經憂患，潛心學易，著有《周易象辭》三十一卷、《尋門餘論》二卷、《圖書辨惑》一卷，力闢陳摶之學，謂周易未經秦火，不應獨禁其圖，至爲道家藏匿二千年始出。又著《六書會通》，以正小學，謂揚雄但知識奇字，不知識常字，不知常字乃奇字所自出也。又有二晦、山栖諸集，以故居被火俱亡，康熙二十五年卒，年七十一。〔註28〕

黃宗炎（1616～1686），字晦木、江西餘姚人，爲黃宗羲之弟，其說力闢陳摶之學，解釋爻象、以義理爲主，對於易之字義，多引篆文釋氏，著有《周易象辭》21卷、《尋門餘論》二卷、《圖學辨惑》一卷，《尋門餘論》兼排佛教，揮斥宋儒，他批判宋以降的圖學：「易有圖學，非古也，注疏猶是，魏晉唐所定之書，絕無言及於此者，有宋圖學三派出自陳圖南，以爲養生馭氣之術，託諸大易，假借其乾坤水火之名，自申其說」〔註29〕認爲圖書之學出於道士陳摶，爲養生馭氣之術，而非醇儒之作。

宋代圖書有三派，分別是：劉牧（河圖、洛書）、周敦頤（太極圖）、邵雍（先天圖），所以《圖學辨惑》也是針對此三家圖學，進行批判；而這三家圖學，尤其是周敦頤的〈太極圖〉，對朱熹的影響極大，因此對〈太極圖〉

〔註27〕胡孚琛、呂錫琛：《道學通論：道家、道教、仙學》，北京社會科學文獻出版社，頁44。

〔註28〕徐世昌編：《清儒學案》，北京：中華書局，2008年10月，頁111。

〔註29〕黃宗炎：《圖學辨惑原序》，清紀昀編纂《文淵閣四庫全書》，經部34，易類，台灣商務印書館，頁40～734。

的批判，其實也是對朱熹《周易本義》所作的批判；而黃宗炎本人反對朱子所持的「太極圖爲濂溪所自創」，而認圖爲來源於佛道二家：「茂叔得圖於方士，得偈于釋，心證於老」（《圖學辨惑》），對於來源於佛道的太極圖，而朱熹將其視爲理學之源，這對黃宗炎而言乃是「元晦乃推假即眞，載僭竊爲君父」〔註30〕、「晦翁雜釋於老以附易，而釋、老兩失」，宗炎認爲：〈太極圖〉來源於釋、道，濂溪以老解《易》，是雖失易而得老，但因〈太極圖〉雜有方士之術，故而老學不純；朱子對於濂溪的解釋是：「元晦混四爲一」，這裡的四指的是易（含《易經》、《易傳》）、老、釋以及道教（「元晦得葛長庚，得偈於道謙，而欲會通之于儒」（《圖學辨惑》（40～750）），對黃宗炎，朱子不僅是沒有掌握到濂溪〈太極圖〉要旨，而且「釋老兩失」矣，故而朱子的〈太極圖〉說解，也像是象山對朱子之批，黃宗炎均以「支離」目之：

> 茂叔本意，以無極無體，故能爲眾體之原，眾體之用，莫非無極之用。如晦翁所云，又失茂叔之本意矣。（《圖學辨惑》（40-753））

宗炎對於〈太極圖〉和宋代圖學之批是有其用意的，一方面黃宗炎是希望能藉著這種批評「在老氏猶爲稂莠，在儒者反以爲正傳」，來恢復易經及易傳之儒家原本樣貌；另外，他也受到劉蕺山的影響，主張「氣」爲萬物的本源，朱子解釋之太極圖爲「理在氣先」、「陽動陰靜」，與黃宗炎的思想「氣在理先」是不同的；黃宗炎以爲，朱子釋《太極圖》次圈「陽動」（左半）爲「○之用所以行」，「陰靜」（右半）爲「○之體所以立」，乃是「本末倒置」：「在左者有用無體，能行而不能立；在右者有體無用，能立而不能行乎」（《圖學辨惑》），黃宗炎認爲；「太極是體，則陰陽皆是其用」，黃宗炎認太極（無極）無體，而爲眾體之原、眾體之用，即是（無極）之用，所以他說：「晦翁所云，支離破碎，失茂叔之本意也」（《圖學辨惑》（40-753））

窺之黃宗炎的易學主張，是藉著對圖書學之批判而回歸經傳，由辯護儒學而申斥佛道，藉著篤守經傳而回歸義理、闡發《易》理，他所作的正是正本清源、回歸經世致用的「憂患易學」。

《圖學辨惑》是對易圖的釐清，分成以下之三部份，略分述之：

1. 河圖洛書辯

河圖不過是典冊，而洛書則爲文書，洛圖洛書爲地理方冊，孔子稱易不

〔註30〕黃宗炎：《圖學辨惑原序》，清紀昀編纂《文淵閣四庫全書》，經部34，易類，台灣商務印書館，頁40～750。

過就是爲了趨吉避凶，而龍馬負圖、神龜獻書，此一怪誕是不足取的：

> 河圖洛書之說，因漢世習爲讖緯，遂謂龍馬神龜貢獻符瑞，其事略與兩漢之言禎祥者相似，後儒因緣敷會，日增月益，至陳圖南鑿鑿定爲一六二七三八四九五十之數，下上左右中之位爲河圖，又定爲九宮，奇正耦隅之狀爲洛書，云是羲卦禹範之根，原兩相比校，俱似相似，影響未見，有實理存乎其間，惟歐陽永叔斥爲怪妄，不足深信，誠信是仲尼之徒也，吾夫子傳易，稱蓍龜爲神物，贊其莫大，俱就易言之也，不過言上古聖人與民同患，制卜筮之法，使可趨吉避凶。《圖學辨惑》（40-735）

> 引大傳之天一地二天三地四天五地六天七地八天九地十，以爲證，又引五位相得，而各有合爲一與六，合二與七，合三與八，合四與九，合五與十……合然何以知其下上左右中之位置……按節而求之，據實而思之，其格格難通者。《圖學辨惑》（40-736）

易傳的五位得中，以數字比附五行，看來洋洋大觀，以上下左右位置來配合天一地二等數目，是隨聲附和、不通曉至理的，五行與數字相配，形成神秘化，其實五行成數，只不過是老子的「守中」之義。

又如《繫辭》〈天地之數章〉說：「五位相得而各有合，不過言奇與奇相得，合之而成二十有五；偶與偶相得，合之而成三十，未嘗有生數成數及五行之所屬也」（《圖學辨惑》40-736），易只講奇偶相得之數，無生數成數，《繫辭》天地之數章與河圖洛書無關。

2. 先天八卦方位六十四卦方圓橫圖辯

邵雍的先天圖式包括伏羲八卦、卦次序圖和伏羲八卦六十四卦方位圖，橫圖即次序圖、圓圖即方位圖。

關於橫圖，黃宗炎批駁邵雍以加一倍法解釋八卦六十四卦構成，說：「自有乾坤六子，以一卦爲主，各以八卦加之，得三畫即成六畫，得八卦即有六十四卦。何曾有所謂四畫、五畫之象，十六、三十二之次第也。四畫、五畫，成何法象？」依《繫辭》、《說卦》文王重卦說，反對邵雍加一法，因爲此說與《繫辭》：「兼三才而兩之故六」不符。

八卦是文字的起源，後世使得一陰『╍』一陽『━』這樣的符號成爲八種自然現象的象徵圖象，將其移于方冊之上，形成文字六書，有所謂的象形、指事、會意、形聲、轉注、假借，伏羲欲以文字教天下、傳後世，後聖師其大意，變成斜正縱橫之狀，使文字日增：「卦畫者文字之根源，文字者卦畫之支流也。八卦者六書之指事象形，六十四卦者六書之聲意轉借也」(《圖學辨惑》40-739)，他以爲八卦是最早的文字起源，而八卦則根源於天地，在黃宗炎看來，天地不過是自然而然，人爲的造作，始有乾坤震巽坎離艮兌，夫子贊《易》之神化，更不言天地之神化，蓋伏羲已將天地之神化佈在方冊中，夫子學《易》，從方冊中窮理盡性以至於命而與天地參，而陳摶、邵雍竟捨《易》之爲書，自尋神化、自求性命，是去文明而就混沌。

關於圓圖，邵雍以數往知來、逆數構築其方位說，黃氏認爲這是對《易》的曲解，他說邵氏是以：「震歷離兑乾爲順，以巽歷坎艮坤爲逆。順爲數往，逆爲知來。則震離兑乾僅能數往，不能知來；巽坎艮坤職在知來，無煩數往。夫乾知大始，乃統天，於知來乎何有，豈可但局之數往！坤以藏之，承天順天，成物代終，於數往乎何有，豈可反以爲知來！亦不類矣。」（《圖學辨惑》746）

黃宗炎評伏羲八卦方位圖即小圓圖說（先天八卦方位圖）：「其云乾南坤北也，實養生家之大旨，謂人身本具天地，但因水潤火炎，陰陽交易，變其本體。」（《圖學辨惑》40-740）

他又駁六十四卦方位圖即大圓圖，寫道：「今屈橫圖而圓之，云乾生子中，盡午中；坤生午中，盡子中，離盡卯中，坎盡酉中，皆緣冬至一陽爲復，遂充類至義之盡，以六十四卦分配二十四節候。然亦須一候得二卦有奇，乃爲恰合。何以倏多倏少，遠不相謀？」（《圖學辨惑》40-746）

總而言之，邵雍的先天八卦是一套神秘的數論，配合著方位與時間，而形成一套宇宙論的系統。

3.〈太極圖說辯〉

〈太極圖說辯〉主要的內容爲〈太極圖〉來源於河上公，也就是《太極圖》是釋道的產物，而〈太極圖〉來緣於道教，是北宋以來就有的說法，只是黃宗炎更有系統的整理歸納道教的文獻，黃宗炎辨〈太極圖〉的目的，乃爲與釋道作區別，以還原《周易》作儒家經典的本來面目：

> 序曰：太極圖者創於河上公，傳自陳圖南，名爲無極圖，乃方士修鍊之術也，與老莊之長生久視，又其旁門歧路也。《圖學辨惑》（40-750）

太極圖來源於道家：「方士之訣，逆則成丹，茂叔之意，以爲順而生人」，

〈太極圖〉以〈無極圖〉作爲底蘊，源於陳摶〈無極圖〉以及僧壽涯，〈無極圖〉爲道教修煉金丹之術，在修煉家是以元牝、谷神人身命門兩腎空隙處，氣由所生，是爲祖氣，祖氣從人身命門往上提氣，貫徹五臟六腑，由煉精化氣、煉氣化神、煉神還虛、再復歸於無極，以水火交媾至取坎填離、全性長生：

> 在修煉之家，以元牝谷神爲人身命門兩腎空隙之處，氣由所生，是爲祖氣，凡人五官百骸之運用知覺，皆根於此。於是提其祖氣，上升爲稍上一〇，名爲煉精化氣，煉氣化神。煉有形之精，化爲微芒之氣；煉依希呼吸之氣，化爲出有入無之神，使貫於五臟六腑而爲中（三五至精圖），名爲五氣朝元。行之而得也，則水火交媾，而爲又其上之圖，名爲取坎填離，乃成聖胎。又使復還於元始，而爲最上之一〇，名爲鍊神還虛，復歸無極，而功用至矣。蓋始於得竅，次於鍊己，次於和合，次於得藥，終於脱胎成仙，眞求長生之秘術也。（《圖學辨惑》）

周濂溪合老莊之「虛無爲宗，無事爲用」與方士的「逆以成丹」的〈無極圖〉，合二途爲一門，掇說於其〈太極圖〉中，只是方士的〈無極圖〉是「逆以成丹」而周氏的〈太極圖〉則是順以生人，這二圖其實均是「氣」的運化，其順行和逆行的不同展演，只是方士所言的〈無極圖〉與周濂溪的〈太極圖〉，在解釋人（萬物）的生化時，順行和逆取會產生若干差異，所以黃宗炎列舉出了以下之差異：

1.「**方士之訣，逆則成丹，茂叔之意以為順而生人，太虛無有，有必本無」《圖學辨惑》**（40-752）

黃宗炎以爲，雖然〈太極圖〉與〈無極圖〉所根本的同是——「氣」，但〈無極圖〉的有必本「無」，亦即太極之後仍有無極，而不管太虛或「有」「無」都可說是一氣之流行。這樣的說法是異乎朱子的，因爲朱子的太極是理，而無極則是太極的形容詞。

2.「**乾道成男，坤道成女，得其偏者蠢者為萬物，視為最下之〇，乃是玄牝之門，為化生萬物，就其義而詳釋之，又與方士乖矣，方士之玄牝，鍊化本屬兩層其用……茂叔之易與萬物，直是一氣所生」《圖學辨惑》**（40-752）

方士的鍊化有兩層，第一層爲陽動陰靜：「氣生於理」，第二層是氣下落而爲氣質之性；但濂溪所說的「得其秀而最靈」的人卻是一氣之生化，而未區分二層。

因爲〈太極圖〉是混道家的虛無、道教的長生久視與易的生化之用爲一，所以宗炎認爲「吾不知氣質未露、條理安託」、「紊其先後，義亦弗畔」。

事實上，周濂溪本人就是內丹「順而生人」的身體力行者，他因爲修習內丹而中年得子，在〈習陰眞君丹法〉詩中，有何平仲之詩爲證：〈聞周茂叔中年有嗣以詩賀之〉（宋・何平仲）：

慶門崇構已多時，五百年方是此期。

樹長瓊枝生較晚，珠根驪頷得來遲。

桓溫貴骨天然別，韋相傳經道不衰。

衡岳維高湘水闊，共知長與福爲基。

周敦頤四十三歲時（嘉祐四年己亥）取友人蒲宗孟之妹爲繼室，濂溪有子二人：周壽、周熹，第二子周熹生於虔州（嘉祐六年辛丑），周氏時年已四十五歲了，周氏習陰君丹法走順而生人的路，而且中年得子，順而生人對於他來說並非只是一個哲學課題而已；伊川《顏子所好何學論》有一段頗耐奈人尋味：「天地儲精，得五行之秀者爲人。其本也眞而靜；其未發也，五性具焉，曰：仁義禮智信。形既生矣，外物觸其形而動於中矣。」這與周敦頤的《太極圖說》中：「惟人也得其秀而最靈，形既生矣，神發知矣，五性感動而善惡分，萬事出矣！」實在是很相似，所以多多少少也可以看出，周氏的「立人極以爲宗」在《太極圖說》中應放置到一個重要的地位，做爲深受道家道教思想影響之儒者，他是以「人能弘道」的儒者精神，來與佛老進行溝通、對話的。

第三節　毛奇齡《太極圖說遺議》

毛奇齡的身世，根據《清儒學案》西河學案：

毛奇齡字大可，又名甡，蕭山人。四歲，母口授《大學》，即成誦。總角，陳子龍爲推官，拔之冠童子軍，遂補諸生。康熙十八年，應試博學宏詞科，列二等，授翰林院檢討，充明史纂修官。後以假歸，得宿疾，不復出。初著毛詩續傳初著毛詩續傳三十八卷，既以避讐，流寓江、淮閒，失其稿。乃就所記憶，著國風省篇、詩札、毛詩寫官記。復在江西參議道施閏章所，與湖廣楊洪才說詩，作白鷺洲主客說詩一卷。明嘉靖中，鄞人豐坊僞造《子貢詩傳》、《申培詩說》行世，先生作《詩傳詩說駁議》五卷，引證諸書，多所糾正。洎通籍，進所著古今通韻十二卷，聖祖善之，詔付史館。歸田後，僦居杭州，著仲氏易，一日著一卦，凡六十四日而書成，託於其兄錫齡之緒言，故曰「仲氏」。又著推易始末四卷、春秋占筮書三卷、易小帖五卷、易韻四卷、河圖洛書原舛編一卷、太極圖說遺議一卷。〔註31〕

毛奇齡在理學的辯中，轉向於漢代的經典考據，做爲清初王學的反對者，在修改和批判陽明末流之際，也對理學的代表人物朱子予以痛擊，毛奇齡的批朱並非只是爲了考辨朱子，更是爲了反對科舉功令之下的朱子，所以，胡渭曾批評過毛氏，以爲：「毛公惡宋太過，故其立言往往刻於宋而寬於漢，夫豈平心之論與？」〔註32〕

毛奇齡認爲宋人不解經旨，往往滲雜有釋道思想，以己意解經，宋學應排除於聖門之外，他在〈辨聖學非道學〉一文中就這麼說：「聖學不明久矣，聖以道爲學，而學進於道……道學者，雖曰以道爲學，實道家之學也」〔註33〕、「逮至北宋而陳摶以華山道士自號希夷，與種放李溉輩張大其學，竟搜道書無極尊經及張角九宮倡太極河洛諸教，作道學綱宗，而周敦頤、邵雍與程顥兄弟師之，遂篡道教于儒書之間」〔註34〕

明史不立〈道學傳〉，而只立〈儒林傳〉，道學之名，從此從明史中除名，毛奇齡的治學態度，揭露了宋易中象數之學與道教佛教的關係，尤其肯定道教系統與易學的連繫，但也在一定程度上否定了周敦頤在易學史和哲學史上的地位，尤其是周氏做爲正統儒者理學開創者的地位，這其實也是一種門戶之見。

毛奇齡一生反對援道於儒，而北宋時周敦頤主靜的學問，在他眼中看來就是道家、道教：「並一道家，而各立名目，其在北宋曰：主靜、清靜，教也；曰立極無極之宗也。」朱子講的大學格致誠正修齊治平，在他看來，更屬道

〔註31〕徐世昌編：《清儒學案卷 25　西河學案上》，北京：中華書局印行，2008 年 10 月，頁 965～966）。

〔註32〕羅聖堡：〈毛奇齡考辨易圖的義理動機與學術傾向〉，台大中文研究所：中國文學研究 2016 年 2 月，頁 114。

〔註33〕中國哲學書電子化計劃 http://ctext.org/wiki.pl？if=gb&chapter=880514。

〔註34〕中國哲學書電子化計劃 http://ctext.org/wiki.pl？if=gb&chapter=880514。

家：「南宋云：格物窮理，則又竊儒書名目，以陰抒其萬物之奧，聖人至賾之道教，其並非儒學，早已顯著。」〔註 35〕，毛奇齡斥責理學家自許的道學實本於老氏，並追本溯源，直指道學的來歷。他所考辨的〈太極圖〉，在清初的學術史上有一定的地位，他將儒道之間的關係，從圖書學方面來加以拓深，這也是他的學問，但是這樣的貢獻，也是有其局限性，而且還不太可靠，我們今天在討論毛奇齡的〈太極圖說遺議〉應注意及此。〔註 36〕

毛奇齡的易學論著有〈易小帖〉、〈仲氏易〉、〈推易始末〉、〈河圖洛書原舛編〉、〈太極圖說遺議〉、〈春秋占筮書〉等，他旨在恢復周易原貌，剔除後人妄加於周易身上的理論，體現了清代考據學派與漢學家研究易學之特色；他討論太極圖方面的是兩本著作，分別是：〈太極圖說遺議〉〔註 37〕、〈復馮山公論太極圖說〉，毛奇齡說周敦頤的太極圖：「一傳自陳摶，一傳自僧壽涯。或云陳摶師麻衣，麻衣即壽涯也，則時稍相去濂溪，或不能從學，然其說則從來有之。乃其所傳者，則又竊取魏伯陽《參同契》中『水火匡廓』與『三五至精』兩圖而合爲一圖」，基本說來，毛氏對〈太極圖說〉處處存疑，關於毛奇齡對太極圖的考辨，請參本論文之第五章，在此就茲不贅述了。

第四節　胡渭的《易圖明辨》

胡渭的生平如下：

> 胡渭（1633～1714）清代經學家、地理學家。初名渭生，字朏明，號東樵。浙江德清人。曾與閻若璩等幫助徐乾學修《大清一統志》。撰《易圖明辨》，考定宋儒所謂「河圖」、「洛書」之誤。又撰《禹貢錐指》，搜采方志輿圖，闡釋《尚書．禹貢》，將九州分域、山水脈絡的沿革變化，詳加說明，特別重視治水，是研究中國古代地理沿

〔註 35〕中國哲學書電子化計劃 http://ctext.org/wiki.pl？if=gb&chapter=880514。

〔註 36〕毛其齡的考據也不能說非常得嚴謹：「錢穆先生曾在《中國近三百年學術史》中轉述全祖望的議論，認爲毛的文集中：有前人之誤已經辨正，而尚襲其誤而不知者，有信口臆說者；有前人之言本有出，而妄斥爲無稽者；有因一言之誤，而誣其終身者；有貿然引證，而不知其非者；有改古以就己者。」田智忠：《毛奇齡太極圖疑議考辨》，《周易研究》2009 年第三期，這我們在研究毛氏著作，所不得不察的一件事。

〔註 37〕〈太極圖說遺議〉共分六個子題：1. 宋乾道年間周子太極心圖 2. 參同契之水火匡廓圖與三五至精圖 3. 宋紹興所進太極原圖 4. 堂眞元品中之太極先天圖 5. 諸家的太極圖 6. 太極圖說　自無極而爲太極。

革的重要參考書。另有《洪範正論》、《大學翼眞》等。〔註 38〕

胡渭是清初考據學派的大師，著有《易圖明辨》，此書是清初、也是宋明以來批判圖書和先天《易》學的總結。胡渭以爲以河洛圖式解釋八卦乃是後人所杜撰，與《周易》無關；而邵雍的先天《易》學出自於道教的煉丹術，也不是《周易》的本義，朱熹《本義》所列的九圖，皆可以廢除。

胡渭《周易明辨》的目的，在使「圖」還諸陳摶、邵雍，《易》書還諸伏羲、文王、周公、孔子；在元、明、清以來朱學的籠罩下，胡渭敢向廣爲大眾接受的圖書之學，提出挑戰，使學者對《易經》的詮釋方式再作省思，這是義理《易》學家對宋圖書學全面的反動，胡渭在清代易學史上，可說是反宋代圖書學派的總結者。

胡渭在《易圖明辨》中討論了毛奇齡與黃宗炎的說法，認爲太極圖來源於道教，他並對《參同契》的作者、版本流傳以及它乃內丹之法等做了辨析，引用毛奇齡說法，將《參同契》中的〈水火匡廓圖〉與〈三五至精圖〉做了辨析，指出〈水火匡廓圖〉的「三輪肖坎、離二卦」，〈三五至精圖〉的「五行即天地之生數」〔註 39〕，從而也從側面說明了被稱爲理學鼻祖的周敦頤的〈太極圖〉也不是易學正宗，非聖人之《易》，表面上看來，胡渭是爲辨析《參同契》，其眞正用意卻在說明周子的太極圖雜有道家、道教，不是正統的儒家（不論是道家把周子的太極圖改變爲煉丹圖、還是周子把道家的煉丹圖改變成太極圖，總而言之，二者總有相通之處。）但胡渭也深知度正和朱子的說法，即太極圖來源於濂溪自創，所以他並非全盤接受毛奇齡和黃宗炎的說法，仍有所保留：「或曰：陳摶傳穆修，穆修傳周子；或曰：周子之自作，而道家竊之以入藏，疑不能明，存而弗論云。」〔註 40〕

另外，在《易圖明辨》在第三卷的第二部分，胡渭對被稱做〈陰陽魚太極圖〉的圖式的源流也進行了考辨〔註 41〕，還有的人爲了把它和周子的〈太

〔註 38〕煩參網頁 http://baike.baidu.com/item/%E8%83%A1%E6%B8%AD

〔註 39〕劉保貞著：《易圖明辨導讀》，齊魯書社，2004 年 5 月，頁 143：「然伯陽專心修煉，特借此以明作丹之意，初非爲《易》而設。蓋三輪不可以爲兩儀，五行不可以爲四象，其所謂易」，專指示坎、離、水、火，非聖人之《易》也」

〔註 40〕李申：《易圖考》，北京市：北京大學，2001，頁 27。

〔註 41〕由於這個圖「有太極函陰陽，陰陽函八卦」之妙，自它出世時起，學者們就把它看得很神秘，對它的起源和流傳也做了種種推測，有人認爲它才眞正是伏羲時龍馬從滎水中負上來的，《周易》和《尚書》中說的河圖就是它，由於由五十五或四十五個黑白點組成的圖佔據了「河圖」或「洛書」的名稱，所

極圖〉相區別，把它稱之爲〈古太極圖〉、〈先天太極圖〉、〈太極眞圖〉、〈先天圖〉等。

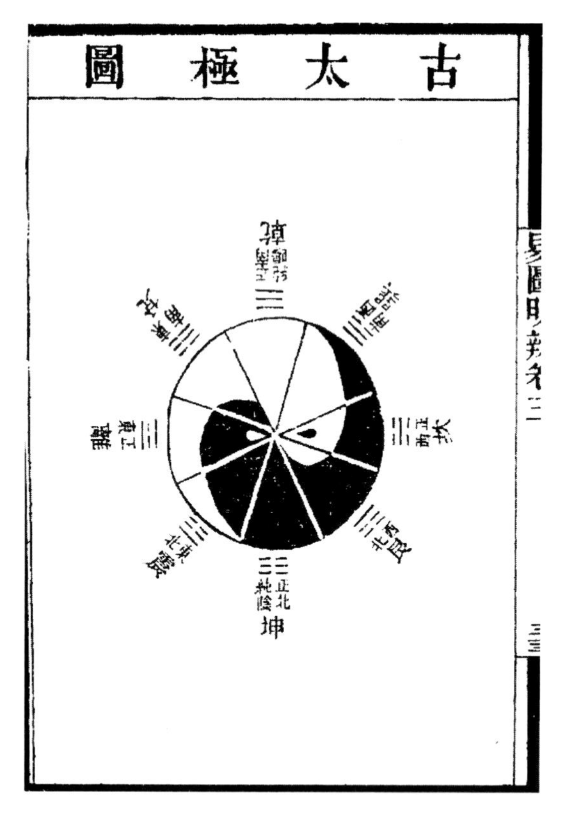

第五節　小　結

本章乃從明末清初的學術開始敘述，說明本期的學術思潮乃從儒學內部的義務論轉換成爲實踐性之目的論思想，從對宋明儒尤其是程朱理學的心性論批判開始，而終於經世致用的實用主張，儒學也從朱陸的儒道之辯而走入明末清初的三教一統以及儒道共生。

文章中分別敘述明末清初之思潮，還有本期對周濂溪對太極圖說的批評，主要是集中在清初易學的三大家：黃宗炎《圖學辨惑》、毛奇齡《太極圖說遺議》以及胡渭《易圖明辨》三名易學大師身上。

以就稱此圖爲〈天地自然之圖〉劉保貞著：《易圖明辨導讀》，齊魯書社，2004年5月，頁163。轉引自胡渭《易圖明辨》卷三。

第八章　結語：老屋只爲圖太極，古碑猶在勒通書

第一節　結　語

本論文乃在周濂溪作爲理學的開山祖師，其學術原貌與生命眞實形象作爲出發點，來尋找歷代以來對太極圖來源於道家道教、或〈太極圖〉爲濂溪之自創的兩派說法，給予出一種可能的詮釋途徑。

《宋史道學傳》輯錄黃庭堅對濂溪的稱讚：「人品甚高，胸懷灑落，如光風霽月」，胡宏〈五峰〉稱讚周子爲：「一回萬古之光明，如日麗天。將爲百世之利澤，如水行地。」朱子稱其爲「先覺」、而張南軒稱其爲「道學宗主」、宋理宗時代，將濂溪祀於孔子廟庭，這正是周濂溪作爲理學開山祖師之儒者不折不扣的形象，從這些姻親和朋友對他的描寫中，我們可以知道他是一個人品高尚而思想高妙的人物，他的一生並不追求外在的學術聲名及功名利祿，爲官也只能做到「提刑獄職事刑部」，對於現實的世界，他有儒家的抱負和理想，但他的思想卻受到道家或道教的莫大影響，像他寫的〈太極圖說〉，可能就是道家及道教思想影響下的產物〔註1〕。

他的一生並沒有爲體系建立架構也沒有什麼特殊系統開創的野心（他可能不知道後世會爲他戴上「理學開創者」這麼大一頂冠冕堂皇的帽子，但如

〔註1〕雖然「太極」或「無極」的概念，不僅是道家所有，即令是在儒家，也應該開放到能有此種無極的概念才是。

果起濂溪於地下，他大概也只是會心的一笑吧）甚至可以說，除了極少數的學生朋友能知道認識他以外，他的名聲是不傳於世的，即令是二程（明道和伊川），雖然早年曾受教於他，結果也是不了了之（明道曾曰：「自再見周茂叔後，吟風弄月以歸，有吾與點也之意」），二程兄弟對濂溪之學既無所善紹也沒有傳承，濂溪之學既令不是「鄉曲之說」，在當時的學術氛圍下，也是邊緣化和籍籍無名的。

作爲一代巨儒的朱子，在南宋孝宗乾道元年重新發掘了周敦頤，朱子爬梳整理下的周敦頤，呈現出理學開山鼻祖的原創性：宇宙初闢、荒天老地的草莽和清新之氣，他的〈太極圖說〉更在北宋初期奠立了理學（道學）的初基，在〈太極圖說〉中，我們更可以一窺周氏對理學存有基礎奠立與他對存有生化之開展，而這樣的思想面向，正是作爲理學一代宗師——朱子所迫切需要的。

朱子對周氏的用力之深與同情之切，其實是不難想見的，因爲「理一分殊」的現象界需要有「道」體根源的存在根據，而周氏的「自無極而爲太極」的創見即十分有力地提供出了這樣的理論模式，並補足了朱子「理爲形而上、氣爲形而下」（理爲只存有不活動）的兩層存有論架構的不足。而朱子對〈太極圖〉的解釋，一方面開顯了周氏作爲理學開端的儒者的正宗地位，另一方面也遮蔽了濂溪學術原貌與生命眞實形象。

本論文第一、二、三章中我們所處理的是第一個命題：亦即周濂溪學術原貌與生命眞實形象，但在 4、5、6 章中我們所處理的是第二個命題：亦即從儒道對辯的角度來尋找歷代對太極圖來源於道家道教、或太極圖爲濂溪之自創的兩派一個折衷調和的角度；從南宋朱陸無極與太極之辯後，儒道的分野就從內部和外部（釋道）進入宋明理學本身，像易傳的天道大格局、道問學與尊德性之歧見……等等，而這樣的論辯開啓了清代的漢宋之辨，乃至與當代詮釋學的對話，至此，我們從學術分派進入了更遼闊的文與史的境域，就像〈太極圖〉作爲中國文化的表徵：道乃萬理之源、萬德之端、月印萬川、萬川歸月。

最後的結論是：〈太極圖〉及圖說是一個豐富的儒道對辯的超越場域，而這樣的超越場域，早已超越過儒家或是道家的思想範疇，而直指一個終極絕對在辯證歷程，那就是：儒道互補和共生中的歷史眞理世界。

第二節　本論文的限制與缺點

本論文是從太極圖說這一部極爲精緻短小的重要作品開始出發，從〈太極圖〉及圖說的反省中來探討儒道對辯此一龐大的命題，而此一命題，在歷代以來，有無數偉大的心靈與精深的頭腦曾經思辨過，留下了豐富的對話文獻以及宇宙生命眞實之體悟。本論文並沒有踰越前人的學術成就，而僅只是根據前人研究的成果，重新再做評比與整理。由於本人有限的學力及時間的緊迫，本人並沒有解決儒道對辯中的人生價值及天地自然的問題，後期的思想家們，像明末清初的三大家，像劉宗周、王船山、黃宗羲以及方以智，對於三教歸一及儒道和會的問題，均有許多漂亮及完美的解決方式，但這一方面，眞的很難再做整理研究，因爲要解明這三位大思想的詮釋解決方式，可能會是另外一本博士論文，所以只能留下這樣的線索，並就正於方家且期待來者。

第三節　本論文未來可能的學術議題與發展

儒道對辯的命題，一直是中國思想史上最有趣的命題：儒所側重的人生價值及道所言的天地自然，共構出了歷代儒者及思想家生命內在與學問思想的方向，在不同的文化思潮以及不同的學術斷代中，都有不同的解答方式以及解決的途徑，而思想史所浮現的問題，必須回到思想史內部去做解答，像先秦時代的「天道大格局」、魏晉時期的有無、南北宋的三教合一，直到明末清初的經世致用，都是對此一問題之回應。在與詮釋學對比方面，我寫得十分之簡略，只羅列了《眞理與方法》中眾人早已熟知的概念，像是詮釋、前見、境域融合……等等，其實，就我所知，做這方面中西比較及經學解釋學的學者，其實不少，這是一項嶄新的研究領域，值得繼續開拓。〔註 2〕

儒道爭辯在現實人生中的運用

儒所言的人文理想和道所言的天地自然，所產生的擷抗或互補，不僅是歷史中的文獻紀錄，而是活生生出現在我們生活周遭的倫理議題；不僅是儒者所面對的爲官出仕或歸隱山林的生命抉擇，而是人內心世界與外在環境中

〔註 2〕據我所知就有像林維杰，《朱熹與西方詮釋學的對比研究》第三屆中國文哲當代全是學術研討會會錢論文集，第 379～382 頁，林維杰《朱陸異同的詮釋學轉向》中國文哲研究期刊，頁 235～261 頁。

的種種矛盾衝突，更是現實的經權與行動的準則的拿捏，這裡，我想舉出一個最近發生的實例，那就是今年 2017 年 7 月 29 日納莎海棠的雙颱，屏東的枋寮林邊一帶又開始淹大水，令人回憶起 2008 年八八水災小林遷村的實況及慘境，長久以來，水患一直都是一個台灣社會最大的問題；而八月，在逢甲商圈內又發生瓦斯氣爆的公安問題，釀成了四死 13 傷的慘劇……

從儒道長久而古老傳統的辯證中，我們可發現易的行爲準則與眞理，那也是中國人歷經朝代之更迭、思想的潮來潮往、偉大哲學家所做的思考判斷下，一條不變的人生道路和方向，不管是《易傳》、濂溪、朱子、象山或漢宋之辨的經學大師們，他們所指示給我們的是一條有跡可循、共生共榮、互補同源的生存之道，那就是簡易、變易與不易，從古老迷信的易經卦爻結構再到紛紜現象背後所產生共通之義理：《易傳》時代性所指示的天道大格局，而後進入人文世界中的文化與多元價值，乃至現代與後現代，儒道辨證所走經的道路，是一部詮釋解經的辨證史，更是人類理性文明與自然無爲的思想道途。

所以天地自然與人文價値，可透過中國人古老的智慧與亙古彌新的經籍來加以解決，相信這是儒道辨證所能開啓的倫理實際問題，也是儒道辨證當代的課題與它所給予我們的啓示。

本論文的寫作，始於 103 年指導教授劉榮賢老師一篇發表在漢學研討會的論文：〈周濂溪學術與生命意象之原型〉時光荏苒、歲月攸忽，不覺已是三年的時光，原希望能找到一個最少最好處理的題目，所以才選擇周濂溪的太極圖說，沒想到事與願違，這篇只有 249 字的短文，卻是歷代以來漢宋、儒釋道、易經易傳……爭訟之所，隨著修課的歷程，我也一路跟著老師遊遍了宋明、魏晉和老莊，很多文中的思想觀念，都是我由這幾年從學的課堂中，現學現賣地整理爬梳出來的，舛誤在所難免、錯誤乃緣於不週，但一路走來，也是好山好水的美不勝收。

這篇論文中有很多錯謬的觀念、援引的失誤、渙散以及不整的部份，文責應由本人自負。

參考文獻

一、古典經籍

1. 宋・周敦頤：《周敦頤集》，梁紹輝等點校，湖湘文庫編輯出版委員會，2007 年 4 月。
2. 宋・朱熹：《宋刊本周易本義》，姜燕點校，北京：學苑出版社。
3. 《清儒學案》，徐世昌編，北京：中華書局發行，2008 年 10 月。
4. 清・朱彝尊：《四部備要經義考（三）》，中華書局印行。
5. 宋・朱熹撰；廖明春點校：《周易本義》，北京：中華書局，2009 年。
6. 宋・周敦頤著；陳克明點校：《周敦頤集》，北京：中華書局，2010 年。
7. 宋・周敦頤著；董榕輯：《周子全書》，臺北：廣學社印書館，1975 年。
8. 元・脱脱：《宋史・道學一》，北京：中華書局，1985 年。
9. 清・黃宗羲原著，全祖望補修；陳金生、梁運華點校：《宋元學案・濂溪學案》，北京：中華書局，1986 年。

二、專　書

1. 李申：《周易與易圖》，瀋陽：瀋陽出版社，1997 年 5 月。
2. 李申：《太極圖・通書》全譯，巴蜀出版社，1999 年 9 月。
3. 李申：《易圖考》，北京大學出版社，2001 年 2 月。
4. 張其成：《易學探祕》，中國書店，2001 年 1 月。
5. 詹石窗：《周易與道教思想關係研究》，廈門大學，2001 年 3 月。
6. 胡孚琛、呂錫琛：《道學通論》，北京：社會科學文獻出版社，1999 年 1 月。

7. 黄愛平：《樸學與清代社會》，河北：人民出版社，2003 年 1 月。
8. 汪學群：《清初易學》，北京：商務印書館，2004 年 11 月。
9. 陳來：《中國近世思想史研究》，北京：商務印書館，2004 年。
10. 余敦康：《漢宋易學解讀》，北京：華夏出版社，2006 年 7 月。
11. 迦德默爾：《眞理與方法》，洪漢鼎譯，北京：商務印書館，2007 年。
12. Hans-Georg Gadamer：《Truth and Method》，台北：雙葉出版社。
13. 余英時：《論戴震與章學誠》，北京：生活・讀書・新知三聯書店，2012 年 4 月。
14. 余英時：《歷史與思想》，台北：聯經出版社，2014 年 5 月。
15. 方東美：《新儒家哲學十八講》，臺北：黎明文化事業，1993 年。
16. 牟宗三：《心體與性體》，臺北：正中書局，1968 年。
17. 唐君毅：《中國哲學原論　原性篇》，九龍：新亞書院研究所，1968 年。
18. 唐君毅：《中國哲學原論　原道篇》，臺北：學生書局，1993 年。
19. 梁紹輝：《周敦頤評傳》，南京：南京大學出版社，1994 年。
20. 陳來：《宋明理學》，臺北：允晨文化出版實業有限公司，2010 年。
21. 陳鼓應《易傳與道家思想》，臺北：臺灣商務印書館，1999 年。
22. 勞思光：《新編中國哲學史》，臺北：三民書局，2003 年。
23. 馮友蘭：《中國哲學史》，臺北：臺灣商務印書館，2007 年。
24. 蔡仁厚：《新儒家的精神方向》，臺北：學生書局，1999 年。
25. 鄭吉雄：《易圖象與易詮釋》，臺北：臺灣大學出版中心，年 2004。
26. 錢穆：《中國思想史》，臺北：學生書局，1995 年。
27. 錢穆：《宋明理學概述》，臺北：中國文化大學出版部，1980 年。

三、**期刊論文**（順姓名筆劃排列）

1. 王開府：〈太極圖說考辨〉《教學與研究》，民 68 年 2 月，頁 49～74。
2. 王見楠：〈朱陸之爭中的儒佛之辨〉，頁 194～頁 200。
3. 王麗梅：〈論佛學對宋明理學的影響〉，咸陽師範學院學報，第 21 卷，第 3 期，2006 年 6 月，頁 31～頁 35。
4. 王紅：〈淺談道家與儒家之淵源〉。
5. 孔令宏：〈朱熹與陸九淵無極太極之辯與道家、道教的關係〉，頁 170～174。
6. 田智忠：〈毛奇齡《太極圖遺議》考辨〉，《周易研究》，第 2009 卷，第 3 期，2009 年，頁 28～35。

7. 田智忠：〈從春陵本通書論通書早期流傳〉，《周易研究》，2013 年 2 月。
8. 田智忠、王宏海：〈《太極圖》與《太極圖說》之關係再考察〉，《周易研究》，2010 年第 2 期，頁 30～頁 36。
9. 朱漢民：〈周敦頤《太極圖說》闡義〉，《哲學與文化》28 卷，第 12 期，民 90 年 12 月，頁 1129～頁 1137。
10. 杜保瑞：〈對牟宗三以覺悟說詮釋朱陸之爭的方法論反思〉，《國文學報》第 53 期，頁 149～頁 174。
11. 杜保瑞：〈對牟宗三詮釋周敦頤言誠體的形上學之方法論反省〉，《哲學與文化》第 36 卷第 11 期，2009 年 11 月，頁 79～頁 99。
12. 杜保瑞：〈周濂溪境界哲學進路的儒學體系建構〉揭諦，民 92 年 6 月，頁 33～頁 71。
13. 宋景南：〈周敦頤《太極圖》說新考〉，《中國社會科學》，1988 年第 2 期，頁 87～頁 98。
14. 宋景南：〈太易圖與太極圖〉，《東南文化》，1994 年第 1 期，頁 1～頁 13。
15. 杜保瑞：〈朱陸鵝湖之會的倫理義涵〉，杜保瑞教學網。
16. 胡軍：〈儒釋道：紛爭與融合〉，《普門學報》，第 24 期，2004 年 11 月，頁 1～頁 20。
17. 林維杰：〈朱熹與西方詮釋學之對比研究〉，第三屆中國文哲之當代詮釋學學術研討會，頁 379～頁 382。
18. 林維杰：〈朱陸異同的詮釋學轉向〉，《中國文哲研究集刊》，第三十一期，2007 年 9 月，頁 235～頁 261。
19. 姜龍翔：〈《太極圖說》「無極而太極」爭議再談〉，《國文學報》，第十五期，頁 142～頁 169。
20. 高在揚：〈細論朱熹與二陸無極太極爭論〉，《儒教文化研究》，第 11 期，頁 179～頁 207。
21. 黃明誠：〈《易傳》中「儒道互動」與儒家「道德之形上學」發展〉，高師大經學研究所《經學研究集刊》，第七期，2009 年 11 月，頁 195～頁 218。
22. 葉國良：〈周敦頤愛的是什麼蓮？〉，《成大中文學報》，第二十七期，2009 年 12 月，頁 37～頁 56。
23. 陳來：〈帛書易傳與先秦儒家易學之分派〉，原載《孔子研究》，1999 年第 4 期。
24. 陳來：〈馬王堆帛書易傳及孔門易學〉，《哲學與文化》，二十一卷 2 期，1994 年 2 月，頁 151～頁 168。
25. 陳靜容：〈儒家「無爲」思想發展譜系及其中心意義試詮〉，《文與哲》，第 11 期，2007 年 12 月，頁 111～142。

26. 陳德和：〈周敦頤思想性格的詮釋爭議及其省察——以方東美、牟宗三、勞思光爲例〉，《靜宜中文學報》，民 101 年 12 月，頁 31～頁 48。
27. 陳佳銘：〈從朱子對《太極圖說》及《通書》的詮釋論其「理」的活動性〉，《中正大學中文學術年刊》，民 100 年 12 月，頁 1～頁 28。
28. 陳逢源：〈從五賢信仰到道統系譜〉，《東華漢學》，第 19 期，頁 121～頁 156。
29. 烏恩溥：〈太極圖說探源〉，《社會科學戰線》，1982 年第 2 期，頁 13～頁 20。
30. 陳鼓應：〈論周敦頤《太極圖說》的道家學脈關係〉，《哲學研究》，2012 年第 2 期，頁 28～頁 37。
31. 曹樹明、田智忠：〈《太極圖》與《太極圖說》之」五行說」比較研究〉《周易研究》，2003 年第 4 期。
32. 郭彧：〈太極圖淵源之我見〉，網路資料。
33. 陸建華：〈朱熹視界中的老子〉，《哲學與文化》，第三十卷第十期，2003 年 10 月。
34. 傅振宏：〈周敦頤《太極圖說》儒道佛淵源論〉，《淮陰師範學院學報》，2006 年 1 月，頁 19～頁 23。
35. 曾春海：〈《易》、《老》哲學理趣之異同〉，《哲學雜誌》，第十六期，1996 年 4 月，頁 74～頁 90。
36. 彭華：〈無爲思想發凡——以先秦漢初的儒家和道家爲考察中心〉，2001 年 11 月。
37. 傅秋濤：〈太極與心性〉，《湖南科技學院學報》，第 33 卷第 2 期，2012 年 2 月，頁 21～頁 24。
38. 張祥龍：〈周敦頤《太極圖說》、《易》象數及西方有關學說〉，《台大文史哲學報》，民 94 年 5 月，頁 153～頁 182。
39. 張梅：〈儒道互補與中國文人的心理結構〉，《東南文化》，2004 年第 4 期，2004 年。
40. 裘錫圭：〈是」恆先」還是」極先」？〉，復旦大學出土文獻與古文字研究中心，網路資料。
41. 楊靜剛：〈Three Might Be a Piece of Commentary on' the Book of Changes' in Pre-Qin which Was Solely about Divination〉，《東華漢學》第 18 期，2013 年 12 月，頁 25～86。
42. 解光宇：〈鵝湖之會與朱陸分歧〉，頁 89～頁 93。
43. 劉昌佳：〈周敦頤對《太極圖》的「順化」說與「逆化」說〉，《興大人文學報》，民 95 年 3 月，頁 363～頁 404。

44. 劉榮賢：〈周濂溪學術與生命意象之原型〉，《鵝湖月刊》，民 103 年 9 月，頁 1～頁 13。
45. 蔡家和：〈朱子與象山關於太極圖說的論辯〉，頁 129～頁 134。
46. 鄧秀梅：〈周濂溪「太極」義之考辨〉，《當代儒學研究》，第 6 期，2009 年 7 月。
47. 謝君直：〈從當代老學詮釋架構論郭店楚簡老子的天道思想〉，《通識與跨域研究》，第 4 期，民 97 年 6 月，頁 13～頁 31。
48. 顏國明：〈《易傳》是道家易學主張的錯覺溯析〉，第七屆儒佛會通暨文化哲學研討會。
49. 魏慈德：〈馬王堆帛書《周易》經文的照片與底片用字問題〉，《文與哲》第十七期，2010 年 12 月，頁 1～頁 46。
50. 羅志田：〈清季民初經學的邊緣化與史學的走向中心〉，《漢學研究》，台北 15 卷第 2 期，1997 年 12 月，頁 1～頁 35。

四、碩博士論文

1. 吳碧玲：《通書思想研究》，東海大學中文研究所碩士論文，民 84 年 6 月。
2. 許維萍：《歷代論辯太極圖之研究》，東吳大學中文研究所碩士論文，民 84 年 6 月。
3. 許維萍：《宋元易學的復古運動》，東吳大學中文研究所博士論文。
4. 楊雅妃：《周濂溪太極圖說研究》，高雄師範大學圖文研究所碩士論文，民國 89 年 5 月。
5. 陳哲儒：《周濂溪思想的詮釋與重建》，華梵大學中文研究所碩士論文，民國 98 年 6 月。
6. 李鴻儒：《清初浙東易學研究——以黃宗羲、黃宗炎爲中心作一考察》，東吳大學中文研究所博士論文，民國 103 年 6 月。
7. 陳家鈴：《北宋時期儒者對釋道思想的融合——以周濂溪爲考察》，元智大學中研所碩士論文，民國 103 年 6 月。